더 경매

생각을 바꾸면 돈이 보인다

The More Auction | 베블렌의 새로운 경매 패러다임(paradigm)

더 경매

생각을 바꾸면 돈이 보인다

이대표 김교수 지음

생각의 틀

차 례

01 부동산 경매

01 부동산 경매 총론

제 1 절 부동산 경매의 의의

1 경매의 의의(개념)

(1) 의의 : 부동산 경매란 돈을 빌린 채무자가 약속한 기일(변제기)까지 빚을 갚지 않으면 돈을 빌려준 채권자가 법원으로 하여금 채무자 또는 물상보증인의 부동산을 경쟁을 통한 매매 방식으로 강제로 매각하게 하여 그 매각대금으로 법으로 정해진 절차에 따라 채권금액을 배당받는 절차를 말한다.

(2) 절차 : 경매절차는 채권자가 비용을 예납하고 경매를 신청하면 지방법원이 목적물을 압류해 경매절차를 진행하여 현금화한 후에 채권자의 채권을 변제(배당)하는 단계로 진행된다.

> **참고 : 부동산의 범위**
>
> 부동산에 관한 규정이 준용되는 권리로는 어업권, 광업권, 유료 도로 관리권, 댐 사용권 등이 있다.

2 경매의 필요성

(1) 강제권 동원 : 채무자가 채권자에게 계속하여 빚을 갚지 않으면 채무자의 재산을 강제적으로 매각하여 변제받을 수 있을 필요가 있다. 당사자 사이에 원만하게 해결될 수 있다면 가장 좋은 방법이겠지만 만약 당사자 스스로 해결이 어렵다면 채무자의 의사와는 관계없이 강제로 처분할 수밖에 없다. 하지만 채권자의 자력구제로 혼자 채무자의 재산을 강제로 처분하는 것은 허용되지 않고 법원에 강제처분을 신청해 국가권력의 힘으로 경매(법원)를 실시하게 된다.

(2) 처분 방법 : 채무자의 재산을 처분하는 방법은 채무자가 자신의 재산을 스스로 처분하거나 채권자에게 매매나 사적 경매방식을 통해 강제적으로 처분하게 하여 그 매각대금으로 빚을 해결할 수밖에 없다.

3 ┃ 경매의 종류

경매에는 개인 간에 이루어지는 사경매와 법원이나 한국자산관리공사 등이 실시하는 경매·공매가 있다. 여기서의 경매는 공경매의 일종이며 둘 다 방식은 유사하다. 경매에는 임의경매와 강제경매 2가지가 있다. 강제경매는 집행권원, 임의경매는 집행권원 없이 담보권(근저당권·저당권, 전세권 등)의 존재를 증명하여 경매를 신청한다. 실질적으로 신청 절차에만 차이가 있고 경매집행이 민사집행법에 의해 이루어진다는 점에서 둘은 차이가 없다.

(1) 임의경매

① 진행 : 채무자가 빚을 지면서 약속한 대로 갚지 못하면 그 소유의 부동산을 처분해 채무변제에 충당해도 좋다는 뜻으로 (근)저당권·전세권·담보가등기 등의 담보권을 설정한다. 그래서 실제 빚을 약속한 기일에 갚지 않으면 따로 재판 (소송, 집행권원)할 것도 없이 채권자의 자유로운 의사에 따라 곧바로 법원에 그 부동산을 처분해 빚을 받게 해달라는 경매를 신청하면 법원은 담보권의 존재만 등기사항증명서로 확인하고 경매 절차를 결정함으로써 임의경매가 진행된다. 채권자는 임의경매를 통해 채무자의 재산을 강제로 제3자에게 팔고 자신의 채권액을 돌려받는다.

② 범위 : 임의경매는 물적 담보의 효력이 있으므로 담보권을 설정하지 않은 재산에 대해서는 경매신청권이 없다. 회수하지 못한 채권은 추가적으로 가압류해서 판결문(집행권원)을 얻어야 (강제)경매집행이 가능하다.

(2) 강제경매

1) 집행권원(종전 : 채무명의)

집행권원이란 사법상 일정한 이행청구권(채권)의 존재와 범위가 표시되고 그 청구권을 강제적으로 실현할 수 있는 집행력이 인정된 공정증서로 문서 그 자체를 말하며 그 문서에 표시된 청구권이 아니다. 채무자가 약속한 날짜에 빚을 갚지 않으면 채권자는 이를 변제받기 위해 법원으로부터 채무자로 하여금 빚을 갚으라는 판결을 얻고 집행문 부여 등 소정의 절차를 거쳐 채무자의 부동산을 압류한 다음 강제 매각해 달라는 경매신청을 하고 법원이 이를 확인하고 결정함으로써 강제경매가 진행된다.

2) 집행권원의 종류

강제경매 신청은 빚을 갚으라는 내용을 포함한 법원의 판결문, 가집행선고부 판결문, 확정된 지급명령, 각종 조서(화해조서, 청구인락조서, 조정조서, 중재판정서 등)청구권이 있는 공정조서가 있다.

참고 : 임의경매와 강제경매의 차이		
구분	임의경매	강제경매
개념	저당권, 전세권, 유치권, 담보가등기 등 담보물권이 가지고 있는 경매권(자)에 의해 실행되는 경매	집행권원을 보유한 채권자가 그 권원에 표시된 이행청구권의 실현을 위하여 채무자 소유의 부동산을 압류한 후 법원의 매각에 의해 금전채권의 만족을 얻는 강제집행의 방법
집행 대상	담보권이 설정된 재산	집행가능한 모든 재산
성격	책임재산, 물적 책임	일반재산, 인적 책임
경매신청시 구비 서류	담보권을 증명하는 등기사항증명서	집행권원(이행판결문, 집행문), 송달증명
경매에 대한 이의신청 사유	담보권 부존재, 경매절차상의 하자 사유를 소명하면 가능	경매절차상의 하자 사유로만 가능
공신력	집행력은 인정되나 원인무효. 부존재 사유에 대한 공신력까지 인정되지는 않는다.	
경매절차	동일(준용)	

4 ｜ 형식적 경매

(1) 의의

1) 채무자가 재산 정리를 위한 경매 즉, 현금화하는 것을 목적으로 하는 경매를 형식적 경매라고 하는데 형식적 경매 절차(민사집행법 제274조 제1항)는 담보권실행을 위한 경매의 예에 따라 실시한다. 이러한 형식적 경매는 실무에서 유치권에 의한 경매와 공유물분할을 위한 경매 등으로 나뉜다.

2) 형식적 경매의 매각조건으로 부동산상의 부담을 낙찰자가 인수하는 인수주의와 인수하지 않는 소멸주의가 있다.

(2) 형식적 경매의 종류

1) 유치권에 의한 경매

① 유치권은 담보물권으로 경매신청권이 있으나 우선변제권이 없어서 유치권자는 채무변제가 될 때까지 계속 유치물을 보관하고 있어야 한다.

② 이런 문제점을 해결하기 위해 민사집행법(제274조)에 의해 유치권에 의한 경매를 담보권실행을 위한 경매(임의경매)의 예에 따라 진행시킨 후 유치물을 현금화하여 유치권의 목적을 달성시키는데 이를 형식적 경매라고 한다.

2) 공유물 분할청구 소송에 의한 공유물 전부의 경매

① 공동소유 부동산의 공유자는 공유물의 분할을 청구할 수 있다. 그러나 분할에 대하여 협의가 이루어지지 않으면 법원에 분할 청구를 할 수 있는데 현물로 분할할 수 없거나 분할로 인해 공유물의 가액이 현저히 감손될 염려가 있으면 법원은 공유물 전부에 대한 경매를 명할 수 있다.

② 공유물 전부에 대한 경매가 진행될 경우 유치권에 의한 경매처럼 담보권실행을 위한 경매의 예에 의해 진행되며 이때는 공유자 우선매수권이 적용되지 않는다(대판 91마239).

제 절 경매의 장점, 단점

1 경매의 장점

(1) 단기 전매차익 및 고수익의 보장

① 고수익 : 경매는 다른 사람의 도움이나 외부 영향력 없이도 입찰자 스스로의 노력만으로 경매 부동산의 매각과 동시에 수익성을 예측하는 것이 가능하다. 경매는 재건축, 재개발, 신축, 분양 아파트보다도 수익률이 더 높다.

② 부실채권(NPL) : 최근 고수익을 올릴 수 있는 대안으로 떠오르고 있는데, 경매물건에 설정된 부실채권에 투자하여 연체이자만큼의 수익을 보거나 실제 경매물건을 낙찰받아 투자금을 회수하는 경매 투자의 한 방법이다.

3개월 이상 된 금융권의 무수익여신, 미회수채권, 또는 부실채권으로 은행은 원리금 회수가 어려운 이들 부동산 담보대출 권리를 자산유동화회사에 매도하며 유동화된 부실채권을 말한다.

③ 유찰에 의한 차액 : 경매는 불황일 때 투자 매력이 더 커져 부동산 매매가격 이 하락하게 되면 경매부동산도 유찰 횟수가 늘어나 한 번에 20%~30% 이상 의 가격 하락이 있어 그만큼 수익률은 커진다. 또한 세밀한 현장답사와 정확한 권리분석에 따라 어렵고 복잡한 물건에 투자할 경우에는 시가의 30%~40% 정도의 가격으로도 낙찰받을 수 있다.

참고 : 취득유형에 따른 물건종별 분류

취득 유형	취득 대상
임대수익용	① 소형 아파트, 소형 연립주택, 다세대주택 ② 원룸 주택, 다가구주택, 도시형생활주택 ③ 근린상가, 근린주택, 상업용 건물 ④ 오피스텔, 오피스용 건물 ⑤ 지식산업센터 (아파트형 공장)
시세차익용	① 아파트, ② 공장, ③ 개발 호재가 있는 지역의 토지, ④ 주거환경정비사업, 재개발주택, 재건축 아파트
개발사업용 (개발/리모델링)	① 도심 내 나대지, ② 펜션, 전원주택 부지 ③ 일단의 노후주택, 숙박시설, ④ 산업단지 내 공장
하자처리용	① 유치권신고 있는 물건 ② 법정지상권 성립 여지있는 물건 ③ 선순위임차인 있는 물건 ④ 공사중단된 경매물건 ⑤ 하자 있는 물건 등

참고 : 각 지방법원에 따른 저감율과 유찰 비율

저감율 비율	신건	1차	2차	3차	4차	5차
서울 등 27개 법원(20%)	100%	80%	64%	51.2%	40.96%	32.77%
인천 등 29개 법원(30%)	100%	70%	49%	34.3%	24.01%	16.81%

(2) 간단한 절차로 취득 가능

민사집행법으로 분리되면서 경매절차는 입찰 과정에서도 더욱 간단해지고 명도 문제도 낙찰자에게 많이 유리하게 개정되어 이제는 일반인도 많은 어려움 없이 직접 낙찰받아 명도까지 스스로 진행할 수 있게 되었다.

① 입찰표 기재 : 입찰표에 경매물건의 사건번호(물건번호), 성명, 주소, 주민등록 번호, 전화번호, 입찰금액, 보증금액 등을 적고 입찰보증금을 입찰봉투에 넣어서 입찰함에 넣기만 하면 된다.

② 최고가 신고인 결정 : 집행관이 최고가로 입찰한 사람의 이름을 호명할 것이니 보증금 영수증을 받고 1주일 뒤에 허가가 떨어지고 항고가 없으면 대금납부 통지서를 받아 잔금을 내면 소유권을 취득할 수 있다. 최고가나 차순위 매수신고인이 아닌 입찰자는 바로 입찰 당일 그 자리에서 입찰보증금을 봉투채로 그대로 다 돌려받는다.

③ 등기 신청 : 취득세 등의 세금을 내고 소유권 이전에 필요한 서류를 갖추어 집행법원에 등기를 신청한다. 경매법원은 등기소에 촉탁해서 소유권이전등기를 해주고 매수인에게 등기필정보를 교부한다.

(3) 다양한 물건

① 배경 : 경기가 좀 어려워지면서 개인이나 회사의 파산 등으로 경매 물건이 많아지고 있고 부동산 경기가 하락하면서 양질의 물건도 경매시장에 나오고 있다. 이렇게 다양한 물건 중에서 필요로 하는 물건을 선택하여 입찰할 수 있다.

② 대상 : 경매물건은 주거용 아파트, 연립·빌라, 다가구·다세대주택, 상업용 오피스텔, 점포, 근린시설, 빌딩, 장기 투자의 대상인 토지까지 다양하게 나온다. 일단 소액으로 주거용에 투자해서 대출받아 임대를 놓고 대출이자와 월세 차액을 수익으로 거두는 투자부터 시작하는 것이 좋다.

▲ 참고 : 고위험과 결부된 수익 보장	
고위험 유형	고수익 취득 방법
유치권이 신고된 물건	① 저렴하게 취득 ② 유치권 협의, 소송 및 조정을 통해 비용 절감 ③ 물건 재생 후 시가에 매각

법정지상권이 성립하는 물건	① 토지를 저렴하게 취득 ② 건물 소유자를 상대로 지료 청구 ③ 지료 연체시 건물 경매로 건물을 저렴하게 취득 ④ 토지, 건물 일괄로 매각해 시세차익을 얻을 수 있다.
지분 경매	① 저렴하게 취득 ② 건물의 경우, 지분 임대수익 발생 ③ 공유물 분할청구에 기한 토지·건물 전체 매각(현금 분할)

(4) 명확하고 안전한 취득 가능

① 사기 예방 : 경매대상 부동산은 공신력 있는 감정평가기관에 의해 가격이 평가되므로 일반 부동산에 비해 가격에 대한 신뢰도가 높아 사기를 당할 일은 거의 없다.

② 권리 정리 : 일반 부동산을 매수할 때는 등기사항증명서상에 복잡하게 얽혀 있는 권리관계를 각 이해관계인이 서로 협력해 인수(승계)하고, 없앨 것은 말소해야 하는 문제가 있다. 하지만 경매는 채권자들을 만나 협의할 필요도 없이 대금을 납부하고 법원에 소유권이전등기를 촉탁하면 특별한 경우를 제외하고는 등기상의 권리관계가 깨끗하게 정리된다.

(5) 부동산 규제의 완화

부동산 투기를 억제하는 대책으로 정부는 토지거래허가구역, 조정지역, 투기지역, 투기과열지구 등 각종 규제정책을 발표한다. 토지거래허가구역 내에서 일정한 면적을 초과하여 매매로 취득하고자 하면 시장·군수·구청장에게 먼저 토지거래허가를 받아야 한다. 하지만 경매를 통한 매입은 이런 면적에 제한 없이 토지거래허가가 면제되기 때문에 전국에 소재한 어느 토지나 규제 없이 자유롭게 취득할 수 있다.

2 경매의 단점

(1) 권리분석 등의 어려움

일반 부동산의 기존 권리관계는 승계나 말소로 취득할 수 있지만 경매물건은 정확한 권리분석을 해야 안전하게 취득할 수 있다. 권리분석을 잘못하면 예상하지 못한 권리가 인수될 수 있으니 비전문가는 주의해야 한다. 말소기준권리를 찾고 인수·소멸 여부를 판단해야 손해를 보지 않는다.

(2) 인도·명도의 문제

낙찰자가 매각대금을 완납해 정당한 소유권은 취득했지만 부동산을 명도받지 못하면 정당한 권리를 행사할 수 없다. 인도·명도는 일반 매매보다 어려울 수 있어 충분한 시간을 가지고 경매에 참가해야 문제되지 않는다.

(3) 대금의 일시 납부

경매의 매각대금은 입찰할 때에 최저가의 10%를 입찰보증금으로 먼저 내고 약한 달 안에서 정해진 대금지급기한까지 매각대금을 일시납으로 한번에 납부해야 하기 때문에 매각대금에 대한 부담이 크다. 유치권이나 법정지상권, 선순위 임차인이 있는 경우는 대출이 문제가 될 수 있다.

(4) 경매 부동산 취득의 가변성

① 항고 : 경매관련된 이해관계인이 이의제기하면 소유권 취득은 늦어질 수 있다. 하지만 항고를 제기하려면 낙찰대금의 10%를 맡겨야 하고 항고보증금을 전액이나 이자를 몰수당할 수 있어 이유 없는 항고는 어렵다.

② 변제 : 대금납부 전에 채무자가 채무를 변제하면 경매 자체가 취소될 수 있어서 소유권 취득이 확정적이지 못하고 불안한 면이 있다.

> **참고 : 경매가 지연되는 사유**
> ① 유치권 신고(낙찰자가 피담보채권을 인수를 해야 한다)
> ② 선순위 대항력 있는 임차인이 배당요구 하지 않는 경우
> ③ 공유 물건(공유자의 우선매수신고)
> ④ 매각불허가 신청(재감정, 경매절차 또는 권리의 중대한 하자)
> ⑤ 항고(이해관계인의 매각허가 또는 불허가에 대한 즉시항고)
> ⑥ 대금 미납(최고가·차순위 매수인의 대금 미납)

제 3 절 경매와 신뢰의 문제

1 등기사항증명서의 신뢰(공신력 원칙, 공시의 원칙)

(1) 공시의 원칙

① 의의 : 공시란 외부에서 인식할 수 있는 어떤 표상으로 소유권 이전이나 지

상권이나 근저당 설정 등과 같은 물권변동은 공시방법을 수반해야 하며 이런 공시방법을 갖추지 못하면 물권변동의 효과는 없다. 부동산 매매계약을 체결하고 매매대금을 완불했어도 등기를 하지 않으면 매수인에게 소유권은 이전되지 않는 것과 같다. 이를 공시의 원칙이라 한다.

② 공시 효력 : 부동산의 공시방법인 등기는 어떤 사람이 소유권이나 지상권·전세권 등의 권리가 있음을 알리는 것으로 공시 효력은 인정된다.

(2) 공신의 원칙

① 의의 : 공신의 원칙(공신력)이란 공시방법을 믿고 거래한 경우에 비록 그 공시방법이 진실한 권리관계와 일치하지 않는다고 해도 공시된 대로 권리가 존재하는 것처럼 다루어서 그 믿음을 보호해야 한다는 원칙이다.

② 경매와 공신의 원칙 : 동산의 공시방법인 '점유(사실상 지배)'에는 공신력이 있어 선의취득이 인정되지만 부동산의 공시방법인 '등기'에는 공신력은 인정되지 않는다. 따라서 부동산 거래에서 전 단계가 무효이면 아무리 등기사항증명서를 신뢰해 권리를 취득했다고 해도 권리이전의 효과는 발생하지 않으므로 진정한 권리자는 순차적으로 진행된 등기의 말소를 청구할 수 있다. 경매를 통한 소유권 취득도 예외는 없다. 공신의 원칙은 적용되지 않아 소유권을 잃을 수 있으니 주의해야 한다.

2 경매정보지의 신뢰

(1) 내용의 신뢰성

① 사설정보지 : 현재 사설 경매정보를 제공하는 업체는 매우 많다.

경매정보지를 발행하거나 인터넷으로 경매정보를 제공하지만 그 정보업체의 경매 정보에 오류가 있을 수도 있으니 전부 믿으면 안되고 참고용으로 사용해야 한다.

② 법원경매 정보 : 경매정보는 매각기일 7일 전부터 경매 당일(매각기일)까지 법원 민사과 또는 대법원 경매정보 홈페이지(인터넷 경매)에서 현황조사보고서, 매각물건명세서, 감정평가서를 비용 없이 일반인 누구나 자유롭게 열람할 수 있다. 이를 토대로 현장답사(임장활동)하고 조사하는 것이 필요하다.

(2) 문제점

① 오자, 탈자 : 각 정보지 업체는 지방법원, 대법원 홈페이지 등의 경매기록을 열람해 각각의 경매사건에 대한 정보를 경매지를 통해 일반인들에 제공한다. 법원 기록을 열람해 기록하는 과정에서 오자, 탈자가 생길 수 있다.

② 시간 차이 : 통상 사설 경매정보업체의 정보기록 날짜와 일반인의 경매입찰 시 상당한 시간 차이가 있어 경매기록의 변경이 발생할 수 있다.

3 현황조사보고서(집행관)의 신뢰

(1) 현황조사에 대한 이의제기 : 법원은 경매개시결정을 한 후에 집행관에게 부동산의 현상을 조사하게 명령한다. 점유관계, 차임 또는 보증금의 액수, 확정일자, 그 밖의 현황에 관하여 조사하도록 현황조사 명령을 내린다. 집행관의 현황조사는 집행기관이 아니라 '보조기관'으로 직무집행을 수행하므로 집행에 관한 이의제기 대상이 아니다. 다만 이에 터잡아 이루어진 그 이후의 결정(최저매각가격이나 일괄매각결정 등)에 대하여 집행에 관한 이의를 신청(민사집행법 제16조 1항)하거나 매각허가 이후에는 매각허가에 대한 이의 또는 매각허가결정에 대한 항고로 다툴 수밖에 없다.

(2) 조사 방법 : 현황조사의 대상이 주택이면 집행관은 임대차 관계의 확인을 위해 매각부동산 소재지에 주민등록 전입신고된 세대주 전원에 대한 주민등록 등본·초본을 발급받아 현황조사보고서에 첨부한다. 대상이 상가건물이면 집행관은 상가건물 임대차보호법 시행령이 정하는 등록사항 등의 현황서 등본과 건물도면의 등본을 발급받아 현황조사 보고서에 첨부한다.

4 감정평가서의 평가액의 신뢰

(1) 현황조사, 감정평가 명령 시기

① 현황조사 : 집행법원은 감정인에게 수수료를 지불하고 매각부동산을 평가하게 해서 그 평가액을 참작해 최저매각가격을 정한다(민사집행법 제97조 제1항). 이러한 감정평가 명령은 경매개시결정일부터 3일 안에 한다.

② 감정평가 : 경매목적 부동산의 평가는 집행법원의 직권에 의한 평가 명령에 기해 감정인이 행한다. 경매법원은 매각부동산을 특정해 평가를 명하며 평가서의 제출 기간을 정하며 평가상 유의할 점이 있으면 이를 지시해야 한다. 평가서 제출 기간은 2주 이내로 정하도록 되어 있다.

③ 감정평가금액의 신뢰성 : 감정평가 시점과 입찰참여 시점의 시간 간격이 발생할 수밖에 없고 그 기간 동안 본 물건의 시세 변동을 참고하는데 도움이 된다. 시간 간격의 문제를 극복하기 위해서는 임장활동(현장답사)이 필요하다.

(2) 감정기관의 감정평가금액에 대한 견해

① 아파트 감정가

아파트는 시중에 KB 시세 등 아파트 시세에 대한 자료가 풍부하므로 비교적 감정가가 시세가에 근접하여 어느 정도 신뢰할 수 있다. 하지만 최근과 같이 아파트 가격이 상승, 하락하는 경우는 감정평가시기와 입찰시기에 상당한 차이가 있을 수 있으므로 현장을 직접 방문하여 주변 개업공인중개사에게 확인하는 것이 바람직하다.

② 다세대 감정가

다세대는 분양받을 당시가 최고 가격을 형성하고 그 다음부터는 시간이 지남에 따라 점차로 낮은 가격으로 내려가는 경우가 일반적이다. 따라서 다세대는 어느 경매물건보다도 감정가가 시세보다 상당히 높게 평가되어 있는 경우가 대부분이다. 그런 이유로 수회에 걸쳐 여러 번 유찰되는 것이 보편적이다.

③ 단독주택·임야·전·답의 감정가

단독주택·임야·전·답 등은 감정평가기관에서도 정확한 감정가격을 계산하기는 쉬운 일이 아니다. 따라서 감정가를 신뢰하지 말고 정확한 시세가격을 조사해 보아야 한다. 어떠한 경우든 현장을 방문해 여러 부동산중개사무소를 통해 시세를 정확히 파악해야 한다.

제 4 절 경매와 관련하여 꼭 알아야 할 중요한 용어

1. 가등기(예비등기) : 본등기(종국등기)를 할 수 있을 만한 실체법 또는 절차법적 요건을 구비하지 못한 경우나 권리의 설정·이전·변경·소멸의 청구권을 보전하거나 청구권이 시한부·조건부이거나 장래에 확정할 것인 때에 장래 그 요건이 완비된 때에 행하여질 본등기를 미리 순위를 보전해두는 효력을 갖는 등기이다.

2. 가압류 : 금전 채권이나 금전으로 환산할 수 있는 채권에 대해 장래에 실시할 강제집행이 불가능해지거나 현저히 곤란할 염려가 있는 경우에 미리 채무자의 현재 재산

을 압류해 확보함으로써 강제집행을 보전함을 목적으로 하는 명령 또는 그 집행으로써 하는 처분이다.

3. 가처분 : 금전채권 외의 특정물의 급여, 인도 기타 특정의 급여를 목적으로 하는 청구권의 집행·보전을 목적으로 하거나 쟁의(다툼) 있는 권리관계에 관하여 임시 지위를 정함을 목적으로 하는 재판 또는 그 집행으로서 행하는 처분이다.

4. 각하 : 국가기관에 대한 행정상·사법상의 각종 신청에 대하여 절차나 형식이 '요건을 갖추지 못해' 부적법한 경우에 법원이 이를 처리(심리)하지 않고 배척(거부)되는 것이다. 다시 적법한 요건을 갖추면 수리는 가능하다.

5. 기각 : 종국재판에서 각종 신청내용이 '이유 없다'고 인정될 때 법원이 신청 그 자체를 받아들이지 않고 배척되는 것이다. 기각 재판은 본안판결이지만 각하가 소송 형식 재판인 것과는 구별된다.

6. 감정평가 : 감정평가기관(감정인)이 집행법원의 평가명령에 따라 부동산의 가치를 금액으로 환산하는 것을 말한다. 대부분의 경매법원은 이 감정평가액을 참작해 최저매각가격을 정하고 있다.

7. 강제경매 : 판결문, 지급명령 등의 집행권원에 의해 채권자의 신청으로 법원이 채무자의 부동산 또는 선박을 압류한 후 환가하여 그 매각대금에서 압류나 배당요구 채권자의 채권의 만족을 얻을 목적으로 하는 강제집행 절차 중의 하나이다.

8. 공동 입찰 : 하나의 매각물건에 대하여 2인 이상이 출자해 입찰하는 것을 말한다. 2명 이상의 인적 사항을 기재한 공동 입찰의 방법으로 낙찰을 받게 된다.

9. 공시송달 : 당사자의 주소, 거소나 송달장소를 알 수 없는 경우, 외국으로 촉탁 송달을 할 수 없거나 촉탁해도 목적을 달성할 수 없는 것이 예상되는 경우에 송달할 서류를 아무 때나 교부하겠다는 방법으로 법원의 게시공고란에 게시하여 송달하는 방법이다.

10. 공유 : 여러 명이 하나의 부동산의 소유권을 분량 면적으로 분할하여 지분의 형태로 소유하는 공동소유의 형태를 말한다.

11. 공유자 우선매수권 : 공동소유로 인해 지분이 나누어진 부동산 일부가 경매신청되었을 때 소유권 분쟁을 방지하기 위해 공유자는 집행관이 매각을 종결시키기 전까지 매수청구를 할 수 있는 권리이다. 공유자가 우선매수 신고하면 최고가 매수신

고인이 되어 소유권을 취득할 수 있는 권리가 부여된다. 공유자라고 해도 우선매수는 한 번에 한하며 형식적 경매는 우선매수가 인정되지 않는다.

12. 공탁 : 채무자를 보호하기 위한 제도로 변제자(채무자)가 변제의 목적물을 채권자를 위해 공탁소에 임치하여 채권자의 협력이 없는 경우에도 채무를 면하는 제도이다. 그 종류로는 변제공탁, 담보공탁, 보관공탁, 특수공탁 등이 있다.

13. 과잉매각 : 일부 부동산의 매각대금으로 모든 채권액과 집행비용을 변제하기 충분함에도 여러 개의 부동산을 묶어서 매각을 신청하는 것으로 집행법원은 다른 부동산의 매각을 허가하지 않으며 지정할 수도 있다(일괄매각은 제외).

14. 교부청구 : 국세징수법상 국세·지방세·징수금 등 채무자가 강제집행 또는 파산선고를 받은 때 강제매각 개시 절차에 의해 채무자의 재산을 압류하지 않고 강제 매각기관에 체납관계를 알려 세금의 배당을 요구하는 제도를 말한다.

15. 구분소유권 : 1동의 건물 중 구조상 구분된 수 개의 부분이 독립한 건물로 사용될 수 있을 때 그 각 부분의 소유권을 말한다. 다세대주택, 연립주택, 아파트 등과 같이 집합건물의 경우에 구조상·이용상 독립성이 있으면 구분소유권을 인정하고 있다.

16. 개별(분할)매각 : 대지 한 필지, 건물 한 동 등 개별적인 부동산에 대해 감정한 후 개개의 물건에 대해 최저매각가격을 정하여 행하는 매각방법을 말한다. 채권담보의 목적으로 여러 개의 부동산을 담보로 제공받아 저당권을 설정하는 것으로 공동담보(공동저당)의 경우에는 경매를 신청하면 담보목적물의 모두에 경매가 진행된다. 이 경우에는 각각의 물건마다 사건번호 외에 '물건번호'를 부여하여 개별적으로 입찰에 부친다. 공동담보물의 경우에는 개별매각이 원칙이다.

17. 기간입찰, 기일입찰 : 기간입찰은 일정한 기간(1주일 이상 1개월 이내)을 정해서 입찰하는 것이며 기일입찰은 특정일을 정해서 매각을 실시하는 것을 말한다.

18. 기입등기 : 새로운 등기원인이 발생한 경우, 그 등기 원인에 입각하여 새로운 등기사항을 등기사항증명서에 기록하는 등기이다. 건물의 신축으로 등기사항증명서에 기록하는 소유권보존등기, 매매·증여 등의 원인으로 소유자가 변경된 경우에 하는 소유권이전등기, 담보권을 설정하는 저당권설정등기 등 새로운 사실의 발생으로 새로운 사항을 기재하는 등기가 여기에 해당한다.

19. 농지취득자격증명 : 농지(전·답·과수원)를 경매·공매(매매·증여 등)로 취득한 경우, 최고

가 또는 차순위 매수신고인이 농지 소재지 시·구·읍·면장으로부터 발급(4일·2일) 받아 법원에 제출해야 하는 서류로 소유권이전등기에 필요한 증명서를 말한다. 매각결정기일(7일 이내) 안에 첨부하지 못하면 입찰보증금이 몰수될 수 있으니 주의해야 한다.

20. 담보물권 : 채권담보를 위해 물건이 가지는 교환가치의 지배를 목적으로 하는 물권으로 민법상으로는 유치권(법정 담보물권), 질권, 저당권(약정 담보물권)이 있다. 등기사항증명서 '을구'에서 확인되며 경매신청권과 우선변제를 받을 권리를 가지고 있다.

21. 대금납부기일 : 매각허가결정이 확정되면 1개월 정도의 기간을 정해서 최고가(차순위) 매수신고인에게 잔금을 납부하도록 지정하는 날이다. 잔금을 납부하면 소유권을 취득하지만 납부하지 못하면 입찰보증금을 몰수당할 수 있다.

22. 대위변제 : 공동채무자의 한사람이나 제3자가 채무자를 위해 대신 변제하는 것을 말한다. 변제자는 채무자 또는 다른 공동채무자에 대하여 구상권을 취득하는데 그 구상권의 범위 내에서 종래 채권자가 가지고 있었던 채권에 관한 권리가 법률상 당연히 변제자에게로 이전된다.

23. 말소등기 : 기존등기가 원시적(원인무효) 또는 후발적(변제)인 사유로 실체관계와 부합하지 않게 된 경우에 권리의 전부를 소멸시킬 목적으로 하는 등기이다. 일부를 말소시키는 것은 변경등기인 점에서 차이가 있다.

24. 매각기일 : 경매법원이 목적부동산의 매각을 실시하는 날로 매각 시간과 장소 등을 매각기일 14일 전에 법원게시판에 게시하고 일간신문에 공고할 수 있다.

25. 매각허가·불허가 결정 : 매각허가결정은 부동산 경매 절차에서 매각기일로부터 7일 이내에 법원이 최고가 매수신고인에 대하여 경매부동산의 소유권을 취득시키는 집행처분을 말한다. 반대로 매각불허가 결정은 경매절차에 결격사유가 있을 때 소유권 취득을 허가하지 않는 법원의 집행처분을 말한다. 농지는 매각결정기일까지 농지취득자격증명이 있어야만 매각허가결정되니 주의해야 한다.

26. 매각물건명세서 : 경매가 진행될 물건에 대한 사항을 상세하게 명시한 서류이다. 이 서류에는 부동산의 표시, 점유자와 점유의 권원, 점유할 수 있는 기간, 보증금 또는 차임에 관한 관계인의 진술, 등기된 부동산에 관한 권리 또는 가처분으로서 매각으로 효력을 잃지 아니하는 것, 매각에 따라 설정된 것으로 보게 되는 지상권의 개요 등을 기재한다. 이 서류는 매각기일 1주일 전까지 법원에 비치하여 경매에 관심 있는 일반인 누구나 열람할 수 있도록 하고 있다.

27. 배당요구 : 강제집행에 있어서 압류채권자 외의 채권자가 집행에 참여하여 변제받는 방법을 말한다. 우선변제 청구권이 있는 채권자, 집행력 있는 정본을 가진 채권자, 경매개시결정 등기 후에 가압류를 신청한 채권자는 배당요구 종기일까지 배당요구를 해야만 배당받을 권리가 생긴다.

28. 배당요구종기일 : 경매개시결정에 따른 압류의 효력이 생긴 때부터 1주일 내에 집행법원은 절차에 필요한 기간을 감안하여 첫 매각기일 이전으로 하여 배당을 요구할 수 있도록 날을 정하는데 그 절차의 마지막 날을 말한다. 약 3개월 정도의 기간을 정해서 권리 신고할 수 있도록 기간을 주는데 배당요구를 하지 않으면 배당을 받지 않겠다는 '배당 포기의 의사'로 보니 임금·퇴직금 채권, 주택이나 상가건물의 임차인 등은 배당요구를 해야 배당을 받을 수 있다.

29. 배당 : 매각대금 납부 후 2~3주 내에 경매법원이 관련 이해관계인(임차인, 채권자 등)에게 매각대금에서 법적 규정(순위)에 따라 분배하는 것을 말한다.

30. 변경 : 경매진행 절차에서 변경사항(권리변동, 새로운 사항의 추가, 조건변경 등)이 발생할 때 당사자의 신청이 아니라 법원이 '직권으로' 매각기일을 바꾸는 것을 말한다.

31. 상계 : 채권자가 동시에 매수인인 경우에 잔금을 납부하지 않고 채권자로서 배당받을 채권액과 매수인으로 납부해야 할 매각대금을 같은 금액만큼 서로 계산하는 것이다. 상계방식으로 잔금을 지급하려면 '매각결정기일이 끝날 때까지' 법원에 신고하면 된다. 그러면 배당기일에 매각대금에서 배당받아야 할 금액을 제외한 나머지 금액만 납부하면 되지만 이의제기하면 배당기일이 끝날 때까지 해당 금액을 납부해야 한다.

32. 새매각 : 매각을 실시하였으나 신고가 없어서 매수인이 결정되지 않은 경우, 경매법원이 저감율(20%~30%)을 적용하여 다시 매각기일을 지정해 실시하는 경매를 말한다. 잔금을 내지 않아서 경매를 다시 실시하는 재매각과는 다르다.

33. 소제주의 : 경매부동산에 존재하고 있는 권리 및 임대차관계가 경매로 매각되었을 때 소멸하여 말소되는 것을 말한다. (근)저당권, 가압류, 압류, 담보가등기 등의 말소기준권리와 말소기준권리 후의 용익물권, 임차권, 가등기 등의 권리는 매각 후에는 소멸한다.

34. 압류 : 금전채권에 관한 강제집행(입찰)의 착수로서 집행기관이 우선하여 채무자 재산의 사실상 또는 법률상의 처분을 금지하기 위해 행하는 강제행위이다.

35. 연기 : 채무자, 소유자 또는 이해관계인의 '신청'과 동의 아래 지정된 매각기일을

다음 기일로 미루는 것을 말한다. 신청이 아닌 법원이 직권으로 '변경'하는 것과는 차이가 있다.

36. 유찰 : 매각기일에 매수하고자 하는 신고인이 없어 매각되지 않고 무효가 된 경우를 말한다. 저감율(20%~30%)을 적용하여 한 달 정도 후에 다시 '새매각'을 실시한다.

37. 이중(중복)경매 : 담보권 실행을 위한 임의경매나 강제경매 절차를 개시한 부동산에 대하여 다시 경매의 신청이 있는 때에는 집행법원은 다시 경매개시결정을 하고 먼저 개시한 집행절차에 따라 경매가 진행되는 것을 말한다.

38. 인수주의 : 경매 부동산에 존재하고 있는 권리 및 임대차 관계가 경매로 매각되어 종결된다고 해도 소멸되지 않고 그대로 매수인(낙찰자)이 인수해야 되는 것으로 말소기준권리보다 선순위의 용익물권과 가처분, 유치권·법정지상권·분묘기지권 등이 있다.

39. 일괄매각 : 여러 개의 부동산(공동담보물)의 위치, 형태, 이용관계 등을 고려했을 때에 같은 사람에게 공동담보물을 매수하게 하는 것이 상당하다고 인정될 때, 또는 개별매각으로 인해 가치의 현저한 감소를 초래할 우려가 있는 때에는 경매신청자의 신청이나 법원의 직권으로 일괄매각을 결정할 수 있다. 여러 개의 부동산을 하나의 경매 절차에서 매각하도록 진행하는 '개별매각'과는 비교된다.

40. 입찰 : 경매법원으로부터 최고가 매수신고인으로 허락받아 소유권을 취득하기 위해 낙찰받고자 희망 가격을 입찰표에 기재하여 제출하는 것이다.

41. 입찰보증금 : 입찰에 참여하기 위해 입찰표와 함께 집행관에게 제출하는 금전으로 신고가(구법)가 아니라 최저매각가격의 10%를 납부하여야 한다. 매각 절차가 종료된 후 집행관은 최고가 매수신고인과 차순위 매수신고인 외에는 매수신청인에게 즉시 보증금을 반환한다. 매각허가결정이 확정된 후 최고가 매수신고인이 잔금을 납부하면 차순위 매수신고인의 보증금은 반환한다. 만약 최고가 매수신고인이 잔금을 납부하지 아니하면 법원에서 몰수하는 것이 아니라, 배당할 금액에 포함하고 이후 차순위 매수신고인에 대해 낙찰 허가 여부의 결정 및 대금납부의 절차를 진행하게 되고 차순위 매수신고인도 매각대금을 납부하지 않으면 몰수하여 배당할 금액에 포함해 배당하게 된다.

42. 정지 : '채권자 또는 이해관계인의 신청'으로 집행법원에 대하여 경매 진행 절차를 중지시키는 것을 말한다.

43. 재매각 : 매각허가결정이 확정되어 매수인이 결정되었음에도 불구하고 매수인이 대

금(잔금)을 지급하지 아니하였기 때문에 다시 실시되는 경매로 이 경우에는 저감율 (20%~30%)을 적용하지 않고 다시 경매가 진행된다.

44. 재항고 : 항고가 기각 또는 각하되었을 때 상급법원에 불복을 제기하는 것이다.

45. 제시 외 건물 : 감정평가서에 조사된 부동산 내역에서 경매대상 물건에는 없는 미 등기상태의 증·개축된 건물 또는 부속물을 '제시 외 건물'이라고 한다.

46. 집행관 : 강제집행을 실시하는 사람으로 지방법원에 소속되어 법률이 정하는 바에 따라 재판의 집행과 서류의 송달 그 밖에 법령에 의한 사무에 종사한다.

47. 집행문 : 집행권원에 집행력이 있음과 집행 당사자, 집행 범위를 공증하기 위해 법 원사무관 등이 공증기관으로써 집행권원의 말미에 부기하는 공증문언이다.

48. 차순위 매수신고인 : 최고가 매수신고인 외의 입찰자 중에서 그 신고액이 최고가 매수신고액에서 입찰보증금을 뺀 금액을 넘는 가격(초과)으로 입찰에 응한 후 법원 에 이를 신고한 사람이다. 차순위 매수신고하면 보증금을 반환받지 못하고 최고가 매수신고인이 잔금을 납부하지 않은 경우에 다시 입찰을 실시하지 않고 집행법원으 로부터 낙찰 허부의 결정을 받을 수 있다. 예를 들어 최저가 1억인데 최고가 매수 신고인이 1억 3,000만원에 낙찰받았다면 차순위 매수신고인은 1억 2,000만원을 넘게 써야 자격이 주어진다. 1억 2천을 넘어야(초과) 하니 1억 2,000만원도 차 순위 매수신고는 할 수 없다.

49. 최고가 매수신고인 : 입찰자 중에서 최저매각가격 이상의 가격들 중 가장 높은 입 찰금액을 적어 신고한 사람으로 잔금을 납부하면 소유권이전등기가 없어도 법률규 정(민법 제187조)으로 경매물건의 소유권을 취득하게 된다. 소유권이전등기가 아니 라 잔금 납부로 소유권을 취득하게 된다.

50. 최저매각(입찰)가격 : 매각 당일에 경매부동산을 그 가격보다 저가로 입찰할 수 없 고 그 가격 또는 그 이상으로 입찰함을 요하는 기준이 되는 입찰가격으로 이 금액 미만으로 입찰 액수를 적어 제출하면 무효처리되어 낙찰 허락이 되지 않는다. 보통 감정인이 평가한 가격이 기준이 되며 최저가의 10%가 입찰보증금이며, 신고가 없 으면 20%~30%를 저감한 가격이 최저매각가격이 된다.

51. 취하 : 채무자가 경매신청자의 채권을 변제하는 등의 사유가 있을 때에는 경매신청 자가 법원에 대해 경매 절차의 취소를 구하는 의사표시를 말한다.

52. **취소** : 경매신청 후 채무자가 채무 전부를 변제한 경우나 경매신청자가 무잉여에 해당하여 실익이 없는 경우 법원이 '직권으로' 취소하는 경우를 말한다. 신청에 의해 없어지는 것은 '취하', 법원이 직권으로 없애는 것은 '취소'로 좀 다르다.

53. **특별매각 조건** : 집행법원이 경매 부동산을 매각하여 그 소유권을 낙찰자에게 이전시키는 조건을 말한다. 법정 매각조건은 모든 경매 절차에 공통하여 법이 미리 정한 매각조건이지만 특별매각조건은 각개의 경매 절차에 있어서 매각조건을 집행법원이 직권으로 특별히 정하는 것으로 재매각 시에 20%의 입찰보증금을 보관시키는 것, 매수인의 대금납부 지연 시에 연 20%의 지연 이자율을 적용하는 것 등이 있다. 법정 매각조건에 의해 실시되는 경우는 매각조건을 알릴 필요가 없지만 특별매각조건이 있으면 그 내용을 집행관이 매각기일에 고지해야 하며 특별매각조건으로 매각한 경우에는 매각허가결정에 그 조건을 기재하여야 한다.

54. **특별송달** : 평일 근무시간 중에는 송달이 안 될 때 야간 또는 휴일에 하는 송달방법을 말한다.

55. **항고** : 매각허가 또는 불허가 결정일 이후 7일 내에 이해관계인 등이 그 결정에 대해서 불복이 있는 경우에 법원에 이의를 제기하는 것으로 매각대금(낙찰대금)의 10%에 해당하는 금전 또는 법원이 인정하는 유가증권을 공탁해야 한다. 채무자나 소유가 한 항고가 기각된 때에는 전액을 몰수하며 그 외의 제3자는 연 20%를 몰수하여 배당할 금액에 포함하게 된다.

56. **현황조사** : 경매개시결정을 한 후 법원의 명령으로 집행관이 부동산의 현상, 점유관계, 차임 또는 보증금의 수액(금액), 확정일자의 유무 등 그 밖의 현황에 관하여 조사하는 것을 말한다.

57. **환매** : 매도인이 매도한 물건을 대가를 지불하고 다시 매수하는 계약을 말한다. 부동산은 5년, 동산은 3년 안에서 매매계약과 동시에 재매매할 권리를 보유하는 약정을 해야 한다. 환매는 매매에 덧붙어 태어나는 '부기'등기의 형태로 등기한다. 말소기준권리보다 빠른 환매권은 낙찰자에게 대항력이 있어서 낙찰자가 소유권을 잃을 수 있으니 주의해야 한다.

02 경매절차

입찰참여 방법

1 물건자료 열람

해당 경매부동산에 대한 법원기록은 경매가 시작되는 매각기일 7일 전부터 경매 당일까지 해당 법원 민사신청과나 인터넷(법원경매 정보)을 통해서 볼 수 있으며 꼭 보아야 할 기록은 매각물건명세서, 현황조사서, 감정평가서이다. 매각 당일은 집행법원이 혼잡하니 사전에 집행기록을 열람하여 미리 시간을 갖고 충분히 조사해야 한다.

(1) 매각물건명세서

매각물건명세서는 부동산의 표시, 부동산의 점유자와 점유의 권원, 점유할 수 있는 기간, 보증금 또는 차임에 관한 이해관계인의 진술, 등기된 부동산에 관한 권리 또는 가처분으로서 매각으로 효력을 잃지 아니하는 것, 매각에 따라 설정된 것으로 보게 되는 지상권·전세권의 개요 등을 기재한 서류이다. 매각기일의 1주일 전까지 법원에 비치하여 일반인 누구나 무료로 볼 수 있도록 작성해 놓은 서류이다.

<참고> 대법원 인터넷 경매 - 경매물건 검색 화면

(2) 현황조사보고서

경매법원은 경매개시결정을 한 후 지체없이 집행관에게 경매물건의 현황을 조사하게 한다. 부동산의 현상, 점유관계, 차임 또는 보증금의 수액(금액) 그 밖의 현황에 관하여 조사할 것을 명하며 집행관이 그 조사내용을 집행법원에 보고하기 위해 작성한 문서가 현황조사 보고서이다.

(3) 감정평가서

① 감정가와 최저매각가격 : 집행법원은 감정인으로 하여금 부동산을 평가하게 하고 그 평가액을 참작해 최저매각가격을 정한다. 감정인의 평가액을 최저매각가격으로 반드시 정해야 하는 것은 아니지만 실무에서는 대부분 감정인의 평가액을 그대로 최저매각가격으로 정하고 있다.

② 감정가의 산출 근거 제시 : 감정평가서에는 최소한 감정가격의 결정을 뒷받침하고 입찰자(응찰자)의 이해를 도울 수 있도록 감정가격을 산출한 근거를 밝히고 이를 뒷받침할 평가사항, 위치도, 지적도, 사진 등을 첨부한다. 감정평가서는 매각기일 1주일 전부터 매각물건명세서에 첨부하여 경매 당일까지 일반인의 열람이 가능하도록 해당 법원 민사신청과나 인터넷(법원경매 정보)을 통해서 볼 수 있으며 집행법원에 비치한다.

(4) 세대(주민등록, 전입신고) 열람 및 거주자 파악

1) 서류 작성(신분증) : 관할 주민센터에서 경매부동산의 전입에 관련한 사항을 열람하려면 신분증과 경매부동산의 등기사항증명서나 경매정보지를 가지고 가서 주민등록표 열람 및 등·초본 교부 신청서를 작성해야 한다. 전입세대열람으로 세대주의 유무와 세대주의 전입 연월일을 확인할 수 있다.

2) 거주자 파악

건물의 거주자가 누구인지 파악하여야 한다.

① 임차인이 거주하면 임차인의 경매 참여 여부를 파악하여 하며 임차인이 경매에 응찰하면 낙찰가가 높을 수 있으니 입찰금액을 높게 써야 낙찰될 가능성도 고려해야 한다. 특히 배당을 전혀 받지 못하거나 일부만 배당받는 임차인은 보통의 낙찰가보다도 훨씬 높은 금액의 입찰가도 예상되니 낙찰받는 것이 쉽지 않을 수도 있다.

② 현 소유자가 거주하면 만날 수 있으면 만나서 경매 취하의 여부 등을 물어 보는 것이 좋다. 취하 가능성이 있는 부동산은 매각 받아도 시간과 비용만 낭비할 뿐 실익이 없기 때문이다. 차라리 다른 물건을 찾아보는 것이 더 바람직하다.

주민등록 전입세대 열람 신청서

※ 신청인은 아래 유의사항을 읽고 굵은 선 안쪽의 사항만 기재합니다.

열람대상 물건소재지						
용도 및 목적						
입증자료						
개인 신청인	성　명	(서명 또는 인)	주민등록번호			－
	주　소				전화번호	
법인 신청인	법인명		사업자등록번호			－
	대표자성명	(서명 또는 인)	기관전화번호			
	소재지					
	방문자	성명(　　　), 주민등록번호(　　　－　　　), 직위(　　　)				

「주민등록법 시행규칙」 제12조의2에 따라 주민등록 전입세대 열람을 신청합니다.

년　　　월　　　일

읍·면·동장 또는 출장소장 귀하

<유의사항>
1. 열람사항을 출력하여 줄 수는 있으나 증명·날인하여 줄 수는 없습니다.
2. 경매참가자는 경매일시·해당물건소재지가 나타나 있는 (신문)공고문, 신용정보업자는 신용조사 의뢰서, 감정평가업자는 감정평가 의뢰서, 금융기관은 담보주택 근저당설정 관계서류(해당물건소재지가 나타나 있는 근저당설정계약서·대출약정서 등)를 첨부하여야 하며 물건 소유자 및 임차인 등은 그 사실을 입증하여야 합니다.
3. 전입세대 열람권한은 타인에게 그 권한을 위임할 수 없습니다.
4. 법인의 경우에는 "대표자성명"란 대표자가 서명하거나 법인인감(사용인감포함)을 날인하며, 방문자는 사원증(또는 재직증명서)과 주민등록증 등 신분증명서를 함께 제시하여야 합니다.

2 시세 및 현황 파악

(1) 중개사무소를 통한 시세 파악

① 시세 차이 : 대법원 법원경매 정보 및 경매정보지를 보고 매수 희망하는 물건을 찾았다면 인터넷(호갱노노, 플래닛, 땅야, 디스코 등)을 통해서 확인할 수 있지만 해당 주변 중개사무소를 방문해서 시세를 알아봐야 한다. 감정가와 매매가는 조사 시기나 지역에 따라 큰 차이가 있을 수 있다.

② 시세 파악의 어려움 : 단독주택, 다세대 등과 같이 시세를 정확히 파악하기 어려운 물건은 반드시 임대가격을 파악해야 하는데 임대가격을 알면 매매가격을 추론하거나 임대하여 수익을 분석할 수 있다.

(2) 부동산 현황 파악

① 상태 파악 : 해당 부동산의 건물의 노후상태, 도시가스 여부를 파악해야 한다. 소홀히 하면 현황과 공부상의 불일치로 손해를 보거나 불법으로 증축·개축한 건물을 사게 될 수도 있기 때문이다.

② 공부 확인 : 건축물(관리)대장은 시·군·구청이나 인터넷 정부24에서 발급받을 수 있으며 대장에 기록된 구조와 현황과의 구조가 일치하는지, 층수나 부대시설이 많거나 적은지 등을 비교하고 조사해야 한다.

(3) 각종 공부의 확인

물건분석을 하기 위한 기본적인 서류는 등기사항증명서, 건축물대장, 토지대장, 토지이용계획확인원(용도지역 등) 등을 확인해야 한다.

① 사실관계 : 토지의 소재나 면적, 지목 등은 토지대장으로 확인하고 건물의 소재, 면적, 용도, 건축연도 등은 건축물대장으로 확인해야 한다.

② 권리관계 : 소유권, 지상권, 저당권 등의 권리관계는 등기사항증명서를 통해 권리분석을 해야 한다.

③ 이용제한·거래규제 : 건축물대장은 위법건축물 여부와 건축면적이 감정평가된 면적과 일치 여부, 토지이용계획확인원은 공법상 이용제한(건축제한)이나 거래규제(거래신고 등)와 같은 제한 여부를 살펴보기 위함이다.

3 | 응찰(입찰)가격의 결정

(1) 중요성 : 법원경매 입찰 참가에 가장 중요한 것은 입찰 가격결정이다. 입찰물건의 권리분석에 많은 노력과 시간을 보낸다. 하지만 아무리 권리분석을 안전하고 완벽하게 해서 명도에 문제가 없었다고 해도 후에 물건을 매도해 아무런 시세차액도 없고, 더 나아가 오히려 입찰자가 손해를 보았다면 아무런 소용이 없다.

(2) 전문가의 도움 : 입찰자의 가격결정은 가장 중요하니 냉정하게 판단해야 한다. 입찰 당일 법원 내의 들뜬 분위기에 휩쓸려 처음 예상 금액을 초과해 입찰하여 낭패 보는 일이 없도록 주의해야 한다. 본인의 주관적 판단이나 본인만의 단독 결정에만 의존하지 말고 전문적인 지식을 가진 고수의 도움이나 컨설팅 전문가 등의 도움을 받아서 결정하는 것이 차액을 크게 하고 손해를 줄일 수 있는 방법이기도 하다.

4 | 입찰 참가

(1) 주의 사항

① **임차인 배당 파악** : 임차인 현황, 임차금액, 건물 구조, 감정평가서 등을 자세히 열람해야 한다. 주의해서 관찰할 점은 경매신청자의 채권액으로 등기상에서는 변제된 금액을 알 수는 없지만 법원 기록에는 현재까지 변제되고 남은 채권액을 알 수 있다. 남은 채권액이 적다면 취하될 가능성도 있으니 신중히 응찰해야 한다.

② **신중한 검토** : 선순위 임차인이 있다거나 배당 철회, 대위변제, 체불임금여부를 신중히 검토해야 하고 송달상황 등의 기록을 통하여 변경되는 여러 상황을 정확 검토하고 파악해야 한다.

③ **준비** : 열람할 때 볼펜 등은 소지할 수 없으니 연필을 준비한다.

④ **시간 엄수** : 열람 시간은 대부분 오전 10시에서 11시까지이므로 이 시간 안에 검토하고 입찰표를 작성해 제출해야 한다. 미리 점검하고 최종적으로 확인하는 차원에서만 확인해 봐야 한다.

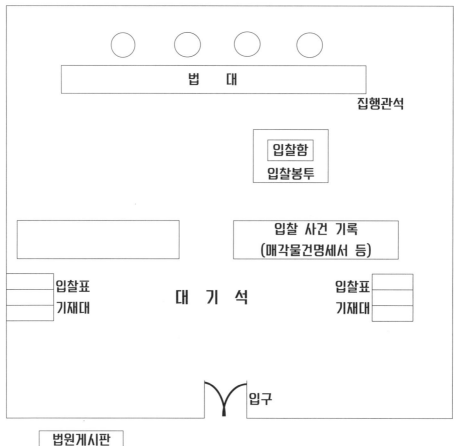
<참고> 경매가 진행되는 법정의 형태

(2) 입찰보증금 준비

① **최저가 10%** : 보통 입찰보증금은 최저매각가격의 10%이다. 그러나 재매각
   은 최저매각가격의 20%~30%이므로 주의를 하여야 한다. 현재는 입찰한 금
   액(신고가 또는 응찰가)의 10%가 아님에 유의한다.

② **수표로 준비** : 입찰보증금은 현금으로 준비하지 말고 입찰 전에 수표로 미리
   준비한다. 최고가로 낙찰되었지만 현금으로 보증금을 준비하다 금액을 잘못 넣
   는 바람에 입찰 무효가 되는 경우가 종종 있기 때문이다. 보증금을 더 넣을 경
   우는 상관없지만 조금이라도 적으면 입찰은 무효가 된다.

③ **예** : 최저매각가격이 1억원이면 입찰보증금은 1,000만원을 준비해야 한다.
   이 경우 입찰보증금 1,000만원보다 많으면 문제 없지만, 단돈 1원이라도 적으
   면 입찰은 무효 처리된다.

(3) 입찰 당일 준비할 서류 및 주의 사항

1) 준비 서류

① 본인	1. 주민등록증 또는 증명할 수 있는 신분증 2. 도장 3. 입찰보증금(최저매각금액의 10% 또는 20%) 자기앞수표 및 현금, 지급보증위탁계약체결문서
② 대리인	1. 본인의 인감증명서 1통 2. 위임장(본인의 인감이 날인된 것) 3. 대리인 신분증, 도장 4. 입찰보증금
③ 법인	1. 법인 등기사항증명서 등본 2. 대표자의 위임장 3. 법인 인감증명서 4. 대리인 신분증, 도장
④ 공동입찰	1. 공동입찰신고서 2. 공동입찰자목록 ※ 2인 이상이 공동으로 입찰하고자 할 때는 각자의 지분을 분명하게 표시해야 한다.

2) 주의 사항

① 담보책임 : 경매는 소유자의 의사와 상관없이 법원에 의해 강제적으로 이루어지는 매매이므로 물건의 하자담보책임은 인정되지 않지만 권리의 하자에 대한 담보책임은 일부 인정된다(감액청구).

거의 모든 책임은 매수자가 부담해야 하며, 계약금을 포기함으로써 해제가 가능하므로 철저한 사전 조사가 필요하다. 법원경매에서 성공하려면 철저한 권리분석과 물건분석, 시세 파악이 이루어지고 욕심을 버려야 한다. 경매만 알거나 부동산만 알아서도 안 된다.

② 취하 등 확인 : 대부분의 법원은 10시부터 법정이 열리므로 이때부터 입장할 수 있다. 가장 먼저 확인해야 하는 것은 당일 진행하는 경매물건에 대한 변경사항(변경이나 취하 등)을 기재한 목록이다. 그렇지 않으면 당일 진행되지 않는 물건에 입찰해 놓고 한참 후에 본인 입찰 봉투만 반환받고 나와야 하는 황당한 경험을 하게 된다.

경매 입찰 시작 전에 집행관이 당일 진행되는 사건번호를 불러 주니 참조하여도 된다.

③ 경매기록의 열람 : 당일에는 사건기록에 대한 매각물건명세서 · 현황조사서 및 감정평가서의 사본을 볼 수 있다. 하지만 당일에는 경매기록은 열람할 수 없으니 미리 확인해 봐야 낭패를 보지 않는다.

(4) 매수신청 방법

부동산의 매각은 ① 매각기일에 입찰 및 개찰하게 하는 기일입찰, ② 입찰기간(1주일 등) 내에 입찰하게 하여 매각기일에 개찰하는 기간입찰, ③ 매각기일에 부르는 방법으로 진행하는 호가경매의 3가지 방법으로 한다. 어느 방법으로 할 것인지는 집행법원이 정하며 대부분 기일입찰로 진행한다.

1) 기일입찰

① 입찰표

경매에 응찰할 때는 물건번호마다 한 장의 입찰표와 입찰봉투를 각각 사용한다. 또한 입찰표의 기재는 한글과 아라비아 숫자를 사용하여 기재한다. 입찰표를 일단 제출하고 나면 그 내용을 수정하는 것이 불가능하니 작성할 때에는 틀리지 않도록 많은 신경을 써야 한다.

② 매수신청보증 봉투

입찰보증금 봉투는 일반 편지봉투와 유사하다. 이 봉투에다 입찰보증금을 넣고 겉면에는 사건번호와 물건번호, 제출자의 성명을 적는다. 뒷면에는 도장을 찍어야 하는 '란'이 있고 그곳에 날인한 후 봉하면 된다.

㉠ 입찰봉투 : 입찰표, 입찰보증금 봉투(대리 : 위임장, 인감증명서)를 모두 모아서 입찰봉투에 넣은 후 사건(물건)번호와 제출자를 기재하고 중간 가운데 부분을 안쪽으로 접어 봉한 후 집행관 앞에 있는 상자에 투찰하면 된다.

㉡ 수취증 : 투찰시에는 입찰봉투에 붙어있는 입찰자용 수취증에 집행관으로부터 연결번호와 도장을 받아서 보관해야 한다. 이것을 분실하게 되면 나중에 입찰보증금을 돌려받지 못할 수도 있으니 주의한다.

㉢ 개찰 : 기일입찰이면 집행관이 입찰 마감을 알리고 10여분 정도 지나면 사건번호 순서대로 개찰을 하게 된다.

(앞면)

기 일 입 찰 표

지방법원 집행관 귀하   입찰기일 : 년 월 일

사건번호		타 경 호		물건번호	※물건번호가 여러 개 있는 경우에는 꼭 기재
입찰자	본인	성 명	㉞	전 화 번 호	
		주민(사업자) 등 록 번 호		법인등록 번 호	
		주 소			
	대리인	성 명	㉞	본인과의 관 계	
		주 민 등 록 번 호		전화번호	-
		주 소			

입찰 가격	천억	백억	십억	억	천만	백만	십만	만	천	백	십	일	원	보증 금액	백억	십억	억	천만	백만	십만	만	천	백	십	일	원

보증의 제공방법	☐ 현금·자기앞수표 ☐ 보증서	보증을 반환 받았습니다. 입찰자 ㉞

<주의사항>

1. 입찰표는 물건마다 별도의 용지를 사용하십시오. 다만 일괄입찰시에는 1매의 용지를 사용하십시오.

2. 한 사건에서 입찰물건이 여러 개 있고 그 물건들이 개별적으로 입찰에 부쳐진 경우에는 사건번호 외에 물건번호를 기재하십시오.

3. 입찰자가 법인인 경우에는 본인의 성명란에 법인의 명칭과 대표자의 지위 및 성명을, 주민등록란에는 입찰자가 개인인 경우에는 주민등록번호를, 법인인 경우에는 사업자등록번호를 기재하고, 대표자의 자격을 증명하는 서면(법인의 등기사항증명서 등·초본)을 제출하여야 합니다.

4. 주소는 주민등록상의 주소를, 법인은 등기사항증명서상의 본점소재지를 기재하고, 신분확인상 필요하오니 주민등록증을 꼭 지참하십시오.

5. 입찰가격은 수정할 수 없으므로, 수정을 요하는 때에는 새 용지를 사용하십시오.

6. 대리인이 입찰하는 때에는 입찰자란에 본인과 대리인의 인적사항 및 본인과의 관계 등을 모두 기재하는 외에 본인의 위임장(입찰표 뒷면을 사용)과 인감증명을 제출하십시오.

7. 위임장, 인감증명 및 자격증명서는 이 입찰표에 첨부하십시오.

8. 일단 제출된 입찰표는 취소, 변경이나 교환이 불가능합니다.

9. 공동으로 입찰하는 경우에는 공동입찰 신고서를 입찰표와 함께 제출하되, 입찰표의 본인란에는 "별첨 공동입찰자목록 기재와 같음"이라고 기재한 다음, 입찰표와 공동입찰신고서 사이에는 공동입찰자 전원이 간인 하십시오.

10. 입찰자 본인 또는 대리인 누구나 보증을 반환 받을 수 있습니다.

11. 보증의 제공방법(현금·자기앞수표 또는 보증서)중 하나를 선택하여 ☑표를 기재하십시오.

위 임 장

대리인	성 명		직 업	
	주민등록번호	-	전화번호	
	주 소			

위 사람을 대리인으로 정하고 다음 사항을 위임함.

다   음

지방법원   타경   호 부동산

경매사건에 관한 입찰행위 일체

본인1	성 명	인감인	직 업	
	주민등록번호	-	전 화 번 호	
	주 소			
본인2	성 명	인감인	직 업	
	주민등록번호	-	전 화 번 호	
	주 소			
본인3	성 명	인감인	직 업	
	주민등록번호	-	전 화 번 호	
	주 소			

* 본인의 인감 증명서 첨부
* 본인이 법인인 경우에는 주민등록번호란에 사업자등록번호를 기재

지방법원 귀중

매수신청보증 봉투(흰색 작은 봉투)

(앞면)

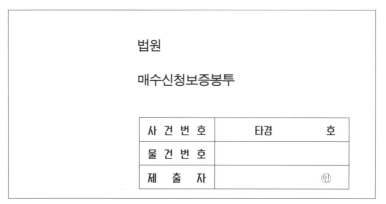

주 : 크기는 통상의 규격봉투와 같다.

(뒷면)

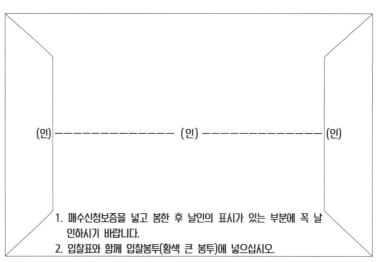

※ 사건번호와 물건번호의 기재요령은 입찰표와 같다.

「제출자」란은 본인이 제출할 경우에는 본인이 서명·날인하고, 대리인에 의한 응찰의 경우에는 대리인의 이름을 기재하고 날인한다. 즉 대리인이 제출자가 된다.

③ 입찰봉투

기일입찰봉투(황색 큰 봉투)

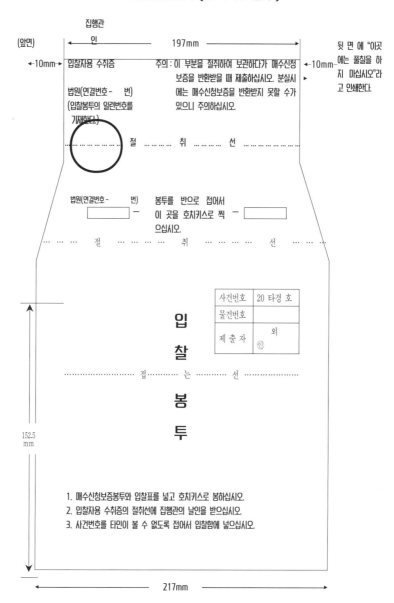

(뒷면)

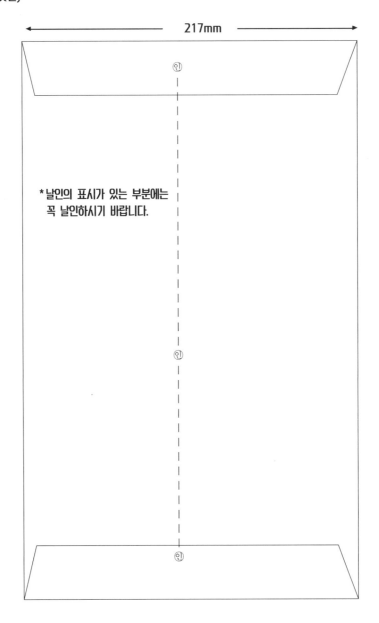

217mm

*날인의 표시가 있는 부분에는
꼭 날인하시기 바랍니다.

공 동 입 찰 신 고 서

법원 집행관   귀하

사건번호   20   타경   호
물건번호
공동입찰자   별지 목록과 같음

위 사건에 관하여 공동입찰을 신고합니다.

20 년   월   일

신청인   외   인(별지목록 기재와 같음)

※ 1. 공동입찰을 하는 때에는 <u>입찰표에 각자의 지분을 분명하게 표시하여야</u>
<u>합니다</u>.
2. 별지 공동입찰자 목록과 사이에 <u>공동입찰자 전원이 간인하십시오.</u>

용지규격 210mm×297mm(A4용지)

공 동 입 찰 자 목 록

번호	성 명	주 소		지분
		주민등록번호	전화번호	
	(인)	-		
	(인)	-		
	(인)	-		
	(인)	-		
	(인)	-		
	(인)	-		
	(인)	-		
	(인)	-		
	(인)	-		
	(인)	-		

용지규격 210mm×297mm(A4용지)

매수신청대리인 명단

○○지방법원   년   월분

매각기일	사건번호	물건번호	본인성명	대 리 인		
				성 명	주 소	직업
			주민등록번호	주민등록번호		

기일입찰표의 유·무효 처리기준

	흠결 사항	처리 기준
1	입찰기일을 적지 아니하거나 잘못 적은 경우	입찰봉투의 기재에 의하여 그 매각기일의 것임을 특정할 수 있으면 개찰에 포함시킨다.
2	사건번호를 적지 아니한 경우	입찰봉투, 매수신청보증 봉투, 위임장 등 첨부서류의 기재에 의하여 사건번호를 특정할 수 있으면 개찰에 포함시킨다.
3	매각물건이 여러 개인데, 물건번호를 적지 아니한 경우	개찰에서 제외한다. 다만, 물건의 지번·건물의 호수 등을 적거나 입찰봉투에 기재가 있어 매수신청 목적물을 특정할 수 있으면 개찰에 포함시킨다.
4	입찰자 본인 또는 대리인의 이름을 적지 아니한 경우	개찰에서 제외한다. 다만, 고무인·인장 등이 선명하여 용이하게 판독할 수 있거나, 대리인의 이름만 기재되어 있으나 위임장·인감증명서에 본인의 기재가 있는 경우에는 개찰에 포함시킨다.
5	입찰자 본인과 대리인의 주소·이름이 함께 적혀 있지만(이름 아래 날인이 있는 경우 포함) 위임장이 붙어 있지 아니한 경우	본인의 입찰로서 개찰에 포함시킨다.
6	입찰자 본인의 주소·이름이 적혀 있고 위임장이 붙어 있지만, 대리인의 주소·이름이 적혀 있지 않은 경우	본인의 입찰로서 개찰에 포함시킨다.
7	위임장이 붙어 있고 대리인의 주소·이름이 적혀 있으나 입찰자 본인의 주소·이름이 적혀 있지 아니한 경우	위임장의 기재로 보아 본인의 주소·이름을 특정할 수 있으면 개찰에 포함시킨다.
8	한 사건에서 동일인이 본인인 동시에 다른 사람의 대리인이거나, 동일인이 2인 이상의 대리인을 겸하는 경우	쌍방의 입찰을 개찰에서 제외한다.

	흠결 사항	처리 기준
9	입찰자 본인 또는 대리인의 주소나 이름이 위임장 기재와 다른 경우	이름이 다른 경우에는 개찰에서 제외한다. 이름이 같고 주소만 다른 경우에는 개찰에 포함시킨다.
10	입찰자가 법인인 경우 대표자의 이름을 적지 아니한 경우(날인만 있는 경우도 포함)	개찰에서 제외한다. 다만, 법인등기사항증명서로 그 자리에서 자격을 확인할 수 있거나, 고무인·인장 등이 선명하며 용이하게 판독할 수 있는 경우에는 개찰에 포함시킨다.
11	본인 또는 대리인의 이름 다음에 날인이 없는 경우	본인의 입찰로서 개찰에 포함시킨다.
12	입찰가격의 기재를 정정한 경우	정정인 날인 여부를 불문하고, 개찰에서 제외한다.
13	입찰가격의 기재가 불명확한 경우(예, 5와 8, 0과 6등)	개찰에서 제외한다.
14	보증금액의 기재가 없거나 그 기재된 보증금액이 매수신청보증과 다른 경우	매수신청보증 봉투 또는 보증서에 의해 정하여진 매수신청보증 이상의 보증제공이 확인되는 경우에는 개찰에 포함시킨다.
15	보증금액을 정정하고 정정인이 없는 경우	
16	하나의 물건에 대하여 같은 사람이 여러 장의 입찰표를 제출한 경우	입찰표 모두를 개찰에서 제외한다.
17	보증의 제공 방법에 관한 기재가 없거나 기간입찰표를 작성·제출한 경우	개찰에 포함시킨다.
18	위임장은 붙어 있으나 위임장이 사문서로서 인감증명서가 붙어 있지 아니한 경우, 위임장과 인감증명서의 인영이 틀린 경우	최고가 매수신고인 결정 전까지 인감증명서를 제출하거나 그 밖에 이에 준하는 확실한 방법으로 위임장의 진정 성립을 증명한 때에는 그 입찰자를 최고가 매수신고인(차순위 매수신고인)으로 결정할 수 있다.

2) 기간입찰

① 입찰보증금 : 1주일 등의 일정한 입찰기간을 정해 그 기간 내에 입찰표를 직접 또는 우편으로 법원에 제출하게 하면서 법원이 정한 최저매각가격의 10%를 일률적으로 법원 계좌에 납입한 후 그 입금표를 입찰표에 첨부하게 하거나 또는 지급보증 위탁계약체결 증명서를 첨부하게 한다.

② 개찰 : 입찰 기간 종료 후 일정한 날짜 안에 별도로 정한 매각기일에 개찰을 실시하여 최고가 매수신고인, 차순위 매수신고인을 정하고, 매각결정기일에서 매각허가결정을 하는 매각 방법으로서 법이 정하고 있는 부동산에 대한 매각 방법의 하나이다.

③ 경매에서의 기간입찰 : 공매는 활용하기는 하지만 경매는 대부분 기일입찰이기에 찾아 보기 힘들다.

3) 호가경매

호가경매는 호가경매기일에 매수신청의 금액을 서로 올려가는 방법으로 진행한다. 현재 법원에서는 하지 않는 방법이다.

5 입찰 종결

(1) 입찰의 마감 및 개찰

입찰을 마감하면 지체없이 입찰표의 개봉(개찰)을 실시한다. 개찰을 할 때에는 입찰자가 출석해야 하며, 입찰자가 출석하지 않으면 집행관은 법원사무관 등 상당하다고 인정하는 자를 대신 참여하게 한다.

(2) 최고가매수인의 결정

① 개찰 결과 최고의 가격으로 응찰하고 소정의 입찰보증금을 제출한 자, 최고가 입찰자가 2명 이상이면 그들만을 상대로 '추가입찰'을 실시한다.

② 추가입찰을 실시했는데도 또다시 2인 이상이 최고 가격으로 응찰하면 '추첨'으로 최고가 입찰자를 결정한다.

(3) 차순위 매수신고인의 결정

① 차순위 매수신고인은 최고가 매수인이 대금 지급 의무를 이행하지 아니하면 자기의 입찰에 대해 매각을 허가해 달라는 신고를 할 수 있다. 차순위 매수신고는 그 신고액이 최저 입찰가격 이상이고 또 최고가 입찰가에서 그 보증금액을 공제

한 금액을 초과한 경우에만 가능하다. 이는 재입찰로 인한 절차 지연을 방지하고 법원의 업무 부담을 줄이기 위하여 차순위 입찰신고인 제도를 둔 것이다.

② 차순위 매수신고를 2인 이상이 한 경우에는 입찰가격이 높은 사람을 차순위 입찰신고인으로 정하고, 입찰가격이 같을 때에는 추첨으로 결정한다. 차순위 매수신고인은 최고가 매수인이 잔금을 납부해야 보증금을 돌려받을 수 있다.

(4) 입찰절차 종결의 고지

최고가 입찰자 및 차순위 매수신고인이 결정되면 집행관은 성명과 가격을 호창하고 입찰절차의 종결을 고지한다. 입찰자가 없는 사건은 입찰불능으로 처리하고 종결을 고지한다.

(5) 입찰보증금의 반환

집행관은 입찰절차의 종결을 고지한 후에는 최고가 입찰자 및 차순위 매수신고인 외의 다른 입찰자에게는 제출했던 입찰봉투를 그대로 돌려주며, 그 자리에서 입찰보증금은 즉시 반환받는다.

6 입찰시 주의 사항

(1) 무잉여

① 집행법원의 조치 : 집행법원은 법원이 정한 최저 매각가격으로 압류 채권자의 채권에 우선하는 부동산상의 모든 부담(우선부담)과 절차비용(우선채권)을 변제하면 남는 것이 없다고 인정한 때(무잉여)에는 이를 압류 채권자에게 통지해 압류 채권자가 우선 채권을 넘는 가격으로 매수하는 자가 없으면 스스로 매수할 것을 신청하고 충분한 보증을 제공하지 않는 한 매각절차를 취소해야 한다(민사집행법 제102조).

② 취지 : 이는 압류 채권자가 집행에 의해 변제를 받을 가망이 전혀 없는데도 불구하고 무익한 경매가 행해지는 것을 막고 또한 우선 채권자가 그 의사에 반한 시기에 투자의 회수를 강요당하는 것과 같은 부당한 결과를 피하게 하여 우선 채권자를 보호하기 위함이다(87마861).

(2) 적용 예

① 매각절차의 시초부터 최저매각가격이 우선채권 총액에 미달하는 경우
② 매각기일에 매수신고가 없어 새매각에 있어서 최저매각가격을 저감한 결과가

우선채권 총액에 미달하는 경우

③ 압류가 경합된 경우 먼저 개시결정한 경매신청이 취하되거나 매각절차가 취소되어 뒤의 개시결정에 의해 경매가 진행되는 경우, 후의 경매 신청인에 대한 관계에 있어서의 우선채권 총액이 최저매각가격을 초과하는 경우

④ 매수인이 대금지급기한에 대금을 납부하지 아니하여 재매각을 하게 되는 경우에도 최저매각가액과 전의 매수인이 제공한 보증금의 합계액이 우선채권 총액을 넘지 않을 때
이와 같은 사유에 해당 될 때에는 최저매각가격 결정 시부터 매각결정기일 종료 시까지의 사이에 어떤 사유에 의하거나 압류채권자의 채권에 대한 우선채권의 총액이 최저매각가격을 상회하는 경우에는 민사집행법 제102조가 적용된다.

(3) 무잉여 통지

집행법원은 최저매각가격을 정한 후 매각기일을 공고하기 전에 우선채권 총액을 인정하여 최저매각가격으로 우선채권 총액을 변제하고 남는 것이 없다고 인정되는 때에는 압류채권자에게 그 취지를 통지해야 한다. 새매각을 하기 위해 종전 매각기일에서의 최저매각가격을 저감한 결과 우선 채권총액에 미달하게 되면 남을 가망이 없다는 취지의 통지를 해야 한다.

(4) 매수신청과 보증의 제공

① 매수신청과 경매 취소 : 압류채권자가 무잉여 통지를 받은 날부터 1주 내에 압류채권자의 채권에 우선하는 부동산의 모든 부담과 절차비용을 변제하고 남을만한 가격을 정해 그 가격에 맞는 매수신고가 없으면 자기가 그 가격으로 매수하겠다고 신청하면서 충분한 보증을 제공하지 않으면 법원은 경매절차를 취소해야 한다(민사집행법 제102조 2항).

② 보증금 : 매수신청을 함에 있어서는 우선채권 총액을 넘은 일정한 액을 매수신청금액으로 명시해야 한다. 압류채권자가 매수신청할 때는 충분한 보증을 제공해야 한다. 어느 정도의 액이 충분한 보증으로 되는가에 관하여 구체적 규정이 없으므로 실무에서는 '저감된 최저매각가격'과 '매수신청액(우선하는 부담과 비용을 변제하고 남을 가격)'의 차액을 보증액으로 하고 있다.

③ 보증제공의 방법 : 보증제공의 방법으로는 ㉠ 금전, ㉡ 유가증권, ㉢ 지급보증 위탁계약체결 증명문서의 3종류가 있다.

(5) 경매절차의 취소

① 압류 채권자가 무잉여 통지를 받고 1주 이내에 적법한 매수신청 및 보증제공이 없으면 법원의 결정으로 경매절차를 취소한다. 다만, 위 기간 경과 후라할지라도 취소결정 전에 적법한 매수신청 및 보증제공이 있으면 경매절차를 속행해야 한다.

② 위 취소결정은 채권자에게 고지하되 통상 송달의 방법을 취한다.

7 매수신청 대리인의 자격(능력)

(1) 매수신청과 능력

1) 능력 : 매수신청은 권리능력과 행위능력이 필요하다(민사집행법 제121조 제2호).

2) 제한능력자 : 제한능력자(미성년자, 피한정후견인, 피성년후견인, 피특정후견인)는 법정대리인에 의해서만 매수신청을 할 수 있다(67마507).

3) 법인 : 법인은 대표자의 자격을 증명하는 문서를 집행관에게 제출(민사집행법규 제62조 제3항, 제72조 제4항)해야 하므로 구체적으로는 상업 또는 법인 등기사항증명서를 제출하면 된다. 법인이 아닌 사단이나 재단이라도 대표자나 관리인이 있으면 입찰에 응할 수 있다(민사소송법 제52조, 부동산등기법 제30조). 종중·사찰·교회 등 법인 아닌 사단이나 재단명의로 입찰하려면 ① 정관 그 밖의 규약, ② 대표자 또는 관리인임을 증명하는 서면, ③ 사원 총회의 결의서(민법 제276조 제1항), ④ 대표자 또는 관리인의 주민등록표 등본 등의 서류(부동산등기법 시행규칙 제56조)를 제출해야 한다.

4) 허가 등 : 경매 목적물을 취득하는 데에 관청의 증명이나 허가를 필요로 하는 경우(농지의 경우 농지취득자격증명, 어업권의 경우 어업권 이전의 인가)에는 그 증명이나 허가는 매각허가 결정 시까지 보완하면 되므로 매수신청 시에 그 증명이나 허가가 있음을 증명할 필요는 없다.

① 농지 : 지목이 농지(전·답·과수원)인 경우에는 매각허가 결정 전까지 농지취득자격증명(농지법 제8조 제1항)을 제출하도록 하고 있고, 제출하지 않으면 직권으로 매각'불허가'결정을 한다(98마2604).

② 외국인 : 외국인도 경매로 토지를 취득할 수 있고 별다른 제한이 없다.

(2) 대리인에 의한 매수신청

① 임의대리인 : 임의대리인의 경우에는 위임장, 법정대리인의 경우에는 가족관계등록부를 제출받고 있다. 입찰의 경우 대리권의 증명은 본인의 위임장과 인감증명을 입찰표에 첨부하는 방법으로 한다. 대리입찰을 하면서 입찰표에 위임장을 첨부하지 아니한 경우에는 예전과는 달리 현행 민사집행법에서는 현장에서 즉시 제출해도 무효 처리되니 주의해야 한다.

② 대리인 제한 : 입찰자는 동일 물건에 관하여 다른 입찰자의 대리인이 될 수 없고, 동일인이 2인 이상의 다른 입찰자의 대리인이 될 수 없지만, 동일인이 공동입찰자의 대리인이 되는 것은 가능하다. 또한 매각허가결정 확인 후에는 매수신청 대리권의 흠을 주장하여 매각허가의 효과를 뒤집을 수 없다.

(3) 공동 입찰신청

① 표시 : 공동으로 입찰하는 때에는 입찰표에 각자의 지분을 분명하게 표시하여야 한다(민사집행법규 제62조 제5항). 과거에는 공동 입찰의 경우에는 입찰표를 제출하기 전에 집행관의 허가를 받도록 규정하고 있었으나 부동산 가격이 고액화되고 현재의 부동산 거래 관행 등에 비추어 볼 때 부동산의 공동 매수는 일반적인 추세로 자리잡아 가고 있고 매매의 일종이기에 경매절차에서 공동입찰을 막거나 사전에 허가를 받게 할 필요성이 없어지게 되었다. 지분 표시가 없으면 평등한 비율로 취득(민법 제262조 제2항)하는 것으로 취급하고 있다.

② 대리인의 자격 : 공동입찰자이면서 다른 공동입찰자의 대리인이 될 수도 있고, 공동입찰자 아닌 자가 2인 이상의 공동입찰자(또는 공동입찰자 전원)의 대리인이 될 수도 있다.

③ 매각허가 결정 : 공동입찰인에 대하여는 일괄하여 매각허가 여부를 결정하여야 하고 공동 입찰인 중의 일부에 매각불허가 사유가 있으면 전원에 대해 매각을 불허해야 한다.

(4) 매수인의 제한

매수신청을 할 수 없다고 하는 것은 자기 스스로가 매수인이 될 수 없다는 취지이므로 다른 사람의 대리인으로서 매수신고를 하는 것은 허용된다.

1) 채무자

채무자는 적법한 매수인이 될 자격이 없다(민사집행법규 제59조 제1호).

① 연대채무자 : 채무자는 해당 강제경매 절차에서 채무자로 취급되는 자만을 의미하며 경매 절차상의 채무자와 동일한 급부의무를 부담하는 실체법상 연대채무자, 연대보증인 등은 제한 자에 해당되지 않는다.

② 채무자 아닌 소유자 : 임의경매의 경우에 채무자가 아닌 소유자는 다른 이해관계인을 불리하게 하는 바 없고 특별 규정도 없으므로 매수신청인이 될 수 있다.

2) 재매각 절차에서 전의 매수인(민사집행법 제138조 제4항).

낙찰을 받겠다고 보증금을 걸어 놓고 잔금을 내지 않은 매수인은 재매각에서는 입찰이 허용되지 않는다.

3) 집행관이 금지한 자(민사집행법 제108조)

집행관이 매각장소의 질서유지를 위하여 매수신청을 금지한 자도 매수가 제한된다.

4) 매각절차에 관여한 집행관

매각절차에 관여한 집행관의 매수신청을 허용하는 것은 매각물건 상황을 모두 알 수 있어 절차상 공정을 해칠 우려가 있어 매수인이 될 수 없다.

5) 매각부동산을 평가한 감정인 등

법원은 감정인에게 부동산을 평가하게 하고 그 평가액을 참작하여 최저매각가격을 결정하게 되므로(민사집행법 제97조 제1항), 부동산에 대한 평가결과는 매각절차의 진행에 중대한 영향을 미치게 된다. 그러므로 매각부동산을 평가한 감정인은 매수신청을 할 수 없다.

6) 집행법원의 법관과 참여 사무관 등

민사소송법상의 제척·기피조항(민소 제41조 제1호, 제50조)이 유추 적용되어 매수신청이 금지된다.

8 공유자의 우선매수권 (민사집행법 제140조)

(1) 취지

공유자의 우선매수권 제도는 공유자는 공유물 전체를 이용·관리하는데 있어서 다른 공유자와 협의해야 하고(민법 제265조) 그 밖에 다른 공유자와 인적인 유대관계를 유지할 필요가 있어 공유지분의 매각으로 인해 새로운 사람이 공유자로 되어 전혀 모르는 사람이 소유권을 취득하는 것보다는 기존의 공유자에게 우선권을 부여해 공유지분을 매수할 수 있는 기회를 주는 것이 더 바람직하고 타당하다는 데 그 입법 취지가 있다.

(2) 우선매수권의 행사 및 시한

공유자는 매각기일까지 매수신청의 보증(민사집행법 제113조)을 제공하고 최고 매수신고가격과 같은 가격으로 채무자의 지분을 우선 매수하겠다는 신고를 할 수 있다. 이 경우 법원은 최고가 매수신고가 있더라도 그 공유자에게 매각을 허가해야 한다. 여러 사람의 공유자가 우선 매수하겠다는 신고를 하고 그 절차를 마친 때에는 특별한 협의가 없으면 공유지분의 비율에 따라 채무자의 지분을 매수하게 한다. 이렇게 공유자 우선매수신고는 ① 매각기일 전에 '미리' 신고하거나 ② 매각기일 '당일'에 신고하는 2가지 방법이 있다.

① 매각기일 전 신청 : 공유자는 매각기일 전에 미리 매각을 실시할 집행관 또는 집행법원에 보증을 제공하고 최고 매수신고가격과 같은 가격으로 우선매수권을 행사하겠다는 신고를 함으로써 우선매수권을 행사할 수 있다.

② 매각기일 신고 : 또 하나의 방법은 매각기일 당일에 최고가 매수신고인이 나온 경우, 집행관이 매각기일을 종결한다는 고지를 하기 전까지 우선매수 신고할 수 있다(민사집행법규 제76조 제1항). 매각의 종결 후에는 우선 매수신고를 할 수 없게 된다. 이 경우에 공유자가 최고가 매수신고인이 되고 최고가로 입찰했던 신고인은 차순위 매수신고인의 지위에 놓이게 된다.

(3) 공유자의 우선매수신청은 있었지만 다른 매수신고인이 없는 경우의 처리 (민사집행법규 제76조 제2항)

우선매수신고를 하였으나 다른 매수신고인이 없는 때에는 최저 매각가격을 최고 매수신고가격으로 보아 우선매수를 인정한다.

(4) 차순위 매수신고인의 지위 포기(민사집행법규 제76조 제3항)

공유자가 우선매수신고를 한 경우에는 최고가 매수신고인은 절차상 차순위 매수신고인으로 취급된다. 최고가 매수신고인을 차순위 매수신고인으로 보게 되는 경우 그 매수신고인을 집행관이 매각기일을 종결한다는 고지를 하기 전까지 차순위 매수신고인의 지위를 포기할 수 있다.

(5) 임차인의 우선매수신청권

임대주택의 임차인과 일반주택의 임차인에 따라 우선매수신고가 가능, 불가능으로 나눠진다.

① 우선매수 : 임대주택법(15의2조)에 의하면 국민주택기금의 자금을 지원받아 건설한 경우와 공공사업에 의하여 조성된 택지에 건설한 임대아파트의 임차인은 우선매수신청권이 있다. 우선매수가 가능한 임차인의 구체적인 절차 및 시기와 행사 방법은 위의 공유자의 우선매수신청과 동일하다.

② 일반 주택 : 임대주택의 임차인은 우선매수를 할 수 있지만 보통 개인의 일반주택의 임차인은 우선매수가 인정되지 않는다. 그런 경우에는 임차인도 일반인과 똑같이 가격경쟁을 통해서 최고가 매수신고인이 되어야 소유권을 취득할 수 있다.

■ 민사집행법상 경매절차 전체 개요 ■

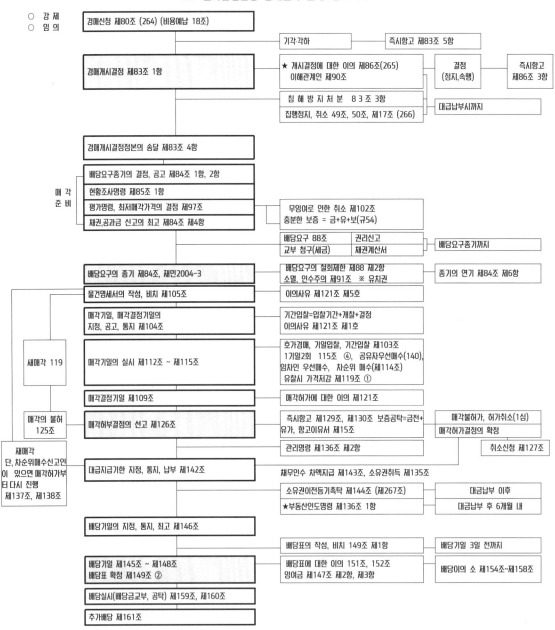

○ 강 제
○ 임 의

경매신청 제80조 (264) (비용예납 18조)	
	기각·각하 　 즉시항고 제83조 5항
경매개시결정 제83조 1항	★ 개시결정에 대한 이의 제86조(265) 이해관계인 제90조 　 결정 (정지,속행) 　 즉시항고 제86조 3항
	침 해 방 지 처 분　83조 3항 집행정지, 취소 49조, 50조, 제17조 (266) 　 대급납부시까지

경매개시결정정본의 송달 제83조 4항

매각 준비

배당요구종기의 결정, 공고 제84조 1항, 2항
현황조사명령 제85조 1항
평가명령, 최저매각가격의 결정 제97조 　　무잉여로 인한 취소 제102조 / 충분한 보증 = 금+유+보(규54)
채권,공과금 신고의 최고 제84조 4항

배당요구 88조　권리신고
교부 청구(세금)　채권계산서　배당요구종기까지

배당요구의 종기 제84조, 재민2004-3　　배당요구의 철회제한 제88 제2항 / 소멸, 인수주의 제91조 ※ 유치권　종기의 연기 제84조 제6항

물건명세서의 작성, 비치 제105조　　이의사유 제121조 제5호

매각기일, 매각결정기일의 지정, 공고, 통지 104조　　기간입찰=입찰기간+개찰+결정 / 이의사유 제121조 제1호

새매각 119

매각기일의 실시 제112조 ~ 제115조　　호가경매, 기일입찰, 기간입찰 제103조 / 1기일2회 115조 ④, 공유자우선매수(140), / 임차인 우선매수, 차순위 매수(제114조) / 유찰시 가격저감 제119조 ①

매각결정기일 제109조　　매각허가에 대한 이의 제121조

매각의 불허 125조

매각허부결정의 선고 제126조　　즉시항고 제129조, 제130조 보증공탁=금전+ / 유가, 항고이유서 제15조　　매각불허가, 허가취소(1심) / 매각허가결정의 확정
　　관리명령 제136조 제2항　　취소신청 제127조

재매각 단, 차순위매수신고인 이 있으면 매각허가부터 다시 진행 제137조, 제138조

대급지급기한 지정, 통지, 납부 142조　　채무인수 차액지급 제143조, 소유권취득 제135조
　　소유권이전등기촉탁 제144조 (제267조)　　대금납부 이후
　　★부동산인도명령 제136조 1항　　대금납부 후 6개월 내

배당기일의 지정, 통지, 최고 제146조

배당기일 제145조 ~ 제148조 / 배당표 확정 제149조 ②　　배당표의 작성, 비치 149조 제1항　　배당기일 3일 전까지
　　배당표에 대한 이의 151조, 152조 / 잉여금 제147조 제2항, 제3항　　배당이의 소 제154조~제158조

배당실시(배당금교부, 공탁) 제159조, 제160조

추가배당 제161조

[부동산 경매사건의 진행기간표]

종류	기산일	기간	비고
경매신청서 접수		접수 당일	법 제80조, 264조①
미등기건물 조사명령	신청일부터	3일 안(조사기간은 2주 안)	법 제81조③④, 82조
개시결정 및 등기촉탁	접수일부터	2일 안	법 제83조, 94조, 268조
채무자에 대한 개시결정 송달	임의경매 : 개시결정일부터 강제경매 : 등기필증 접수일부터	3일 안	법 제83조, 268조
현황조사 명령	임의경매 : 개시결정일부터 강제경매 : 등기필증 접수일부터	3일 안(조사기간은 2주 안)	법 제85조, 268조
감정평가 명령	임의경매 : 개시결정일부터 강제경매 : 등기필증 접수일부터	3일 안(평가기간은 2주 안)	법 제97조①, 268조
배당요구종기의 결정, 공고, 고지	등기필증 접수일부터	3일 안	법 제84조①②③, 268조
배당요구 종기	배당요구 종기결정일부터	2월 후 3월 안	법 제84조①⑥, 87조③, 268조
채권신고의 최고	배당요구 종기결정일부터	3일 안(최고기간은 배당요구종기까지)	법 제84조④
최초 매각기일·매각결정기일의 지정, 공고(신문공고 의뢰), 이해관계인에 대한 통지	배당요구 종기부터	1월 안	법 제104조, 268조
매각물건명세서의 작성, 그 사본 및 현황조사보고서, 평가서 사본의 비치		매각기일(입찰기간개시일) 1주 전까지	법 제105조②, 268, 규55
최초매각기일 또는 입찰기간개시일	공고일부터	2주 후 20일 안	규제56조
입찰기간		1주 이상 1월 이하	규제68조
새매각기일·결정기일 또는 재매각기일·결정기일의 지정, 공고, 이해관계인에 대한 통지	사유발생일부터	1주 안	법 제119조, 138조, 268조
새매각, 재매각 기일	공고일부터	2주 후 20일 안	법 제119조, 138조, 268조 규56
배당요구의 통지	배당요구일부터	3일 안	법 제89조, 268조
매각실시 기일입찰, 호가경매		매각기일	법 제112조, 268조
매각실시 기간입찰	입찰기간종료일부터	2일 이상 1주일 안	규제68

매각기일조서 및 보증금 등의 인도	매각기일부터	1일 안	법 제117조, 268조
매각결정기일	매각기일부터	1주 안	법 제109조①, 268조
매각허부결정의 선고		매각결정기일	법 제109조②, 126조①, 268조
차순위매수신고인에 대한 매각결정기일의 지정, 이해관계인에 대한 통지	최초의 대금지급기한 후	3일 안	법 제104조 ①②, 137조 ①, 268조
차순위매수신고인에 대한 매각결정기일	최초의 대금지급기한 후	2주 안	법 제109조 ①, 137조 ①, 268조
매각부동산 관리명령	신청일부터	2일 안	법 제136조 ②, 268조
대금지급기한의 지정 및 통지	매각허가결정확정일 또는 상소법원으로부터 기록송부를 받은 날부터	3일 안	법 제142조 ①, 268조 규78, 194조
대금지급기한	매각허가결정확정일 또는 상소법원으로부터 기록송부를 받은 날부터	1월 안	규제78, 194조
매각부동산 인도명령	신청일부터	3일 안	법 제136조 ①, 268조
배당기일의 지정, 통지, 계산서 제출의 최고	대금납부 후	3일 안	법 제146조, 268조, 규81
배당기일	대금납부 후	4주 안	법 제146조, 268조
배당표의 작성 및 비치		배당기일 3일 전까지	법 제149조 ①, 268조
배당표의 확정 및 배당실시		배당기일	법 제149조 ②, 159조, 268조
배당조서의 작성	배당기일부터	3일 안	법 제159조 ④, 268조
배당액의 공탁 또는 계좌입금	배당기일부터	10일 안	법 제160조, 268조 규82조
매수인 앞으로 소유권이전등기 등의 촉탁	서류제출일부터	3일 안	법 제144조, 268조
기록인계	배당액의 출급, 공탁 또는 계좌입금 완료 후	5일 안	

1 경매신청

(1) 집행법원

① 부동산에 대한 강제집행은 부동산이 있는 곳의 지방법원이 관할하는 것이 원칙이다(민사집행법 제79조 제1항, 제268조).

② 부동산이 여러 지방법원의 관할구역에 있는 때에는 각 지방법원에 관할권이 있지만 이 경우 법원이 필요하다고 인정하면 사건을 다른 관할 지방법원으로 이송할 수 있다(민사집행법 제79조 제2항). 당사자에게 신청권은 없지만 직권 발동을 촉구하는 뜻에서 이송신청은 가능하다.

(2) 경매신청과 관할 법원

강제경매 신청의 관할 법원은 경매대상 부동산의 소재지의 관할 법원이다.

① 미등기 부동산이라 해도 채무자의 소유이면 강제경매를 진행할 수 있다. 미등기 부동산에 관해 경매개시결정을 하면 등기관이 직권으로 소유권보존등기를 하고 경매개시결정등기를 한다. 등기사항증명서가 멸실되고 아직 회복등기가 되어 있지 아니한 부동산도 마찬가지이다. 미등기 부동산에 대한 경매를 신청할 때는 즉시 채무자 명의로 등기할 수 있음을 증명할 서류(채무자의 소유임을 증명하는 서면)와 부동산의 표시를 증명하는 서면(부동산등기법 132조 2항)을 붙여야 한다.

② 채무자 소유의 부동산이 무효의 원인에 의해 제3자 명의로 등기되어 있는 경우에는 그 등기명의를 채무자에게 회복한 후가 아니면 채무자에 대한 강제집행으로서의 강제경매의 대상이 되지 않는다. 채무자가 아직 소유권을 취득하지 못하고 소유권이전등기 청구권만 가지고 있는 부동산에 대하여도 채무자의 명의로 등기를 하기 전에는 부동산 자체에 대한 강제집행을 신청할 수 없다.

(3) 경매신청 비용

강제집행에 필요한 비용은 각종 수수료와 송달료, 등록면허세와 지방교육세이다.

1) 등록면허세(청구채권액의 2/1,000, 0.2%)와 지방교육세(등록면허세의 20/100, 0.04%)를 납부한 영수필 통지서 1통 및 영수필 확인서 1통

2) 경매수수료 예납
경매절차에 필요한 송달료, 감정료, 현황조사료, 신문공고료, 집행관 수수료 등의 비용을 예납해야 한다. 법원이 부족한 비용의 예납을 명한 때에도 같다.

채권자가 위 비용을 예납하지 아니한 때에는 법원은 경매신청을 각하하거나 집행 절차를 취소할 수 있다. 이 결정에 대하여는 즉시항고 할 수 있다(민법 제513조의2).

※ 지방법원 예납액 산정

1. 신문공고료	건당 220,000원(기본 2필지까지, 추가 1필지당 10만원)	
2. 현황조사수수료	건당 7만원	
	청구금액 100만원 이하	5,000원
	1백 초과 ~ 1천 이하	(기준금액-10만원) × 0.02 + 5,000원
	1천만원 초과~5천만원	(기준금액-1천만원) × 0.015 + 203,000원
	5천만원 초과~1억 이하	(기준금액-5천만원) × 0.01 + 803,000원
3. 매각수수료	1억원 초과~3억원 이하	(기준금액-1억원) × 0.005 + 1,303,000원
	3억원 초과~5억원 이하	(기준금액-3억원) ×0.003 + 2,303,000원
	5억원 초과~10억 이하	(기준금액-5억원) × 0.002 + 2,903,000원
	기준금액 10억원 초과	3,903,000원(상한선)
	1억 9,772만원~2억 이하	290,000원
4. 감정수수료	아파트	29만원~720만(14,067,856,666원 초과)
	토지, 건물, 선박 등	29만원~720만원(119억 2,500만 초과)
5. 유찰수수료	1회 유찰수수료 1,000원 × 6회 = 6,000원	
6. 송달료	(신청서상 이해관계인수 + 3) × 10회분(1회분 5,200원)	

3) 신청인이 법인이면 대표자 자격을 증명할 증명서(법인 등기), 대리인을 통해 신청할 경우는 대리인의 자격을 증명할 위임장을 제출해야 한다.

(4) 첨부 서류

① 집행권원의 집행력 있는 정본
② 강제집행 개시의 요건이 구비되었음을 증명하는 서류
집행권원의 송달증명서, 조건 성취를 채권자가 증명해야 하는 경우의 조건성취집행문(조건이 채권자의 담보제공인 경우는 제외)과 승계집행문 및 각 경우의 증명서(승계사실이 법원에 명백한 경우는 제외)의 송달증명서, 담보 제공의 공정증서 및 그 등본의 송달증명서, 반대의무의 이행 또는 이행제공을 증명서면, 집행불능 증명서
③ 부동산 등기사항증명서나 이를 대신할 수 있는 서류
④ 부동산 목록 30통

2 경매개시결정

(1) 경매개시결정의 촉탁 및 송달

집행법원이 경매개시결정을 하면 그 사유를 등기사항증명서에 기입할 것을 등기관에게 직권으로 촉탁하며, 등기관은 위 촉탁에 의해 경매개시결정의 기입등기를 한다. 채무자에의 개시결정의 송달은 경매절차 진행의 적법·유효요건이기 때문에 경매개시결정 정본을 채무자에게 송달해야 한다. 임의경매의 경우에는 소유자에게 송달해야 하지만 실무는 소유자와 채무자 모두에게 송달하고 있다.

(2) 효력

① 압류의 효력발생 시기

강제경매 개시결정에 의한 압류의 효력은 그 결정이 채무자에게 송달된 때 또는 경매신청의 기입등기(개시결정등기)가 된 시기 중 먼저 된 시기에 경매개시결정의 효력(압류)이 발생한다.

② 토지 압류의 효력

토지의 천연과실은 부합물임에도 불구하고 압류 당시 이미 존재하였던 것을 제외하고는 압류의 효력이 미치지 않는다.

③ 채무자의 목적부동산 처분금지

압류에 의해 법원은 부동산을 환가하는 권능을 취득하며 채무자는 그 부동산을 타인에게 양도하거나 담보권·용익권의 설정 등의 처분행위를 할 수는 없다. 그러나 경매목적 달성을 근본적으로 불능케 하거나 목적물의 가치감소를 초래하는 처분행위만이 금지될 뿐이며 그 외의 행위까지 금지되는 것은 아니다.

④ 목적부동산에 대하여 권리를 취득한 제3자의 지위

㉠ 경매개시결정등기(압류의 효력 발생) 후에 제3자가 목적부동산에 대하여 권리를 취득한 경우는 압류채권자에게 대항하지 못해 제3자의 선의·악의를 불문하고 압류의 효력은 제3자에게 미친다. 그러나 압류의 효력이 발생(개시결정이 채무자에게 송달)하기 전에 권리를 취득한 경우에는 제3자의 선의·악의를 불문하고 권리취득은 유효하다.

㉡ 압류의 효력이 발생(집행채무자에의 개시결정 송달)된 후 경매개시결정등기 전에 권리를 취득한 경우 : 경매 신청 또는 압류가 있었다는 사실을 몰랐으면(선의) 압류의 효력을 부인할 수 있고(압류채권자에게 대항가능),

그 사실을 알았으면(악의) 압류의 효력이 미치기 때문에 압류 채권자에게 대항하는 것은 불가능하다.

(3) 배당요구의 종기

① 배당요구 : 경매에 붙여진 사건에 관해 첫 매각기일 이전에 배당요구의 종기일을 정한다. 배당 요구권자는 이때까지 배당요구를 하지 않으면 배당절차에 참여할 수 없고 후순위 권리자의 배당금에 관해서도 부당이득 반환 청구 소송을 할 수도 없다.

② 결정 시기 : 이런 절차는 매수 참가를 희망하는 사람이 매수신고 전에 권리의 인수 여부를 판단할 수도 있고 또한 법원으로서도 매각기일 전에 무잉여 여부를 판단할 수 있도록 함으로써 매각절차의 불안정을 해소하기 위해 배당요구 종기를 정하도록 하고 있다. 배당요구의 종기 결정은 경매개시결정에 따른 압류의 효력이 생긴 때부터 1주 이내에 하여야 한다.

참고 : 채권의 종류에 따라 배당요구시 첨부할 서류

채권의 종류	첨부 서류
주택임대차보호법 (최)우선변제 임차권자	임대차계약서, 주민등록등본
근로기준법에 의한 임금채권자	회사경리장부, 근로감독관청 확인서, 관할 세무서의 근로소득원천징수 서류
가압류권자	가압류결정 정본, 등기사항증명서
집행력 있는 정본의 채권	집행력 있는 정본
담보가등기권자	등기사항증명서, 채권원인증서 사본
저당권자	등기사항증명서
일반 채권자	채권원인증서 사본

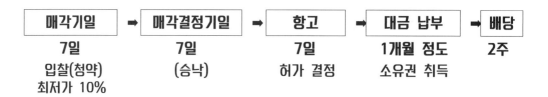

매각기일	➡	매각결정기일	➡	항고	➡	대금 납부	➡	배당
7일		7일		7일		1개월 정도		2주
입찰(청약) 최저가 10%		(승낙)		허가 결정		소유권 취득		

3 매각 절차

경매개시결정 등기가 기입되고 채무자에게 경매개시결정 정본이 송달되어 압류의 효력이 발생하면 매각부동산의 현황조사를 명하고 감정인에게 목적물을 평가하게 하여 최저매각가격을 정하고 법원은 매각물건명세서를 작성한다.

집행법원은 매각물건명세서·현황조사보고서 및 평가서의 사본을 법원에 비치해 누구든지 볼 수 있도록 한다. 이는 매수 희망자들에게 사려는 부동산에 관한 정확한 정보를 제공함으로써 예측하지 못한 손해를 방지하고 손쉽게 매각에의 참여를 유도하여 강제집행 제도의 기능을 제고시키려는 것이다.

(1) 현황조사

1) 명령

① 법원이 경매개시결정을 한 후 바로 집행관에게 부동산의 현상, 점유관계, 차임 또는 임대차 보증금의 액수 그 밖의 현황에 관하여 조사할 것을 명한다(민사집행법 제85조 제1항). 명령 시기로 임의경매는 개시결정일부터 3일, 강제경매는 등기필정보 접수일부터 3일 안에 조사명령을 발하도록 하고 있고, 보고서의 제출 기간은 2주간으로 하고 있다.

② 일단 현황조사를 하여 현황조사 보고서가 제출되었으나 새로운 사항에 관해 현황조사를 할 필요가 생기거나 또는 이미 제출된 조사보고서 상의 조사결과에 관해 다시 보충 조사를 할 필요가 있을 때에는 추가조사나 재조사 명령을 할 수 있다. 집행관은 폐문부재로 평일 주간에 현황조사를 할 수 없는 경우에는 야간·휴일에 현황조사를 실시하고 현황조사 보고서에 그 사유를 기재한다.

2) 조사 사항

부동산을 적정한 가격으로 환가하기 위해서는 집행법원이 부동산의 현상, 점유관계, 차임 또는 보증금의 액수 기타 현황을 조사한다.

현황조사 시 건물의 현황과 등기사항증명서상 표시가 현저히 다른 경우, 조사대상 건물이 멸실되고 다른 건물이 신축되어 있는 경우에는 관계인의 진술을 청취해 그 내용을 현황조사 보고서에 기재하되 신·구 건물의 동일성에 대한 집행관의 의견을 부기하며, 구 건물에 대한 멸실등기가 종료되었으면 그 등기사항증명서를 첨부해야 한다.

3) 집행관의 조사권한

① 집행관은 현황조사를 위하여 건물에 출입할 수 있고, 채무자 또는 그 건물을 점유하는 제3자에게 질문하거나 문서를 제시하도록 요구할 수 있다(민사집행법 제85조 2항, 제82조 1항).

② 건물에 출입하기 위해 필요할 때에는 잠긴 문을 여는 등 적절한 처분을 할 수 있고 관할구역 밖에서도 그 직무를 행할 수 있으며 저항을 받으면 경찰 또는 국군의 원조를 요청할 수 있다(민사집행법 제5조 2항).

4) 현황조사보고서

① 집행관은 현황을 조사한 때에는 현황조사 보고서를 소정의 기일(2주간)까지 집행법원에 제출해야 한다. 또 현황조사 보고서에는 조사의 목적이 된 부동산의 현황을 알 수 있도록 도면·사진을 첨부한다.

② 집행관은 현황조사의 대상이 주택이면 임대차관계의 확인을 위해 경매 목적물 소재지에 주민등록 전입신고 된 세대주 전원에 대한 주민등록 등·초본을 발급받고, 임대차계약서 사본도 가능한 한 취득하여 현황조사 보고서에 붙여야 한다. 집행관의 조사보고서는 현실로 존재하는 임대차의 실체를 있는 그대로 보고하며 그 임대차가 제3자에게 대항할 수 있는 것인가 여부의 법률적 판단까지는 하지 않는다.

5) 불복 방법

① 집행관의 현황조사는 집행관이 집행기관으로서의 직무집행이 아니라 집행법원의 보조기관으로 행하는 직무집행이므로 이의대상이 될 수 없다.

② 다만 이에 터잡아 이루어진 그 이후의 결정인 최저매각가격의 결정이나 일괄매각결정 등에 대하여 집행에 관한 '이의를 신청'하거나(민사집행법 제16조 1항), 매각허가 이후에는 매각허가에 대한 이의 또는 매각허가결정에 대한 '항고'로 다툴 수밖에 없다.

(2) 매각물건명세서

1) 취지

① 집행법원은 집행관의 현황조사서와 집행기록에 의거하여 법정사항을 기재한 매각물건명세서를 작성하고, 그 사본을 법원에 비치하여 일반인이 열람할 수 있도록 한다.

② 매각물건명세서의 기재는 이중경매의 경우, 먼저 된 매각절차가 정지된 때 뒤의 매각절차에 따라 속행할 것인가의 표준이 된다. 즉, 먼저 개시결정한 매각절차가 정지된 때에 그 매각절차가 취소되면 민사집행법(제105조 제1항 제3호)의 기재사항(등기된 부동산에 대한 권리 또는 가처분으로서 매각으로 효력을 잃지 아니하는 것)이 바뀔 때에는 후의 경매개시결정에 의해 절차를 속행하지 않는다.

2) 기재사항 중 주의할 것

① 매각으로 인해 소멸되지 않는 등기된 부동산에 대한 권리와 가처분

㉠ 입찰 목적물에 설정된 최선순위 타물권을 기준으로 정한다.

㉡ 최선순위가 가압류인 경우에는 타물권과 동일하게 취급한다.

3) 매각으로 인해 설정된 것으로 보게 되는 법정지상권

① 무허가건물, 신축 건물의 경우에는 소유자를 조사해야 할 경우도 있고 법정지상권 성립 여부가 불확실한 경우에는 "법정지상권이 성립할 여지가 있음" 등으로 기재한다. 단순히 무허가건물이 있다고 표시하면 입찰목적물에 포함되게 되므로 주의를 요한다(91마608 참조).

② 토지에 저당권이 설정될 당시 그 지상에 토지소유자에 의해 건물이 건축 중이었을 경우, 사회관념상 독립된 건물로 볼 수 있는 정도에 이르지 않았다 하더라도 건물의 규모 및 종류를 외형상 예상할 수 있는 정도까지 '건축이 진전되어 있었다면' 법정지상권의 성립을 인정(92다7221)하므로 현황조사 보고서나 감정평가서를 통해 위 사실을 확인하고 법정지상권의 성립 유무에 관하여 판단할 것을 요한다. 또한 불확실한 경우에는 "법정지상권이 성립할 여지가 있음" 등으로 기재한다.

4) 임차인

집행관의 현황조사 보고서에 나타난 임차인들의 보증금, 점유개시한 시기, 전입신고일, 확정일자 받은 날, 소액임차인들이 권리신고 또는 배당요구를 하였을 때에는 이를 기재한다. 또한 현황조사 보고서와 다른 내용의 권리신고나 배당요구가 있는 경우에도 신고내용대로 기재한다.

① 전산으로 작성되고 있는 주민등록 등(초)본의 변동사항란에 기재된 전입일과 변동일의 두 날짜 중 1994년 6월 30일까지는 변동일이 전입신고일이고, 1994년 7월 1일 이후는 전입일이 전입신고일이다.

② 배당요구가 있고 확정일자가 있으면 확정일자를 물건명세서에 바로 반영시킨다. 임차인의 보증금이 인상되고 각 인상 시마다 확정일자를 받은 경우에는 각 보증금의 변동사항을 모두 기재하는 것이 실무이다.

③ 인수 여부가 불분명한 임차권에 관한 주장이 제기된 경우에는 매각물건명세서의 임대차 기재란에 그 임차권의 내용을 적고 비고란에 "○○○가 주장하는 임차권은 존부(또는 대항력 유무)가 불분명함"이라고 적는다.

5) 최선순위 저당권 설정일자 및 주의문구

입찰목적물에 설정된 최선순위 저당권·가압류 설정일자를 기준으로 임차인의 대항력 여부가 결정된다. 따라서 매수인이 예상치 않게 보증금을 인수해야 하는 불이익을 받지 않도록 최선순위 저당권 설정일 등을 기재하고, 그 일자보다 먼저 전입신고를 마치고 거주하고 있는 임차인의 보증금은 매수인이 인수하는 경우가 생길 수 있다는 주의문구를 기재한다.

6) 매각물건명세서는 매각기일 또는 입찰기간 개시일

1주 전까지 작성하여 그 원본을 경매기록에 가철해야 하고 이 경우 다른 문서의 내용을 인용하는 방법으로 작성해서는 안된다.

7) 매각물건명세서·현황조사보고서 및 감정평가서의 사본

일괄 편철하여 매각기일 또는 입찰기간 개시일 1주 전까지 사건별·기일별로 구분한 후 집행과 사무실 등에 비치하여 매수희망자가 손쉽게 열람할 수 있도록 한다. 다만, 임차인의 주민등록 등본·초본 중 주민등록번호는 식별할 수 없도록 지운 다음 비치한다.

(3) 매각물건명세서의 작성, 비치(매각기일 7일 전부터 당일까지)

① 매각물건명세서의 작성행위는 집행처분이 아닌 단순한 사실행위이니 법관의 서명 또는 기명·날인은 필요 없다. 그러나 법원이 작성했음을 명백하게 하기 위해 명세서 우측 상단에 법관이 날인하고 간인한다. 물건명세서의 작성은 단순한 사실행위이므로 이에 대하여 집행에 관한 이의는 할 수 없고 작성에 중대한 하자가 있으면 매각에 관한 이의 및 매각허가결정에 대한 즉시항고의 사유가 된다.

② 매각물건명세서·현황조사보고서 및 평가서의 사본은 매각기일(기간입찰의 방법으로 진행하는 경우에는 입찰기간의 개시일)마다 그 1주 전까지 법원에 비치해야 한다. 다만 법원은 상당하다고 인정하면 매각물건명세서·현황조사보고서 및 평가서의 기재 내용을 전자통신 매체로 공시함으로써 그 사본의 비치에 갈음할 수 있다(민사집행법규칙 제55조).

(4) 매각물건명세서의 기재사항

1) 부동산 및 감정평가액·최저매각가격의 표시

① 경매목적물인 부동산을 표시한다. 등기상의 부동산표시를 그대로 기재하되, 그 표시와 부동산 현황이 다른 경우에는 현황도 명기한다.

② 경매목적물에서 제외되는 미등기건물 등이 있을 때는 그 취지를 명확히 기재한다. 감정평가액과 최저매각가격을 표시한다.

2) 부동산의 점유자와 점유의 권원, 점유할 수 있는 기간, 차임, 또는 보증금에 관한 관계인의 진술

① 집행관의 현황조사보고서 또는 감정인의 평가보고서 등에 의하여 목적부동산의 점유자와 그 점유권원(임차권 또는 전세권 설정 등), 점유할 수 있는 기간(임대차 기간 등), 차임 또는 보증금에 관한 관계인의 진술(액수, 선급여부 등)과 임차인이 있는 경우 배당요구 여부와 그 일자, 전입신고일자 및 확정일자의 유무와 그 일자를 기재한다.

② 인수 여부가 불분명한 임차권 등 물적 부담에 관한 주장이 제기된 경우에는 임대차 기재란 또는 물적 부담 기재란에 주장되는 임차권 등 물적 부담의 내용을 기재하고 비고란에 "○○○가 주장하는 임차권은 존부(또는 대항력 유무)가 불분명함"이라고 기재한다.

3) 등기된 부동산에 관한 권리, 가처분으로서 매각에 의해 효력이 소멸되지 않는 것

① 부동산 위의 권리
경매개시결정등기 전에 목적 토지상에 지상권, 전세권, 임차권 등의 등기를 한 용익권으로서 압류에 앞서는 가압류나 담보권에 대하여서도 대항할 수 있는 것 등이다.

② 부동산 위의 가처분
압류채권자는 물론 그에 앞서는 가압류, 담보권에도 대항할 수 있는 가처분 등이다. 가처분 중에서 주의할 것은 토지와 건물의 소유자를 상대로 건물을 철거하고 토지를 인도하라는 내용을 피보전권리로 하여 가처분을 한 경우에는 그 가처분이 비록 경매개시결정 후라도 매각 후 부담부 기입등기의 말소대상이 아니므로 매각물건명세서에 기재한다.

4) 매각에 따라 설정된 것으로 보게 되는 지상권의 개요

① 집행법상의 법정지상권

토지 건물의 임의경매의 경우에 관해서는 민법 366조에서, 입목의 강제경매와 임의경매에 관해서는 입목에 관한 법률(제6조)에 법정지상권에 관한 규정을 두고 있으나, 토지·건물의 강제경매에 기한 매각으로 인해 생기는 법정지상권에 관하여는 현행법상 규정이 없다.

따라서 저당권이 없는 동일인 소유의 토지 또는 건물의 강제경매로 각 소유자가 달라지게 된 경우 판례는 관습법상 법정지상권의 성립만을 인정하고 있다(70다1454). 그래서 '매각에 의해 설정된 것으로 보게 되는 지상권의 개요'를 명세서의 기재사항으로 규정하게 된 것이다. 이것이 곧 매각으로 인하여 생기는 집행법상의 법정지상권이다.

② 기재 대상

토지가 집행목적물이 되어 지상권을 부담하게 되는 경우와 건물이 집행목적물이 되어 지상권을 취득하게 되는 경우에 기재 대상이 된다.

③ 기재 방법

[이 사건 물건을 위하여 그 대지에 법정지상권이 성립한다.]라고 기재한다.

(5) 매각물건명세서의 정정·변경

1) 매각물건명세서의 사본을 비치한 이후에 그 기재 내용을 정정·변경하는 경우에 판사(사법보좌관)는 정정·변경된 부분에 날인하고 비고란에 "2020.○.○. 정정·변경"이라고 적는다. 권리관계의 변동이 발생하여 매각물건명세서를 재작성하는 때에는 기존의 매각물건명세서에 "2020.○.○. 변경 전", 재작성된 매각물건명세서에 "2020.○.○. 변경 후"라고 적는다.

2) 매각물건명세서의 정정·변경이 그 사본을 비치한 이후에 이루어졌다면 정정·변경된 내용이 매수신청에 영향을 미칠 수 있는 사항(예 : 대항력 있는 임차인의 추가)이면 매각기일 또는 입찰기간 등을 변경해야 한다.

3) 매각물건명세서의 정정·변경이 매각물건명세서의 사본을 비치하기 전에 이루어져 당초 통지·공고된 매각기일에 매각을 실시하는 경우에 다음과 같이 처리한다.

① 기일입찰 : 집행관이 매각기일에 매각을 실시하기 전에 그 정정·변경된 내용을 고지한다.

② 기간입찰 : 법원사무관 등이 집행과 및 집행관 사무실 게시판에 그 정정·변경된 내용을 게시한다.

[매각물건명세서 양식]

○ ○ 지 방 법 원
매 각 물 건 명 세 서

사건	20 타경 부동산강제(임의)경매 (타경 중복)	매각물건번호		작성일자		담임법관	
부동산의 표시. 감정평가액 최저매각가격. 매수신청의 보증금액과 보증제공 방법		별지 기재와 같음		최선순위 설정			

부동산의 점유자와 점유의 권원, 점유할 수 있는 기간, 차임 또는 보증금에 관한 관계인의 진술 및 임차인이 있는 경우 배당요구 여부와 그 일자, 전입신고일자 또는 사업자 등록신청일자와 확정일자의 유무와 그 일자

점유자의 성 명	점유 부분	점유의 권 원	임대차기간 (점유기간)	보증금	차임	전입신고일자· 사업자등록신청일자	확정 일자	배당요구여부 (배당요구일자)

※ 위 최선순위 설정일자보다 대항요건을 먼저 갖춘 주택·상가건물 임차인의 임차 보증금은 매수인에게 인수되는 경우가 발생할 수 있고, 대항력과 우선변제권이 있는 주택·상가건물 임차인이 배당요구를 하였으나 보증금 전액에 관하여 배당을 받지 아니한 경우에는 배당 받지 못한 잔액이 매수인에게 인수되게 됨을 주의하시기 바랍니다.

등기된 부동산에 관한 권리 또는 가처분으로서 매각으로 그 효력이 소멸되지 아니하는 것

매각에 따라 설정된 것으로 보는 지상권의 개요

비고란

※ 1. 매각목적물에서 제외되는 미등기건물 등이 있을 경우에는 그 취지를 명확히 기재한다.
   2. 매각으로 소멸되는 가등기담보권, 가압류, 전세권의 등기일자가 최선순위 저당권등기일자보다 빠른 경우에는 그 등기 일자를 기재한다.

민사집행법 105, 268, 민사집행법규 55, 194

(6) 위반의 효과

물건명세서의 작성에 중대한 하자가 있는 때에는 매각허가에 대한 이의가 되며 나아가 직권에 의한 매각불허가 사유가 된다(민사집행법 제121조 제5호, 제123조 제2항). 물건명세서를 비치하지 않았거나 또는 비치기간을 지키지 않은 경우에도 이에 준한다.

(7) 경매와 매도인의 담보책임

경매는 물건에 대한 하자에 대하여는 민법상의 매도인의 담보책임을 물을 수 없다. 따라서 채무자에게 계약의 해제 또는 대금감액의 청구는 할 수 없다.

4 │ 감정평가서

(1) 감정평가 명령

① 명령 : 집행법원은 등기관으로부터 기입등기의 통지를 받은 후 3일 이내에 평가명령을 발하여 감정인으로 하여금 경매 부동산을 평가하게 하고 그 평가액을 참작해 최저 매각가격을 정해야 한다(민사집행법 제97조 제1항). 최저매각가격이란 매각기일에서 당해 부동산을 그 가격보다 저가로 매각할 수 없고 그 금액 또는 그 이상으로 매각함을 요하는 기준매각가격으로 최저매각가격은 경매에 있어 매각을 허가하는 최저의 가격으로 그 액에 미달하는 매수신고에 대하여는 매각허가가 되지 아니한다(67마796).

② 평가 방법 : 평가의 방법으로는 감정인은 매각부동산의 현지에 임하여 부동산의 위치, 형상, 주위의 상황, 건물의 구조, 자재 등 제반 사정을 참작하여 객관적으로 공정하고 타당성 있는 방법으로 감정평가해야 한다. 그리고 감정인은 평가 시를 기준으로 그 시점의 가격을 평가한다.

③ 평가 대상 : 평가의 대상은 매각부동산 및 매수인이 그 부동산과 함께 취득할 모든 물건 및 권리에 미친다. 매수인이 취득할 물적 범위는 압류의 효력이 미치는 물적 범위와 일치한다. 따라서 매각부동산의 구성 부분, 천연과실, 종물 등도 평가의 대상이 된다.

(2) 경매실무에 나타난 감정평가 실무 예

1) 부합물 및 종물이 있는 경우의 감정

① 표시 : 경매목적물에 부합물이나 종물이 있으면 그 부합물이나 종물도 경매

로 인해 소유권이 이전되게 되므로 감정 대상에 포함된다. 이때에는 감정서에 부합물이나 종물임을 알 수 있도록 구조나 이용관계 등을 표시한다.

② 부합물의 확인 : 단독주택에 등기되지 아니한 옥탑이 있으면 그 구조나 이용관계 여하에 따라 전체 공용부분으로서 부합물이거나 그에 소재한 건물부분의 부합물인 경우에는 별개의 미등기건물일 수도 있는데 감정서상 그 구조나 이용관계가 적시되지 아니하여 이를 확인하기 위해 경매절차가 정지되기도 한다.

2) 경매목적 토지상에 정원수가 있는 경우

토지에 식재된 수목은 토지의 구성 부분으로 별개의 독립한 물건이 아니므로 별도의 약정이 없는 한 토지의 처분에 당연히 수반된다. 따라서 경매목적 토지 상에 정원수가 있으면 경매개시결정이나 경매 명령, 매각물건명세서, 감정서 등에 정원수에 대한 기재가 없어도 경매로 당연히 소유권이 이전되며 토지 상에 정원수가 있으면 이를 감안하여 평가한다.

3) 경매목적물의 표시와 현황이 다른 경우

① 도로의 평가 : 공부나 평가명령 상의 경매 목적물의 표시와 현황이 달라도 실제의 거래처럼 평가해야 하는 것은 아니고 경매도 그 한도 내에서 실제의 현황이 도로라면 도로로서의 가격으로 평가한다.

② 상가건물의 평가 : 상가건물은 평가명령 상에 그 부지의 일정 지분과 전체 건물의 일정 지분을 평가하도록 되어 있다고 해도 실제의 소유상황 및 이용 상황을 파악해 현황에 맞도록 평가한다.

4) 멸실된 건물의 처리

① 보정명령 : 감정평가 결과를 명한 건물의 전부 또는 일부가 멸실된 것으로 인정될 때는 곧바로 채권자에게 그 부분에 대하여 적절한 조치(신청취하 등)를 취하도록 보정명령을 한다. 보정명령을 받고도 아무런 조치를 취하지 않으면 그 부분에 대한 경매개시결정을 취소하고 신청을 기각한다.

② 각하 방지 : 다만, 건물의 일부가 멸실되어 취하 또는 취소된 경우에 나중에 매각되어 소유권이전등기를 촉탁함에 있어서는 그 취하 또는 취소된 부분을 촉탁서의 부동산 목록에 다시 기재하고 괄호하여 "멸실됨"이라고 표시한다. 이전등기를 촉탁하는 건물의 표시가 등기사항증서의 표시와 달라 이전등기가 각하되는 것을 막기 위함이다

5) 감정평가서의 기재내용에 관한 문제

감정서에 감정과정이 구체적으로 나타나 있지 않아 감정가격의 신뢰성을 담보하기에는 불충분한 예가 있다. 토지의 경우 표준지의 선정, 지역요인 및 개별요인 등 보정요인의 비교내용이 적시되지 아니하고 감정의 결과만을 기재하는 경우에는 감정의 신뢰성 여부를 판단하는데 어려움이 있다.

(3) 남을 가망이 없는 경우(무잉여)의 경매취소

집행법원은 법원이 정한 최저 매각가격으로 압류채권자의 채권에 우선하는 부동산상의 모든 부담(우선부담)과 절차비용을 변제하면 남는 것이 없다고 인정한 때에는 이를 압류 채권자에게 통지하여 압류 채권자가 우선채권을 넘는 가격으로 매수하는 자가 없다면 스스로 매수할 것을 신청하고 충분한 보증을 제공하지 않는 한 매각 절차를 취소해야 한다(민사집행법 제102조).

1) 매수신청이 있는 경우의 처리

① 경매신청 채권자가 선순위 채권액 이상의 금액으로 매수신청을 함에 있어 제공하여야 하는 보증액은 매수신청액과 최저입찰가격의 차액이다. 경매신청 채권자가 위 보증액을 공탁하고 매수신청을 한 경우에는 입찰을 진행하고 입찰기일에 매수신청액보다 높은 가격으로 응찰한 자가 없는 경우에는 매수신청을 한 경매신청 채권자가 최고가입찰자로 된다.

② 경매신청 채권자는 민사집행법(제113조)의 매수신청의 보증을 제공할 필요는 없지만 경매신청 채권자도 경매기일에 출석하여 입찰자들의 매수신청액보다 고가로 매수가격을 신고할 수 있으므로 최고가 매수신고인이 된 경우에 앞서 제공한 보증액이 그 매수가격의 10분의 1이 되지 아니하면 10분의 1에 달할 만큼의 보증을 추가로 제공하여야 한다. 한편 최고가 매수신고가격이 경매신청 채권자의 매수신청금액과 동액인 경우에는 매각기일에서의 매수신청인이 최고가 매수신고인으로 된다.

③ 잉여의 가망이 없다는 통지를 함에 있어 경매신청 채권자에게 우선하는 주택임차인의 보증금반환 채권이 있음을 간과하고 선순위 근저당권의 피담보 채권만이 있음을 통지하여 경매신청 채권자가 위 선순위 근저당권의 피담보 채권과 절차 비용을 변제하고 잉여가 있을 가격을 정해 매수신고를 한 때와 경매법원이 그 후 위 보증금 반환채권이 누락되었음을 발견했을 때에도 경매신청 채권자에게 새로이 위 통지를 해야 하고, 경매신청 채권자가 위 통지

를 받은 날로부터 7일 이내에 위 보증금 반환채권까지 변제하고 잉여가 있을 가격을 정해 매수신고를 하지 않으면 경매법원은 경매 절차를 취소하는 결정을 해야 한다(94마1205).

2) 매수신청이 없는 경우

잉여의 가망이 없다는 통지를 받은 날로부터 7일 내에 압류 채권자가 적법한 매수 신청 및 보증의 제공이 없으면 법원은 결정으로 경매절차를 취소해야 한다(민사집행법 제102조 제2항). 따라서 매수의 신청이 없으면 경매개시결정을 취소하고 경매신청을 기각한다. 취소 결정은 채권자에게 고지하고 취소 결정이 확정되면 법원은 직권으로 위 취소 결정을 등기원인으로 하여 경매신청 기입등기의 말소를 촉탁한다.

3) 본조 위반의 효과

① 최고가 매수인의 신고가 있었어도 매각결정기일 전에 민사집행법 제102조에 위반되는 사실을 발견하였으면 매각결정기일에 매각을 불허한다는 결정을 한다. 다만 매각기일까지도 그 과오를 발견하지 못하여 매각허가결정이 확정되고 매수인이 대금을 지급하였으면 그 후에는 그 하자를 이유로 매수인의 소유권 취득을 부정할 수 없다.

② 최저 경매가격이 압류채권자의 채권에 우선하는 채권과 절차 비용에 미달하는데도 불구하고 경매법원이 이를 간과하고 민사집행법(제102조) 상의 조치를 취하지 않고 경매 절차를 진행하는 경우는 최고가 매수신고인의 매수가액이 우선채권 총액과 절차 비용을 초과하는 한 그 절차 위반의 하자가 치유된다. 하지만 그 매수가액이 우선채권 총액과 절차 비용에 미달하는 때에는 경매법원은 매각을 불허가하는 결정을 하여야 하며, 경매법원이 절차를 그대로 진행하였다고 하여 매수가액이 우선채권 총액과 절차 비용에 미달함에도 불구하고 그 법 조항 위반의 하자가 치유된다고는 할 수 없다(95마1143).

③ 잉여의 가망이 없음에도 매각허가결정을 한 경우 즉시항고를 할 수 있는 자는 압류채권자와 우선채권자에 한하고 채무자와 소유자는 항고할 수 없다(87마861, 86마761).

④ 본조 위반이 직권 불허가 사유인지 여부는 집행법원이 매각허가 여부의 결정 단계에서 남을 가망이 없음을 알게 된 경우에는 직권으로 매각불허가 결정을 해야 한다. 민사집행법 제121조 제1호(잉여주의에 반해 집행을 계속 진행할 수 없는 때) 또는 제7호(경매 절차에 그 밖의 중대한 잘못이 있는 때)에 해당하기 때문이다.

매각기일(매각실시)

민사집행법에 따르면 부동산의 매각은 ① 매각기일에 입찰 및 개찰하게 하는 기일입찰, ② 입찰기간 내에 입찰하게 하여 매각기일에 개찰하는 기간입찰, ③ 매각기일에 호창하는 호가경매의 3가지 방법으로 규정되어 있다(민사집행법 제103조 제2항). 입찰기일에는 집행관이 보조기관으로서 미리 지정된 입찰 장소에서 입찰을 실시하여 최고가 및 차순위 입찰신고인을 정한다.

1 입찰 장소

(1) **지방법원** : 입찰은 법원 내에서 실시하며 입찰표를 개봉하기 전까지는 입찰 내용의 비밀을 유지하기 위해 입찰 장소는 입찰자가 다른 사람이 알지 못하게 입찰대 등 입찰표를 기재할 수 있도록 설비를 갖추고 있다.

(2) **입찰 방법** : 같은 입찰기일에 입찰에 부칠 사건이 2건 이상이거나 목적부동산이 2개 이상인 경우에는 법원이 따로 정하지 아니한 이상 각 부동산에 대한 입찰을 동시에 실시한다. 동시에 입찰을 실시해 담합의 방지 및 자유로운 응찰을 보장할 수 있다.

2 입찰표 등의 비치

(1) **입찰봉투** : 입찰표 및 입찰봉투는 입찰자들이 무료로 사용하도록 입찰 장소에 비치해 놓는다. 입찰봉투는 입찰보증금을 넣는 흰색 작은 봉투와 이 보증금 봉투와 입찰표를 함께 넣는 누런색 큰 봉투의 2가지가 있다.

(2) **매각물건명세서의 비치** : 집행관은 또한 입찰기일에 입찰사건 목록을 작성해 매각물건명세서와 함께 입찰 장소의 누구나 쉽게 볼 수 있는 곳에 비치 또는 개시한다.

3 입찰의 개시

(1) **입찰 진행(집행관)** : 입찰기일에서의 입찰절차는 집행관이 주재한다. 집행관은 입찰기일에 입찰을 개시하기에 앞서 집행기록을 입찰 참가자에게 열람하게 하고, 특별매각조건이 있으면 이를 고지하고 그 절차를 설명한다. 민사집행법이 적용되는 사건은 집행기록 대신 매각물건명세서, 현황조사보고서 및 평가서의 사본을 볼 수 있다.

구분	내용
법정 매각조건	① 압류채권자의 경매이익의 존재(잉여주의) ② 최저매각가격 미만의 매각불허 ③ 매수신청인의 의무(집행법원이 정하는 금액과 방법에 맞는 보증 제공) ④ 매수인의 대금지급 기한까지의 대금지급 의무 ⑤ 매각대금 완납 시의 매수인의 소유권 취득 ⑥ 매각대금 완납 후 6월 이내의 인도명령 신청 ⑦ 부동산 위의 담보권, 용익권의 소멸과 인수 ⑧ 농지매각의 경우, 농지취득자격증명 제출
특별 매각조건	① 재매각 사건에서 최저매각가격의 20% 또는 30%의 보증 제공 ② 저당권부 토지 별도등기 인수 조건 ③ 농지취득자격증명 미제출시의 보증금 몰수 ④ 전 소유자의 가압류 인수 조건 ⑤ 선순위 전세권 인수 조건 ⑥ 공유자 우선매수권 1회로 제한

참고 : 법정매각조건, 특별매각조건

(2) **입찰 시작** : 기록의 열람과 입찰 사항 등의 고지가 끝나면 집행관이 입찰표 제출을 최고하고 입찰마감 시각과 개찰 시각을 고지함으로써 입찰이 시작된다.

(3) **입찰 자격** : 입찰자는 권리능력과 행위능력이 필요하다. 미성년자, 피성년후견 인 등 제한능력자는 법정대리인(후견인)에 의해서만 입찰에 참가할 수 있다. 또 입찰 부동산이 일정한 자격을 가진 자만이 취득할 수 있을 때는 그 자격이 있어야 한다.

(4) **입찰 시 증명이나 허가 필요** : 입찰 부동산을 취득하는 데 있어 관청의 증명 이나 허가를 필요로 하는 경우(농지의 입찰은 농지법이 정한 농지취득자격증명 의 첨부)에 그 증명이나 허가는 매각허가 여부 결정일까지만 보완하면 되므로 입찰 시에는 이를 증명할 필요는 없다.

4 입찰의 종결

(1) **입찰의 마감 및 개찰**

① **입찰 종결** : 입찰표의 제출을 최고한 후 1시간을 경과하지 아니하면 입찰기일을

종결하지 못한다. 입찰을 마감하면 지체없이 입찰표의 개봉(개찰)을 실시한다.

② 개찰 : 최고가 입찰자의 결정을 공정하게 한다는 것을 명확하게 하기 위해 개찰은 입찰자의 면전에서 해야 하므로 개찰할 때에는 입찰자가 출석해야 한다. 입찰자가 출석하지 않으면 집행관은 법원사무관 등 상당하다고 인정하는 자를 대신 참여하게 한다.

③ 매각기일의 마감 : 민사집행법에는 매각기일을 마감할 때까지 허가할 매수가격의 신고가 없는 때에는 집행관은 즉시 매각기일의 마감을 취소하고 같은 방법으로 매수가격을 신고하도록 최고(독촉)할 수 있다.

(2) 최고가 매수신고인의 결정

① 최고가 입찰자 선정 : 개찰 결과 최고 가격으로 응찰하고 소정의 입찰보증금을 제출한 자로 문제가 없다고 판명되면 최고가 입찰자로 결정한다.
그런데 최고의 가격으로 응찰하고 입찰보증금도 제출한 자가 2인 이상이면 그들만을 상대로 추가입찰을 실시한다. 추가 입찰자는 전의 입찰가격에 미달하는 가격으로는 응찰할 수 없으며 전의 입찰가격에 미달하는 가격으로 응찰한 경우는 입찰에 응하지 아니한 것으로 본다.

② 추가입찰 : 추가입찰을 실시했는데 또다시 2인 이상이 최고의 가격으로 응찰한 경우는 그들 중에서 '추첨'에 의해 최고가 입찰자를 정한다. 또한 추가입찰을 했는데 추가입찰의 자격이 있는 자 전원이 입찰에 응하지 아니하면 역시 추첨으로 최고가 입찰자를 정하여야 한다.

(3) 차순위 매수신고인의 결정

① 결정 조건 : 최고가 입찰자의 입찰가격에서 그 입찰보증금을 공제한 금액을 '넘는' 가격으로 입찰에 참가한 자는 최고가 입찰자가 대금지급 의무를 이행하지 아니하면 자기의 입찰에 대하여 매각을 허가해 달라는 신고(차순위 매수신고)를 할 수 있다.
재입찰로 인한 절차의 지연을 방지하고 법원의 업무부담을 경감하기 위하여 차순위 신고인 제도를 둔 것이다. 차순위 매수신고는 그 신고액이 최저입찰가격 이상이어야 하고 또 최고가 입찰가에서 그 보증금액을 공제한 금액을 초과한 경우에만 할 수 있다.

② 차순위 매수신고인이 2인 이상인 경우(추첨) : 차순위 매수신고한 사람이 2인 이상이면 입찰가격이 높은 사람을 차순위 매수신고인으로 정하고, 입찰가격이 같다면 '추첨'에 의해 차순위 매수신고인을 정한다.

(4) 입찰절차 종결의 고지

① 호창 : 최고가 및 차순위 매수신고인이 결정되면 집행관은 그들의 성명과 가격을 부르고 입찰절차의 종결을 고지한다.

② 입찰불능 : 입찰자가 없는 사건은 입찰불능으로 처리하고 종결을 고지하며 통상 1개월 후 저감된 상태로 다시 매각에 붙여진다.

(5) 입찰보증금의 반환

집행관은 입찰절차의 종결을 고지한 후에는 최고가 및 차순위 매수신고인 외의 다른 입찰자에게는 제출한 입찰보증금을 즉시 반환해야 한다.

제 4 절 매각 후의 절차

1 매각결정기일(낙찰 허부)

매각결정기일이란 집행법원이 매각기일을 종결하고 난 후 법원 내에서 매각허부의 결정에 관하여 이해관계인의 진술을 듣고 직권으로 법정의 이의 사유가 있는지 여부를 조사한 후 매각 허가 또는 불허가 결정을 하는 날이다.

(1) 공고

1) 매각결정기일의 공고 시기

① 매각결정기일은 매각기일과 함께 공고된다. 매각결정기일은 매각을 실시한 매각기일부터 통상 1주일 이내로 정한다. 법원은 매각결정기일에 출석한 이해관계인에게 매각허가에 관한 의견을 진술하게 해야 한다.

② 이해관계인에는 민사집행법(제90조)의 이해관계인보다 넓은 개념으로서 동조가 규정하는 이해관계인뿐만 아니라 최고가 매수신고인 또는 자기에게 매각을 허가할 것을 구하는 그 외의 매수신고인도 포함된다.

2) 보증금 예치 : 다만 자기가 최고가 매수신고인으로서 매각허가를 받아야 한다고 주장하려면 매수신고 시에 제공한 보증을 찾아가지 아니하고 맡겨둔 채 있어야 하며 이를 찾아간 경우에는 매각결정기일에 출석하여 의견 진술을 할 자격을 상실한 것으로 본다.

3) 효력

① 재판과 선고 : 집행법원은 매각결정기일에 출석한 이해관계인에게 매각허가에 관한 의견을 진술하게 하여 이를 참고로 하는 외에 직권으로 매각 불허가 사유의 유무를 기록에 의해 조사한 다음 매각허가 여부의 재판을 한다. 매각 허가 여부에 대한 결정으로 재판하고 매각결정기일에 선고해야 한다 (민사집행법 제126조 제1항).

② 고지의 효력 : 매각을 허가하거나 허가하지 아니하는 불허가 결정은 선고한 때에 고지의 효력이 생긴다. 매각허가 결정 또는 불허가 결정은 확정되어야 효력이 있다.

(2) 매각불허가 결정

1) 불허가 사유

① 이해관계인의 이의가 정당하다고 인정할 때

법원은 매각결정기일에 출석한 이해관계인의 매각 허가에 대한 이의가 정당하다고 인정한 경우는 매각을 허가하지 않는다.

② 직권으로 매각불허가할 사유가 있을 때

매각결정기일에 이해관계인의 매각 허가에 대한 이의가 없더라도 법원이 직권 조사의 결과 다음에 열거된 이의 사유가 있다고 인정되면 직권으로 매각을 허가하지 않는다(민사집행법 제121조).

㉠ 강제집행을 허가할 수 없거나 집행을 계속할 수 없을 때

㉡ 최고가 매수신고인이 부동산을 매수할 능력이나 자격이 없을 때

㉢ 부동산을 매수할 자격이 없는 사람이 최고가 매수신고인을 내세워 매수신고를 한때

㉣ 최고가 매수신고인, 그 대리인 또는 최고가 매수신고인을 내세워 매수신고를 한 사람이 집행관에 의해 민사집행법(제108조)에 의한 매수신청을 하지 못하도록 한 경우에 해당되는 때

㉤ 최저매각가격의 결정, 일괄매각의 결정 또는 매각물건명세서의 작성에 중대한 흠이 있는 때

㉥ 천재지변, 그 밖에 자기가 책임을 질 수 없는 사유로 부동산이 현저하게 훼손된 사실 또는 부동산에 관한 중대한 권리관계가 변동된 사실이 경매 절차의 진행 중에 밝혀진 때

㉦ 경매 절차에 그 밖의 중대한 잘못이 있는 때

③ 과잉매각으로 되는 때

  ㉠ 과잉매각이 금지되는 경우

    여러 개의 부동산을 매각하는 경우에는 한 개의 부동산의 매각대금으로 모든 채권자의 채권액과 강제집행 비용을 변제하기에 충분하면 다른 부동산의 매각을 허가해서는 안된다.

  ㉡ 채무자의 매각할 부동산 지정

    과잉매각의 경우에는 채무자는 그 부동산 중에서 매각할 것을 지정할 수 있다.

④ 집행정지 결정 정본이 제출된 경우

  매각기일 종료 후 매각허가 결정선고 전에 집행법원에 민사집행법(제49조 제2호) 소정의 집행정지 결정 정본이 제출된 경우에는 동법 제121조 제1호 후단에 해당하므로 매각 불허가 결정을 해야 한다.

2) 부동산의 훼손 또는 권리관계의 변동이 있는 경우

  매수가격의 신고 후에 천재지변, 그 밖에 자기가 책임을 질 수 없는 사유로 부동산이 현저하게 훼손된 사실 또는 부동산에 관한 중대한 권리관계가 변동된 경우

① 불허가 신청

  매각허가결정 확정 전에는 최고가 매수신고인은 매각 허가에 대한 이의신청을 하거나 매각허가 결정에 대한 항고를 할 수 있다.

  매각기일 이후 대항력 있는 임차인의 발견, 매각허가기일 이전에 매각허가에 대한 이의신청 사유, 매각물건명세서의 작성에 중대한 하자가 있을 때, 천재지변 그 밖의 자기가 책임질 수 없는 이유로 부동산이 현저하게 훼손된 사실 또는 부동산에 관한 중대한 권리관계의 변동이 밝혀진 때, 매각허가기일 전 대위변제 때에는 불허가 신청을 할 수 있다.

② 취소 신청

  매각허가결정 확정 후 대금(잔금)을 낼 때까지는 천재지변 그 밖의 자기가 책임을 질 수 없는 사유로 부동산이 현저한 훼손 또는 부동산에 관한 중대한 권리관계가 변동된 사실이 밝혀진 때, 대금납부 전에 대위변제 때에는 매수인은 매각허가결정의 취소 신청을 할 수 있다. 그 손상 정도가 경미한 경우에는 취소 신청을 할 수 없다.

(3) 매각불허가 결정 (민사집행법 제126조 제1항)

집행법원은 이해관계인의 매각 허가에 대한 이의가 이유 없다고 인정되고 그 밖의 직권으로 매각 불허가할 사유가 없다고 인정되는 때에는 최고가 매수신고인에게 매각을 허가한다는 취지의 결정을 한다.

2 매각허가에 대한 항고

(1) 매각허가 여부에 대한 즉시항고

1) 요건 (민사집행법 제129조)

이해관계인은 매각허가 여부의 결정에 따라 손해를 볼 경우에만 그 결정에 대해 즉시항고를 할 수 있고 또한 매각허가에 정당한 이유가 없거나 결정에 적은 것 외의 조건으로 허가해야 한다고 주장하는 매수인 또는 매각허가를 주장하는 매수 신고인도 즉시항고할 수 있다.

2) 항고 기간

즉시항고를 하려는 항고인은 원 결정을 고지받은 날부터 1주 이내에 항고장을 원심법원에 제출해야 하는데, 매각허가 여부의 결정은 이해관계인이 매각 결정기일에 출석하였는지 여부를 묻지 않고 이를 선고한 때에 고지의 효력이 발생하므로 위 1주의 기간은 매각허가 여부의 결정선고일부터 일률적으로 진행된다. 위 기간 7일은 불변기간이다.

(2) 항고의 제기 방식

1) 항고장의 제출

즉시항고는 매각허가 여부의 결정을 선고한 원심법원에 대하여 항고장을 제출하여야 한다. 항고장에는 항고인, 원 결정의 표시, 그 결정에 대해 즉시항고를 한다는 취지, 항고의 취지를 기재하고 법원을 표시한 후 항고인 또는 그 대리인이 기명·날인한다.

2) 항고 이유의 기재

① 항고서의 제출 : 항고장에 항고 이유를 적지 아니한 때에는 항고인은 항고장을 제출한 날부터 '10일 내'에 항고 이유서를 원심법원에 제출해야 한다.

② 이유서 미제출(각하) : 항고 이유서를 내지 아니하거나 항고 이유를 대

법원 규칙이 정하는 바에 따라 적지 아니한 때에는 원심법원은 결정으로 그 즉시 항고를 각하해야 한다. 이는 항고 남발에 의한 절차 지연을 방지하기 위함이다.

(3) 항고권자

매각을 허가하거나 허가하지 아니하는 결정에 대하여는 ① 그 결정에 따라 손해를 보는 이해관계인, ② 매각허가에 정당한 이유가 없거나 결정에 적은 것 외의 조건으로 허가해야 한다고 주장하는 매수인, ③ 매각허가를 주장하는 매수신고인이 즉시항고를 할 수 있다(민사집행법 제129조).

1) 이해관계인

매각허가 여부의 결정에 따라 손해를 볼 가능성이 있는 이해관계인에 한해 즉시항고의 적격을 가진다. 여기서 말하는 이해관계인은 민사집행법(제90조)의 이해관계인을 의미한다.

① 경매개시결정등기 후 전입신고한 임차인 : 민사집행법(제129조 제1항)에서 말하는 이해관계인이다(94마2134).

② 매각허가결정이 있은 후에 즉시항고장을 제출하면서 경매개시결정등기 후에 저당권이나 소유권을 취득한 사실을 증명하는 서류를 제출한 자 : 이해관계인이라 할 수 없다(94마 1342, 98다53240).

③ 가압류권자, 가처분권자 : 이해관계인이 아니다(94마1534).

2) 매수인

매수인도 매각허가 여부의 결정에 대하여 항고할 수 있으나 일반의 이해관계인의 경우와 달리 그 결정으로 인해 손해를 받을 것이 요건이 되는 것이 아니고 매각허가에 정당한 이유가 없거나 결정에 적은 것 외의 조건으로 허가해야 한다는 것을 주장하는 것이 그 요건이다.

3) 매수신고인

매수신고인이 항고의 이익을 가지는 것은 자기가 적법한 최고가 매수신고인임을 주장하여 자기에게 매각을 허가하여 달라는 것을 주장하는 경우로 한정된다.

(4) 매각허가결정에 대한 항고에 있어서 보증의 제공

1) 보증의 공탁

매각허가 결정에 대하여 항고를 하고자 하는 사람은 보증으로 매각대금의 10분의 1(10%)에 해당하는 금전 또는 법원이 인정한 유가증권을 공탁하여야 한다. 매각불허가 결정에 대하여는 보증의 제공을 요하지 않는다.

2) 항고가 기각(각하)된 경우(배당할 금액에 편입)

매각허가결정에 대한 항고가 기각이 확정된 경우는 아래와 같이 보증금을 처리한다.

① 채무자 및 소유자가 한 항고가 기각된 때 : 전액

② 채무자 및 소유자 외의 사람이 한 항고가 기각된 때 : 지연 손해금만을 배당할 금액에 포함시키고 나머지는 보증 제공자에게 반환한다.

3) 항고가 인용된 경우

항고가 인용된 경우에는 확정증명을 제출하여 바로 보증금을 회수할 수 있다.

3 │ 매수인의 대금지급 의무 불이행과 법원의 조치

매수인이 대금지급기한내에 그 의무를 이행하지 않을 경우는 집행법원이 어떠한 절차를 취할 것인가는 차순위 매수신고인이 있고 없음에 따라 다르다.

(1) 차순위 매수신고인에 대한 매각허가 여부의 결정

① 결정 : 차순위 매수신고인이 있는 경우에 매수인이 대금지급기한까지 그 의무를 이행하지 아니한 때에는 차순위 매수신고인에게 매각을 허가할 것인지를 결정해야 한다. 따라서 법원은 매각결정기일을 새로 지정하여 차순위 매수신고인에 대한 매각허가 여부의 결정을 하고 매각허가 결정이 확정되면 대금지급기한을 지정하여 이후의 매각 절차를 진행하고, 매각 불허가 결정이 확정되면 직권으로 재매각을 실시한다.

② 보증금 반환 : 매수인이 대금을 납부하지 아니하여 차순위 매수신고인에 대한 매각 허가결정이 있는 때에는 매수인은 매수신청의 보증을 돌려 줄 것을 요구하지 못한다(민사집행법 제137조 제2항).

③ 기한 : 차순위 매수신고인에 대한 매각결정기일은 대금지급기한의 마지막 날부터 3일 안에 지정하되 그 마지막 날부터 2주 내의 날로 정한다.

(2) 재매각

1) 의의, 새매각과의 차이

① 의의 : 재매각은 매수인(차순위 매수신고인이 매각허가를 받은 경우를 포함한다.)이 대금지급기한까지 대금(잔금)지급 의무를 완전히 이행하지 아니하였고, 차순위 매수신고인이 없는 때에는 법원이 직권으로 다시 실시하는 매각을 말한다.

② 새매각과의 차이 : 재매각은 매각절차를 다시 실시하는 점에서 새매각과 같으나 재매각은 매각허가결정 확정 후 매수인의 대금지급의무 불이행을 원인으로 함에 반하여 새매각은 매각허가 결정이나 매각허가 결정 확정에 이르지 아니한 경우에만 실시하는 점에서 구별된다.

2) 매각조건

① 매각조건(저감율 부적용) : 재매각 절차에도 종전에 정한 최저매각가격, 그 밖의 매각조건을 적용한다. 재매각은 최초 재매각 기일의 최저매각가격 그 밖의 매각조건에 대하여는 전의 매수인이 최고가 매수신고인으로 호창받은 매각기일에 있어서 정해졌던 최저매각가격 그 밖의 매각조건이 그대로 적용되어 재매각 기일에서는 그 매각조건에 따라 매각을 실시해야 한다.

② 보증금액 변경 : 재매각의 경우 직권으로 매수신청의 보증금액을 변경해 최저 매각가격의 20% 또는 30%로 정한 금액을 보증으로 보관하게 하고 있다(민사집행법규 제63조 제2항).

3) 재매각절차에서 전의 매수인에 대한 효력

① 매수신청의 불허

재매각절차에서는 전의 매수인은 매수신청을 할 수 없다(민사집행법 제138조 제4항). 전의 매수인은 그 재매각기일 뿐만 아니라 그 사건의 경매가 완료될 때까지 당해 물건에 관한 일체의 매각절차에 참가하여 매수신고인이 될 수 없다. 잔금을 내고 낙찰받기를 바라는 취지에서 제한하고 있다.

② 매수신청보증의 불반환

매수인이 대금을 납부하지 아니하여 바로 재매각절차에 들어간 때 또는 차순위 매수신고인에 대한 매각불허가 결정을 거쳐 재매각절차에 들어간 때에는 전의 매수인은 매수신청 보증금을 돌려줄 것을 요구하지 못하며, 이 규정에 의해 매수인이 돌려줄 것을 요구할 수 없는 보증금은 배당할 금액에 포함된다.

(3) 재매각절차의 취소

매수인이 재매각기일의 3일 이전까지 대금, 그 지급기한이 지난 후부터 지급일까지의 대금에 대한 연 1할 5푼(연 15%)의 비율에 의한 지연이자와 절차비용을 지급할 때는 재매각절차를 취소해야 한다.

1) 취소의 요건

   ① 재매각기일 3일 전까지 지급할 것

     ㉠ 「재매각기일의 3일 이전까지」라 함은 재매각기일의 전일부터 소급하여 3일이 되는 날까지를 의미한다(91마500).

     예를 들어 재매각기일이 6월4일이면 6월3일부터 역산하여 3일이 되는 날은 6월1일이므로 6월1일까지 대금 등을 납부한 때에는 재매각절차를 취소한다.

     ㉡ 위 3일 전의 이후라도 재매각기일 전에 매수인이 대금납부를 원하면 재매각기일을 변경하여 대금납부를 허가하는 것이 보통 실무이다.

   ② 매수인이 대금, 지연이자와 절차 비용을 지급하였을 것

     ㉠ 대금 : 매각허가 결정에 기재되어 있는 매각대금을 말한다. 다만 매수신청의 보증으로 현금 또는 자기앞수표를 제공한 경우에는 그 보증으로 제공된 금액은 공제된다.

     ㉡ 지연이자 : 대금지급기한 말일의 다음날부터 기산하여 현실로 대금을 지급한 날까지의 매각대금에 대한 연 1할 5푼(15%)의 비율에 의한 이자(매각대금 × 0.15 × 지연일수 / 365)를 말한다.

     ㉢ 절차 비용 : 재매각기일 공고·통지비용, 재매각절차 취소 결정의 고지비용 등이다.

     ㉣ 납부 장소 : 이 금액의 지급은 대금지급기한 내에 납부할 대금의 납부방법과 동일하다. 법원으로부터 납부 명령서를 받아 법원보관금 취급점에 비치되어 있는 납부서를 작성하여 취급점에 납부해야 한다.

2) 차순위 매수신고인도 대금지급을 하지 않은 경우

   차순위 매수 신고인이 매각허가 결정을 받아 매수인이 되었으나 차순위 매수 신고인도 대금을 지급하지 아니하여 재매각을 하는 경우에는 최고가로 매수인이 된 자와 차순위로 매수인이 된 자 모두 같은 입장이기 때문에 둘 중 먼저 대금을 지급한 매수인이 매매 목적물의 권리를 취득한다.

1 대금지급기한

(1) 매수인의 대금지급 의무

1) 잔금납부 시기의 변경

① **구 민사소송법** : 구 민사소송법은 대금지급기일 제도를 채택해 중간에는 납부할 수 없었고 마지막 날에 잔금을 납부할 수 있었다. 이 때문에 채무자 등이 그 기일 전에 채무를 변제하고 집행 취소문서를 제출하면 경매절차가 취소됨으로써 매수인이 결국 그 소유권을 취득하지 못하게 되는 등 매수인의 지위가 불안정했고 매수인이 하루 빨리 매각대금을 지급하고 그 소유권을 취득하여야 할 사정이 있어도 지정된 기일까지 기다려야 하는 문제점이 있었다.

② **현 민사집행법** : 이런 문제점을 해소하기 위해 현행법은 대금지급기한 제도를 채택해 매수인이 정해진 대금지급기한 안에 언제라도 매각대금을 지급하면 소유권을 취득할 수 있고 부수적으로는 매수인의 지위 안정을 통해 적정가격에 의한 매각을 유도하는 효과를 거둘 수도 있다.

③ **납부 포기(불가)** : 매수인은 매각허가결정 확정 후에 법원이 정한 기한까지 매각대금을 지급해야 한다. 매수인의 권리·의무는 매각허가 결정의 효력으로 발생하는 것이므로 매수인의 일방적인 의사표시로써 이를 포기할 수 없다. 따라서, 매수인이 대금지급기한 이전에 매수인으로서의 권리·의무를 포기하고 매각대금을 내지 않겠다는 포기서를 법원에 제출하였다고 하더라도 매수인은 여전히 대금지급 의무를 부담한다(71마283).

(2) 대금지급기한의 지정

① **지정** : 법원은 매각허가결정이 확정되면 매각허가결정 확정일 또는 상소법원으로부터 기록 송부를 받은 날부터 3일 안에 대금지급기한을 정해야 한다. 대금지급기한은 매각허가 결정이 확정된 날부터 1월 안의 날로 정해야 한다. 다만, 경매사건 기록이 상소법원에 있는 때에는 그 기록을 송부받은 날부터 1월 안의 날로 정해야 한다(민사집행법규 제78조).

② **채무 인수** : 다만, 매수인은 매각조건에 따라 부동산의 부담을 인수하는 외에

배당표 실시에 관해 매각대금의 한도에서 관계 채권자의 승낙이 있으면 대금 지급에 갈음하여 채무를 인수할 수 있다(민사집행법 제143조 제1항, 실무상 채무인수). 또한 채권자가 매수인이면 매각 결정기일이 끝날 때까지 법원에 신고하고 배당받아야 할 금액을 제외한 대금을 배당기일에 낼 수 있다(민사집행법 제143조 제2항, 차액지급). 이처럼 채권자가 매수인으로서 차액을 지급하는 경우에는 배당받아야 할 금액을 제외한 나머지 대금을 배당기일에 낼 수 있다고 명시되어 있으므로 따로 대금지급기한을 정할 필요가 없고 바로 배당기일을 정한다.

2 지급해야 할 금액

(1) 매수인이 지급해야 할 매각대금은 매각허가 결정서에 적힌 매각대금일 것이나 매수신청의 보증으로 받은 금전(매수보증금)은 매각대금에 포함되어 있으므로 매수보증금이 금전이면 실제로는 매각대금에서 이를 공제한 잔액만 지급하면 된다.

(2) 매수신청의 보증으로 금전 외의 것이 제공된 경우에는 매각허가 결정서에 적힌 매각대금 전액을 지급해야 한다.

3 대금 지급 절차

(1) 현금의 지급 방법

대금은 현금으로 지급해야 한다. 금융기관이 발행한 자기앞 수표는 현금에 준한다. 매수인이 대금을 지급하려면 법원보관금 납부명령서가 있어야 하므로 법원 사무관 등은 매수인에게 교부해야 한다.

(2) 특별한 지급 방법

① 배당액과의 차액 지급

채권자가 매수인인 경우에는 매각결정기일이 끝날 때까지 법원에 신고하고 배당받아야 할 금액을 제외한 대금을 배당기일에 낼 수 있다. 여기서 배당받아야 할 금액이란 매수인이 배당요구한 채권을 의미하는 것이 아니라 매수인이 배당할 금액과 배당 순위에 따라 배당기일에 실제로 배당받을 수 있는 금액이다.

② 채무의 인수

매수인은 매각조건에 따라 부동산의 부담을 인수하는 외에 배당표의 실시에 관하여 매각대금의 한도에서 관계 채권자의 승낙을 얻어 대금 지급에 갈음하여 관계 채권자에 대한 채무자의 금전채무를 인수함으로써 인수한 채무에 상당한 매각대금의 지급 의무를 면할 수 있다. 여기서 채무 인수는 모든 채권자의 채무를 인수해야 하는 것은 아니고 승낙을 얻은 일부 채권자의 채무만 인수할 수 있다.

제 6 절 소유권이전등기의 신청

1 소유권의 취득

(1) 소유권 취득의 시기 및 범위

① 취득 시기 : 매수인은 매각대금을 다 낸 때에 매각의 목적인 권리를 취득한다(민사집행법 제135조).

② 취득 범위 : 매수인이 취득하는 부동산 소유권의 범위는 매각허가 결정서에 적힌 부동산과 동일성이 인정되는 범위 내에서 소유권의 효력이 미치는 범위와 같다. 따라서 매각 대상 부동산의 구성 부분, 종물 및 종된 권리(건물을 위한 지상권, 요역지를 위한 지역권 등)는 매각허가 결정서에 기재되어 있지 않아도 매수인이 소유권을 취득하는 범위에 포함된다.

(2) 경매절차의 하자와 소유권 취득 여부

1) 강제경매의 경우

① 경매절차의 하자

경매개시결정이 채무자에게 송달되지 아니한 것과 같이 강제경매 절차의 무효가 아닌 한 경매절차에 하자가 있어도 매각허가 결정이 확정되고 매수인이 대금을 납부하면 경매절차 외에서 별도로 매각허가결정의 무효를 주장해 매수인의 소유권 취득의 효과를 다툴 수 없다.

② 집행권원의 하자

집행권원의 부존재	집행력 있는 정본이 전혀 존재하지 않은 채 실시된 강제경매는 절대적 요건에 흠결이 있어 외형상 적법한 절차가 행해졌다 해도 당연히 무효로서 아무런 효력이 생기지 않는다.
집행권원의 무효	집행권원(판결문 등)이 무효인 경우에는 매수인(낙찰자)이 대금을 납부해도 소유권을 취득할 수 없다.

2) 임의경매의 경우

① 담보권의 소멸 : 담보권 설정계약이 무효이거나 위조 서류에 의해 담보권 등기된 경우와 같이 담보권이 부존재인 경우 또는 담보권은 유효하게 성립되었으나 경매개시결정 전에 피담보채무가 변제되어 담보권이 소멸된 경우에는 이에 터잡은 경매절차도 당연히 무효이므로 매수인이 대금을 납부해도 소유권을 취득하지 못한다(98다51855).

② 사후 소멸 : 그러나 일단 유효하게 성립되었던 담보권이 경매절차개시 후에 피담보채권의 변제, 담보권의 포기 등의 사유로 인해 사후적으로 소멸한 경우는 대금을 모두 지급한 이상 소유권을 취득하는데 아무런 장애가 되지 않는다(민사집행법267조, 92마719, 2000다44348).

2 | 촉탁 시기

(1) 촉탁 : 법원사무관 등은 매수인이 대금을 지급하면 바로 매각허가결정의 등본을 첨부해 매수인 앞으로 소유권을 이전하는 등기, 매수인이 인수하지 아니한 부동산의 부담에 관한 기입을 말소하는 등기, 경매개시결정 등기를 말소하는 등기를 등기관에게 촉탁해야 한다.

(2) 필요 서류 : 위의 촉탁을 하기 위해서는 주민등록표 등본, 취득세 영수필 통지서 및 영수필 확인서, 국민주택채권 매입필증 등 촉탁서 첨부 서류가 필요한데, 매수인이 위의 각 촉탁서 첨부 서류를 제출한 날부터 3일 안에 하도록 규정하고 있다.

3 | 촉탁할 등기

(1) 소유권이전등기

압류의 효력이 발생한 후에 제3자 명의로 경료된 소유권이전등기는 매수인(낙찰자)에게 대항할 수 없으므로 말소촉탁의 대상이 된다.

(2) 매수인이 인수하지 아니한 부동산의 부담에 관한 기입의 말소

① 촉탁 대상 : 매각대금이 지급된 경우에는 법원 사무관 등은 직권으로 매수인이 인수하지 아니한 부동산의 부담에 관한 기입을 말소하는 등기를 촉탁해야 한다.

② 기재 대상 : 매수인이 인수하지 아니한 부동산의 부담에 관한 기입이라 함
은 매각에 의해 소멸하는 저당권의 등기분만 아니라 매수인에 대항할 수 없
는 모든 권리의 등기를 말한다.

(3) 경매개시결정등기

경매개시결정등기도 말소기준권리로 매각 후에는 말소된다.

4 등기촉탁 절차

(1) 등기촉탁의 요령

① 촉탁 방법 : 등기촉탁은 법원 사무관 등의 명의로 등기촉탁서를 작성해 관할
등기소의 등기관에게 송부하는 방법으로 행한다.

② 촉탁서의 형식 : 매수인에 대한 소유권이전등기와 부동산 부담등기의 말소등
기, 경매개시결정등기의 말소등기는 그 등기의 목적은 다르나 서로 관련성이
있으므로 동일한 촉탁서에 의하여 동시에 촉탁하여도 무방하고 실무상으로도
동일한 촉탁서에 의하여 촉탁하는 것이 관례이다.

(2) 촉탁서에 첨부할 서류

1) 매각허가결정 등본

매각허가결정 등본은 등기원인 증서가 된다. 그러나 매각허가결정 등본은 등
기원인의 일자를 증명하는 서면이 될 수 없으므로 등기촉탁서에는 등기필정
보 작성용 등기촉탁서 부본을 첨부해야 한다.

2) 등기권리자의 주소를 증명하는 서면

촉탁서에는 매수인이 자연인인 경우에는 주민등록 등·초본, 법인인 경우에는
법인 등기사항증명서 등·초본, 법인 아닌 사단, 재단이면 주소를 증명하는 서
면 외에 대표자 또는 관리인의 주민등록 등본을 첨부한다.

3) 국민주택채권 매입 또는 할인

4) 토지대장·건축물대장 등본

5) 취득세 영수필 통지서·영수필 확인서(채권발행 번호)

① 취득세 납부 : 등기촉탁을 함에 있어서는 취득세를 납부해야 한다. 부동

산은 등록세가 없어지고 취득세에 다 포함되어 계산된다.

② 요율 차이 : 주택(1%~3%, 다주택자는 취득세 중과)과 건물, 상가, 임야, 토지(4%), 농지(3%)의 요율이 다르니 미리 비용을 생각해 보고 입찰해야 한다. 제 때 세금을 내지 않으면 가산세가 부과되어 추징되니 주의해야 한다.

(5) 등기촉탁 비용

① 비용 부담 : 소유권이전등기와 부동산 위의 부담의 기입등기 및 경매개시결정등기의 말소에 관한 비용은 매수인의 부담으로 한다.

② 등기신청 수수료 : 매 부동산마다 소유권이전등기는 15,000원, 말소등기 및 변경등기는 3,000원이고, 납부는 당해 수수료액 상당의 수입증지를 매입하여 제출한다.

③ 그 밖의 송부비용 : 해당 액수만큼의 우표를 매입하여 제출한다. 매수인이 위 비용을 지급하지 아니하면 등기촉탁을 하지 아니하며 상당한 기간 경과 후에는 그대로 기록 보존 조치를 취한다.

(6) 등기필정보의 교부

① 완료 및 송부 : 등기관이 소유권이전등기를 완료했을 때는 첨부된 촉탁서 부분에 접수연월일, 접수번호, 순위번호와 등기필의 취지를 적고 등기소인을 찍어 이를 법원사무관 등에게 송부하여야 한다.

② 교부 : 법원사무관 등은 매수인이 송달료를 지급하였으면 매수인에게 위 등기필정보를 우송하고 송달료를 지급하지 아니하였으면 법원에 나온 매수인에게 영수증을 받고 이를 교부한다.

○○ 지방법원

매각허가결정

사   건   타경   부동산 강제(임의)경매

매 수 인   ○ ○ ○
(주   소)

매수가격   금   원정

별지 기재 부동산에 대하여 최고가로 매수·입찰 신고한 위 사람에게 낙찰을 허가한
다.

202   .   .   .
판   사   (인)

등 기 촉 탁 서

○ ○ 법 원

등기촉탁서

등기관 귀하

사   건   202 타경   부동산강제경매
부동산의 표시   별지와 같음

등 기 권 리 자   ○○○(-   )
                    서울 ○○구 ○○동 ○○○
등 기 의 무 자   ○○○
                    서울 ○○구 ○○동 ○○○

등기원인과 그 연월일   202 .   .   .자 강제경매로 인한 매각
등기목적   1. 소유권이전등기   2. 말소할 등기 : 별지와 같음
과세표준   금   원
등 록 세   (이전등기)금   원(지방교육세 포함)
                            (말소등기)금   원(지방교육세 포함)
국민주택채권   금   원
등기신청수수료   금   원

첨   부   1. 매각허가결정등본 1통, 촉탁서 부본 2통
                    2. 주민등록등(초)본
                    3. 토지 및 건축물대장등본

위 등기를 촉탁합니다. (등본작성 :   .   .   .)

                            20 .   .   .

                                법원사무관   인

1 의의

(1) **배당 및 잔액 처리** : 경매절차는 목적부동산을 경매 또는 입찰에 의해 매각하고 그 매각대금을 채권자의 채권 변제에 충당하는 절차이므로 매수인이 매각대금을 납부하면 집행법원은 그 매각대금을 채권자들에게 변제한다. 매각대금으로 변제받을 채권자가 1인뿐이거나 여러 채권자가 경합되어 있더라도 매각대금이 집행비용 및 각 채권자의 채권을 만족시키기에 충분한 경우에는 집행법원은 각 채권자에게 그 채권액을 교부하고 남은 금액이 있으면 채무자에게 교부한다.

(2) **배당의 우열** : 변제받을 채권자들이 경합되고 있을 뿐만 아니라 매각대금으로 채권자들의 채권을 만족시키기에 충분하지 아니한 경우에는 법원이 각 채권자들에게 민법·상법 그 밖의 법률에 의해 우열순위를 정하고 그에 따라 안분(균등·비례)의 방법으로 매각대금을 배당한다.

2 배당 요구

(1) 의의

① 배당요구

배당요구란 다른 채권자에 의해 개시된 집행 절차에 참가하여 동일한 재산의 매각대금에서 변제를 받으려는 집행법 상의 행위로서 다른 채권자의 강제집행 절차에 편승한다는 점에서 종속적인 것이다.

② 권리신고

배당요구와 대비되는 행위로서 권리신고가 있다. 권리신고는 배당요구와 달리 부동산 위의 권리자가 집행법원에 신고하고 그 권리를 증명하는 것이다. 권리신고를 함으로써 이해관계인이 되지만 권리신고를 한 것만으로 당연히 배당을 받게 되는 것은 아니며 별도로 배당요구를 해야 한다(민사집행법 제148조 참조).

(2) 배당요구를 하지 아니한 경우의 불이익

① 미배당 및 부당이득반환 청구 : 배당요구를 하지 않아도 배당을 받을 수 있는 채권자가 아니면 배당요구 종기까지 배당요구 해야 배당받을 수 있다. 배당요구 하지 않으면 선순위 채권자라도 배당받을 수 없고 자기보다 후순위 채권자로서 배당을 받은 자를 상대로 별도의 소송으로 부당이득반환 청구하는 것도 허용되지 않는다.

② 가압류의 배당요구 : 첫 경매개시결정 등기 전에 가압류등기를 마친 채권자는 배당요구 하지 않아도 등기사항증명서에 등재된 가압류 금액에 따라 배당받을 수 있다. 하지만 이미 본안소송에서 가압류금액 이상의 승소판결을 받았다면 위 기간 내에 집행력 있는 정본에 의해 배당요구를 할 필요가 있다. 그렇지 않으면 가압류 금액을 넘는 부분에 대하여는 전혀 배당에 참가할 수 없게 된다.

(3) 배당요구 하지 않아도 배당받을 수 있는 채권자

1) 이중경매 신청인
선행사건에서 배당요구 종기까지 이중경매 신청을 한 채권자는 별도의 요구를 하지 않아도 배당을 받는다.

2) 첫 경매개시결정 등기 전에 등기된 가압류 채권자
첫 경매개시결정등기 전에 가압류 집행을 한 채권자는 배당요구를 하지 않아도 배당받는다(민사집행법 제148조 제3호). 이에 해당하는 가압류 채권자는 채권계산서를 제출하지 않아도 배당받는다(94다57718).

3) 첫 경매개시결정등기 전에 등기된 우선변제권자

① 첫 경매개시결정등기 당시의 등기된 우선변제권자
우선변제 청구권이 있는 채권자 중 첫 경매개시결정 등기 전에 등기되었고 매각으로 소멸하는 것을 가진 채권자는 매각으로 인해 각 그 권리가 소멸되는 대신 당연히 순위에 따라 배당받을 수 있다(민사집행법 제148조 제4호). 한편 저당권·압류·가압류에 대항할 수 있는 최선순위의 용익권 중 전세권은 실체법상 존속기간이 지났는지에 관계없이 그 권리자가 배당 요구해야만 매각으로 소멸하므로(민사집행법 제91조 제4항 단서), 이에 해당하는 권리는 비록 첫 경매개시결정 등기 전에 등기되어 있더라도 배당요구가 필요하다.

② 첫 경매개시결정등기 전의 체납처분에 의한 압류권자

ⓐ 교부청구 : 국가나 지방자치단체, 공공단체 등이 국세징수법상의 체납처분의 예에 의해 징수할 수 있는 채권의 징수를 위해 국세징수법(제56조)에 의한 교부청구는 강제집행에 있어서의 배당요구와 같은 성질로 경매부동산에 관하여 첫 경매개시결정이 등기되기 전에 체납처분의 절차로서 압류 또는 보전 압류등기가 되어 있는 경우에는 교부청구한 효력이 있으므로(96다51585) 이 경우에는 별도의 배당요구가 없어도 배당받는다.

ⓑ 경매개시결정등기 후의 교부청구 : 반면에 첫 경매개시결정 등기 후에 체납처분에 의한 압류등기 된 경우에는 집행법원에 배당요구의 종기까지 배당요구로서 교부청구를 해야만 배당을 받을 수 있다(99다22311 등).

4) 종전 등기사항증명서 상의 권리자

종전 등기사항증명서 상의 권리자는 배당요구를 하지 않아도 배당받을 수 있다.

(4) 배당요구가 필요한 채권자

위에서 언급한 채권자들 외의 채권자들은 배당요구 종기일까지 배당요구를 해야 배당받을 수 있다. 한편 배당 요구할 수 있는 채권자는 집행력 있는 정본을 가진 채권자, 경매개시결정 등기된 뒤에 가압류한 채권자, 민법·상법, 그 밖의 법률에 의하여 우선변제 청구권이 있는 채권자에 한한다(민사집행법 제88조 제1항).

(5) 배당요구의 철회

① 원칙 : 배당요구는 채권자가 자유롭게 철회할 수 있다.

② 예외 : 다만 배당요구에 따라 매수인이 인수하여야 할 부담이 바뀌는 경우 배당요구한 채권자는 배당요구 종기가 지난 뒤에 이를 철회하지 못한다. 철회해도 변함이 없으면 배당요구 종기일 후에도 가능하다.

3 채권계산서의 제출

(1) 최고(독촉) : 채권신고의 최고 외에 배당기일이 정해진 때에는 각 채권자에 대하여 채권의 원금 배당기일까지의 이자, 그 밖의 부대채권 및 집행비용을 적은 계산서를 1주일 안에 법원에 제출할 것을 최고하여야 한다.

(2) 제출 시기 : 각 채권자는 배당요구의 종기일까지 법원에 그 채권의 원금·이자·비용 기타 부대채권의 계산서를 제출하여야 한다. 만약 채권자가 계산서를 제출하지 않으면 법원은 배당요구서 기타 기록에 첨부된 증빙서류에 의해 채권

을 계산하며 계산서를 제출하지 아니한 채권자는 배당요구 종기일 후에는 원칙적으로 채권액을 보충할 수 없게 된다.

4 배당받을 채권자

경매절차에서 배당받을 채권자는 다음과 같다(민사집행법 제148조).

① 배당요구의 종기까지 경매신청을 한 압류채권자

② 배당요구의 종기까지 배당요구를 한 채권자

③ 첫 경매개시결정등기 전에 등기된 가압류채권자

④ 저당권·전세권, 그 밖의 우선변제 청구권으로서 첫 경매개시결정 등기 전에 등기되었고 매각으로 소멸하는 것을 가진 채권자

5 배당기일의 지정 및 통지

(1) 배당기일의 지정

① 지정 : 매수인이 매각대금을 지급하면 법원은 배당에 관한 진술 및 배당을 실시할 기일(배당기일)을 정해야 한다(민사집행법 제146조).

② 대금지급기한의 지정(불요) : 매수인이 매각대금을 지급하면 3일 안에 배당기일을 지정하되, 배당기일은 대금지급 후 4주 내로 정하도록 되어 있다. 보통은 대금지급 후에 배당기일을 지정함이 원칙이나 매수인이 적법하게 채무인수 신청 또는 차액지급 신청을 한 경우에는 바로 배당기일을 정하고 대금지급기한을 정할 필요는 없다(민사집행법 제143조).

(2) 배당기일의 통지

① 통지 대상 : 법원은 배당기일을 정하고 이해관계인과 배당을 요구한 채권자에게 이를 통지하여야 한다(민사집행법 제146조).

② 도달 시기 : 배당기일 통지는 각 채권자와 채무자에 대하여 늦어도 배당기일 3일 전에 도달될 수 있도록 하여야 한다. 배당기일 3일 전보다 뒤에 통지가 도달되면 민사집행법(제149조 제1항)의 3일간의 배당표 열람기간을 지킬 수 없기 때문이다.

6 배당표의 작성

(1) 배당표 원안의 작성

① 배당표 원안 : 배당표 원안이란 채권자들이 제출한 계산서와 기록을 기초로 하여 집행법원이 채권자들에 대한 배당액 그 밖에 배당실시를 위해 필요한 일정 사항을 적은 문서로서 배당기일에 채권자들로 하여금 배당에 관한 의견을 진술시키는 기초가 된다.

② 확정 시기 : 이 배당표는 집행법원이 작성하는 것만으로 확정되는 것이 아니고 배당계획안에 불과하다. 배당기일에 채권자들 사이에 합의가 성립하거나 이의가 없을 때 비로소 배당표로서 확정된다.

(2) 이의제기

① 정정 : 배당표 원안을 작성한 후에도 배당표 원안에 적은 내용에 관하여 잘못된 계산 등 분명한 잘못이 있다면 신청 또는 직권에 의해 정정할 수 있다.

② 비치 및 열람 : 집행법원은 배당기일에 출석한 이해관계인과 배당을 요구한 채권자를 심문하여 배당표를 작성해야 하지만 그에 앞서 채권자와 채무자에게 보여주기 위해 배당기일 3일 전에 배당표 원안을 작성하여 비치해야 하고 이해관계인에게 열람을 허용해야 한다.

	법 원		

배 당 표

2025 타경 12345   부동산임의경매

배 당 할 금 액		금		
명 세	매 각 대 금	금		
	지 연 이 자	금		
	전 낙 찰 인 의 경 매 보 증 금	금		
	항 고 보 증 금	금		
	보 증 금 이 자	금		
집 행 비 용		금		
실 제 배 당 할 금 액		금		
매 각 부 동 산		별지와 같음		
채 권 자				
채 권 금 액	원 금			
	이 자			
	비 용			
	계			
배 당 순 위				
이 유				
채 권 최 고 액				
배 당 액				
잔 여 액				
배 당 비 율				
공 탁 번 호 (공 탁 일)		금제 호 (. . .)	금제 호 (. . .)	금제 호 (. . .)

7 | 배당기일

(1) 배당표의 확정 (민사집행법 제149조 제2항, 제159조)

① 확정 : 법원은 미리 작성한 배당표 원안을 배당기일에 출석한 이해관계인과 배당을 요구한 채권자에게 보여주고 그들을 심문해 의견을 듣고 또 즉시 조사할 수 있는 증거를 조사한 다음 이에 기해 배당표 원안에 추가·정정할 것이 있으면 추가·정정하여 배당표를 완성·확정한다.

② 이의제기 : 배당표에 대하여 이의가 있으면 그 이의가 있는 부분에 한하여 배당표는 확정되지 아니한다(민사집행법 제152조 제3항 참조).

③ 합의에 따른 작성 : 배당기일에 출석한 이해관계인과 배당을 요구한 채권자가 합의한 때에는 이에 따라 배당표를 작성하여야 한다.

④ 확정 효과 : 배당표에 대하여 이해관계인이나 배당요구 채권자의 이의가 없어 그대로 확정되면 법원 및 각 채권자와 채무자는 이에 기속된다.

(2) 배당표에 대한 이의

1) 이의제기할 수 있는 자 및 이의시기

① 이의신청자 : 기일에 출석한 채무자 및 각 채권자는 배당표의 작성·확정 및 실시와 다른 채권자의 채권 또는 그 채권의 순위에 대하여(단, 채권자는 자기의 이해에 관계되는 범위 내) 이의 신청할 수 있다.

② 채무자 : 다만, 채무자는 민사집행법에 따라 법원에 배당표 원안이 비치된 이후 배당기일이 끝날 때까지 서면으로 이의 신청할 수 있다. 여기서 말하는 채무자란 임의경매에 있어서는 담보 부동산의 소유자를 포함하는 개념이다. 채권자 중에는 가압류 채권자도 포함된다. 강제집행의 일시 정지의 사유가 있는 채권자도 이의를 신청할 수 있다.

③ 배당기일 통지를 받고도 출석하지 아니한 채권자는 배당표와 같이 배당을 실시하는 데에 동의한 것으로 보며(민사집행법 제153조 제1항), 그 채권자에 관한 한 배당표는 확정되나 채권자가 기일에 출석하지 아니한 다른 채권자의 채권에 관해 이의 제기한 경우에는 출석하지 아니한 채권자는 그 이의가 정당하다고 인정하지 않은 것으로 본다. 이의는 채무자를 제외하고는 배당기일에 출석해 진술할 것을 요한다.

2) 이의 방법

① 구두, 서면 (민사집행법 제151조 참조)

채무자는 배당기일에 출석하여 이의할 수 있고 배당표 원안이 비치된 이후에는 배당기일이 끝날 때까지 서면으로도 이의제기할 수 있다. 반면에 채권자는 반드시 배당기일에 출석하여 이의를 진술해야 한다.

② 명시 방법 : 이의는 어느 채권에 대하여 어느 한도에서 그 존재 또는 우선권을 다투는지를 명시해야 한다. 즉, 배당표 원안에 적힌 내용을 어떻게 경정할 것을 요구할 것인지 구체적으로 명시해야 한다. 따라서 이의의 상대방과 그 범위를 명시하지 아니한 이의는 부적합하다.

3) 배당이의의 소제기 등의 증명

① 증명 방법 : 이의제기한 채권자나 채무자가 제출해야 할 소제기의 증명은 수소법원의 소제기 증명서, 변론기일 통지서 등을 제출하는 방법으로 하면 된다. 집행법원은 이의채권자가 소정 기간 내에 관할법원에 이의의 소를 제기했는지, 그 소가 이의와 관계가 있는 적법한 소인지를 심사해야 하며 소의 내용이 위와 같은 사항을 흠결한 때에는 그 소제기의 증명은 배당 실시를 유보하는 효력은 없다. 1주의 법정기간은 법원이나 당사자가 연장, 추후 보완도 허용되지 않는다.

② 취하와 배당 : 소제기 증명을 하지 아니한 경우에는 이의가 취하된 것으로 보게 되므로(민사집행법 제154조 제3항), 법원은 유보되었던 배당을 실시해야 한다.

8 │ 배당이의의 소

(1) 소제기 : 배당기일에 배당표에 대한 이의가 완결되지 아니하면 이의를 한 채권자 또는 집행력 있는 집행권원의 정본을 가지지 않은 채권자에 대하여 이의를 한 채무자는 이의의 상대방을 피고로 배당이의의 소를 제기하고 배당기일부터 1주 이내에 집행법원에 그 사실을 증명해야 한다.

(2) 증명 미제출 : 이에 해당하는 자가 배당기일부터 1주 이내에 배당이의의 소제기 증명을 제출하지 못하면 이의가 취하된 것으로 본다.

9] 배당 실시

(1) 배당을 실시해야 할 경우

1) 배당이의가 없는 경우 (민사집행법 제153조 제1항)

① 채권자 및 채무자로부터 적법한 이의가 없는 경우 또는 배당기일에 출석하지 아니함으로 인해 배당표와 같이 배당을 실시하는 데에 동의한 것으로 보는 경우에는 법원이 작성한 배당표 원안이 그대로 확정되므로 이에 따라 배당을 실시한다.

② 매수인이 배당액과의 차액지급에 의해 대금을 지급한 때와 매수인이 배당받을 채권자에 대한 채무를 인수한 경우에는 그 자에 대하여는 현실의 배당을 실시하지 않는다.

2) 배당이의가 있는 경우

① 완결된 경우 : 이의가 있었으나 이의가 완결된 경우는 이해관계인이 이의를 정당하다고 인정하거나 다른 방법으로 합의한 때에는 이의가 완결되는데, 이의가 완결되면 완결된 내용대로 배당표가 확정되므로 법원은 완결된 내용에 따라 배당표를 경정해야 하고 배당을 실시한다.

② 완결되지 않은 경우 : 이의가 있고 이의가 완결되지 않았으나 이의 없는 부분은 이의가 없는 부분에 한해서 배당을 실시해야 한다.

③ 판결 확정 : 배당이의의 소 등의 승소 판결이 확정되었음이 증명된 경우는 배당이의의 소 등에 있어서 원고 청구의 전부 또는 일부 인용의 판결이 확정되었음이 증명된 때에는 판결내용에 따라 배당을 실시한다.

(2) 배당액 지급 등의 절차

1) 주택·상가건물 임대차보호법

① 임차인의 명도 : 주택 및 상가건물 임대차보호법의 규정에 의해 우선변제권이 인정되는 임대차 보증금도 임차인이 임차 목적물을 매수인에게 인도하지 아니하면 이를 수령할 수 없으므로 임차물의 인도를 조건으로 배당액을 공탁하고 목적물의 인도를 증명한 때에 이를 지급하도록 한다.

② 전세권과 명도확인서(필요) : 전세보증금의 반환도 전세목적물의 반환과 동시이행 관계에 있으므로 전세권의 경우도 명도확인서가 필요하다. 소액

임차인의 경우 주택임대차보호법 제8조에서 같은 법 제3조의2 제3항을 준용하지 않으므로 명도확인서를 제출해야 한다.

③ 명도를 입증하는 서류 : 목적물의 인도를 증명하는 증거로는 보통 매수인이 작성한 인도(명도)확인서를 제출하도록 하고 있으나 반드시 이에 한하지 않는다. 예컨대 배당기일 전에 미리 인도명령이 발동된 경우에는 인도집행 조서, 그밖에 이사확인서와 변경된 주민등록 등본 및 공무소에의 조회 등을 통한 새로운 점유자의 확인 등을 종합적으로 고려하여 판단하면 될 것이다.

(3) 배당금 지급

배당기일에 출석한 채권자에 대하여는 법원보관금취급 규칙에 따라 배당금을 지급한다.

(4) 배당 순위

0순위	집행비용, 저당물의 제3취득자가 그 부동산의 보존·개량을 위하여 지출한 필요비·유익비(민법 제367조)
1순위	소액 보증금채권, 최종 3개월분 임금과 최종 3년간의 퇴직금 및 재해 보상금
2순위	집행의 목적물에 대하여 부과된 국세·지방세와 가산금(당해세)
3순위	근저당권, 저당권, 당해세 외의 국세 및 지방세, 전세권에 의하여 담보되는 채권, 확정일자(주택·상가)에 의한 우선변제권
4순위	근로기준법(제37조 제2항)의 임금 등(3개월·3년분 초과한 임금·퇴직금)
5순위	국세·지방세 및 이에 관한 체납처분비, 가산금 등의 징수금(다만 법정기일 등이 담보물권 설정등기 이전인 경우에는 후순위 담보물권의 피담보채권과 일반 임금채권에 앞선다.)
6순위	공과금(산업재해보상 보험료, 국민건강보험료, 국민연금보험료, 고용보험료)
7순위	일반채권(일반채권자의 채권과 재산형·과태료 및 국유재산법상의 사용료·대부료·변상금 채권

1) 가압류 등기 후의 저당권의 효력과 우선 순위

① 1순위 : 가압류권자, 2순위 : 저당권자, 3순위 : 가압류권자(혹은 압류권자)인 경우

⊙ 1순위(가압류)·2순위(저당권) : 1번 가압류권자와 2번 저당권자 사이에서는 2번 저당권자가 1번 가압류권자에 대항할 수 없어 저당권도 채권으로 취급되니 동순위로 안분(균등)배당 된다.

ⓛ 2순위(저당권)·3순위(가압류) : 2번 저당권자와 3번 가압류권자 사이에서는 2번 저당권자가 저당권의 물권적인 효력으로 3번 가압류 채권자에 우선하여 먼저 배당된다.

ⓒ 1순위(가압류)·3순위(가압류) : 가압류는 채권이라서 우선변제의 권리 자체가 없다. 따라서 1순위 가압류권자와 3순위 가압류권자는 순위가 없는 동순위이다. 3순위 가압류가 1순위 가압류에 흡수배당은 되지 않는다.

ⓔ 안분배당 후 흡수배당 : 따라서 1번, 2번, 3번 각 채권자의 채권액을 기초로 먼저 안분배당한 후, 2번 저당권자와 3번 가압류권자 사이에서 저당권자의 채권액을 만족시키는 금액까지 3번 가압류권자의 배당액을 저당권자에게 흡수시켜 배당한다(94마417).

2) 집행의 목적물에 대하여 부과된 국세·지방세와 가산금(당해세)

경매 목적부동산과 관련한 국세·지방세와 가산금은 당해세이므로 근저당, 저당권, 당해세외의 일반적인 국세·지방세보다 앞선다.

3) 전세권

① 전세권의 소멸과 인수 (민사집행법 제91조 제3항, 제4항)

⊙ 구 민사소송법(제608조 제2항)은 경매개시결정등기 후 6월 내에 기간이 만료되는 전세권은 매각으로 소멸한다는 규정이 있었지만 지금은 삭제하여 기간은 관련 없다. 지상권·지역권·전세권 및 등기된 임차권은 저당권·압류·가압류 채권(이하에서는 저당권 등이라 한다.)에 대항할 수 없는 것은 매각으로 소멸하고, 대항할 수 있는 것은 매수인이 인수하되, 다만 위의 용익권 중 전세권은 저당권 등에 대항할 수 있더라도 민사집행법(제88조)에 따라 배당요구하면 매각으로 소멸된다.

ⓛ 본래 전세권은 민사집행법(제91조)에 의해 절차법적 사유로 소멸하는 경우와 존속기간 만료 등의 실체법적 사유로 소멸하는 경우가 있다. 그런데 존속기간에 대하여는 전세권은 지상권이나 지역권과는 다르다.

즉, 지상권이나 지역권은 존속기간이 만료되면 당연히 소멸하고 묵시적 갱신 제도가 없지만 건물에 대한 전세권은 법정 갱신 제도(민법 제312조 제4항)를 두고 있고, 또한 전세권이 소멸한 때에는 그 부동산 전부에 대해 후순위 권리자 기타 채권자보다 전세금의 우선변제를 받을 권리가 있다고 규정(민법 제303조 제1항 후단)하고 있다. 건물 전세권은 존속기간 만료로 소멸해도 전세권자는 그 부동산 전부에 대해 후순위 권리자 기타 채권자보다 전세금의 우선변제를 받을 권리가 있다.

ⓒ 존속기간 만료로 전세권이 소멸되었더라도 전세금의 우선변제를 청구(배당)하지 아니한 최선순위의 전세권은 전세금의 우선변제권만으로도 저당권 등에 대항할 수 있는 권리이다(민사집행법 제91조 제3·4항).

② 주택임대차보호법 또는 상가건물임대차보호법과의 중첩적 적용

ⓐ 전세권의 목적물이 주택이나 상가건물인 경우, 임차인으로서 우선변제를 받을 수 있는 권리와 전세권자로서 우선변제를 받을 수 있는 권리는 근거규정 및 성립요건을 달리하는 별개의 것이므로, 전세권자가 주택임대차보호법상의 우선변제 요건도 갖춘 경우에는 위 법에 의한 보호도 받게 된다(93다39676 등).

ⓑ 전세권자가 상가건물임대차보호법의 우선변제 요건을 갖춘 경우에도 달리 볼 이유가 없다. 따라서 전세권등기 일자로는 매각으로 소멸하는 것처럼 보이는 전세권이라도 위 각 법 소정의 대항요건을 갖춘 것으로서는 최선순위인 경우에는 임차권자로서 저당권 등에 대항할 수 있다(93다10552, 10569 참조).

ⓒ 집합건물이 아닌 건물과 그 부지 중 건물에만 전세권설정 등기를 한 경우라도 전세권자가 주택임대차보호법이나 상가건물임대차보호법상의 우선변제권의 요건을 갖춘 경우에는 그 부지의 매각대금에서도 배당을 받게 되는 경우가 있다. 또한 전세권설정 계약서에 날인된 등기소의 접수인도 확정일자로 보아야 하므로(2001다51725), 부지의 매각대금에 대한 배당순위도 전세권등기 일자를 기준으로 판단해야 하는 경우가 있음을 유의해야 한다.

4) 근로자의 임금채권

① 현행 근로기준법(원칙) : 개정된 근로기준법(97. 12. 24)은 구 근로기준법(제30조의2 제2항)을 개정해 질권이나 저당권에 의해 담보된 채권보다 우선하여 변제받을 수 있는 퇴직금의 범위를 최종 3년간의 퇴직금으로 제한하고, 퇴직금은 계속 근로 연수 1년에 대해 30일분의 평균 임금으로 계산하

도록 하였다(근로기준법 제37조 제2항, 제3항).

② 예외 : 다만 부칙에 경과 규정을 두고 개정법의 시행 전에 퇴직한 근로자의 경우에는 1989. 3. 29. 이후의 계속 근로연수에 대한 퇴직금을 우선변제의 대상으로 하고(부칙 제2조 제1항), 개정법 시행 전에 채용된 근로자로서 개정법 시행 후에 퇴직하는 근로자는 1989. 3. 29.이후부터 개정법 시행 전까지의 계속 근로 연수에 대한 퇴직금에 개정법 시행 후의 계속 근로 연수에 대하여 발생하는 최종 3년간의 퇴직금을 합산한 금액을 우선변제의 대상으로 하며(부칙 제2조 제2항), 계속 근로연수 1년에 대하여는 30일분의 평균임금으로 하되, 우선변제의 대상이 되는 퇴직금은 250일분의 평균임금을 초과할 수 없다(부칙 제2조 제3항, 제4항).

③ 배당요구서에 붙여야 할 배당요구의 자격을 소명하는 서면

근로자가 집행법원에 근로기준법(제37조)에 정해진 임금채권 우선변제권에 기한 배당요구를 하는 경우에는 판결 이유 중에 배당요구 채권이 우선변제권 있는 임금채권이라는 판단 있는 법원의 확정판결이나 노동부 지방사무소에서 발급한 체불금품확인서 중 하나와 아래의 서류이다.

㉠ 사용자가 교부한 국민연금보험료 원천공제계산서

㉡ 원천징수 의무자인 사업자로부터 교부받은 근로소득에 대한 원천징수 영수증

㉢ 국민건강보험공단이 발급한 국민건강·연금보험료 납부사실확인서 중 하나를 소명자료로 첨부해야 한다.

④ 최종 3월분의 임금

최종 3월분의 임금채권의 범위는 퇴직 시기를 묻지 않고 사용자로부터 지급받지 못한 최종 3월분의 임금을 말하며 반드시 사용자의 도산 등 사업 폐지 시로부터 소급하여 3월 내에 퇴직한 근로자의 임금채권에 한정해 보호하는 취지는 아니다(95다48650).

⑤ 최종 3년간의 퇴직금

1989년 3월 29일 이후부터 같은 법 시행 전까지의 계속 근로 연수에 대한 퇴직금에 같은 법 시행 후의 계속 근로 연수에 대하여 발생하는 최종 3년간의 퇴직금을 합산한 금액을 우선변제 받을 수 있다(근로기준법).

5) 국세, 지방세

조세채권의 순위

❶ 당해세 최우선 (단 96. 1. 1.이후에 성립한 당해세의 당해세 우선의 효력은 당해세 우선을 규정한 법률이 제정되기 전에 이미 성립한 근저당권(1995. 12. 31.까지의 근저당권) 등에 대하여서까지 소급하여 미친다고 볼 수는 없다.
❷ 그 외의 조세채권은 동순위 (조세채권끼리 법정기일은 문제가 안됨)
❸ 단, 압류가 있으면 압류와 관련된 조세는 다른 조세에 우선함(압류 선착주의)
❹ 조세의 법정기일은 피담보채권 (저당권, 전세권, 확정일자부 임차권) 등과의 우선 순위를 가릴 때 필요하다. 따라서 1번 조세채권(법정기일 선순위), 2번 저당권, 3번 압류등기된 조세채권인 경우는 1번이 2번에, 2번이 3번, 3번이 1번에 앞선다. 순환 배당한다.

① 국세의 법정기일

㉠ 과세표준과 세액의 신고에 의하여 납부의무가 확정되는 국세(법인세·부가가치세·특별소비세·주세·증권거래세·교육세, 중간 예납하는 법인세와 예정 신고하는 부가가치세도 마찬가지)에 있어서 신고한 당해 세액 : 신고일

㉡ 과세표준과 세액을 정부가 결정·경정 또는 수시부과 결정하는 경우는 고지한 당해 세액 : 납세고지서의 발송일

㉢ 원천징수의무자 또는 납세조합으로부터 징수하는 국세(소득세)와 인지세 : 납세의무 확정일(성립하는 때 특별한 절차 없이 확정)

㉣ 제2차 납세의무자 : 국세징수법 제2조의 규정에 의한 납부통지서의 발송일

㉤ 양도담보의 경우 : 국세징수법 제13조의 규정에 의한 납부통지서의 발송일

㉥ 압류 이후 발생한 체납된 국세 및 가산금 : 법정기일이 압류등기일 또는 등록일 이후인 경우에도 압류 등기일·등록일을 법정기일로 본다. 납세의무가 성립한 국세의 체납세액에 관하여는 그 법정기일을 당초의 압류등가·등록일로 보아 저당권 등의 피담보채권과 우위 여부를 따져야 하고, 1993. 12.31. 이후에 납세의무가 성립한 체납세액에 대하여는 국세징수법(제24조 제2항) 소정의 확정 전 보전압류가 된 경우에 한하여 소급해 압류등가·등록일이 법정기일이 된다.

② 지방세의 법정기일

개정된 지방세법도 국세와 거의 동일한 기준에 따라 법정기일을 규정하고 있

다. 즉, 지방세의 경우에도 그 부과방식의 차이에 따라 신고일 또는 납세고지서 발송일이 그 법정기일이 되고, 특수징수 의무자(징수의 편의상 일정한 자에게 징수·납입 의무를 부과하는 경우)로부터 징수하는 지방세에 대하여는 원천징수 의무자에 대한 경우와 마찬가지로 그 납세의무의 확정일이 법정기일이 되며, 그밖에 국세에 관한 위 ④, ⑤, ⑥항의 원칙이 그대로 지방세에 적용되어 해당 법정기일이 된다.

③ 당해세 우선

당해세는 집행의 목적물에 대하여 부과된 조세와 가산금이다.

㉠ 당해세의 종류

ⓐ 국세 : 국세에 관하여는 국세기본법(제35조 5항)에서 당해세 우선의 원칙이 적용된다. 상속세·증여세와 종합부동산세로 한정한다.

ⓑ 지방세

지방세 중에서 재산세와 자동차세는 당해세로서 우선한다. 또한 도시계획세는 도시계획구역 안의 토지 또는 건축물을 과세대상으로 하는 것이므로 당해세로 우선 배당한다. 하지만, 취득세·등록면허세, 농지세·공동시설세 등은 당해세에 해당하지 않는다.

제 8 절   경매의 취소 등

1   매각절차의 정지, 취소

(1) 집행 정지

다음의 문서가 집행법원에 제출되면 매각절차를 정지된다(민사집행법 제266조). 별도로 정지결정이나 경매신청인에게 통지를 해야 하는 것도 아니다.

1) 담보권의 등기가 말소된 등기사항증명서의 등본(1호)

2) 담보권 등기를 말소하도록 명한 확정판결의 정본(2호)

확정 판결과 동일한 효력이 있는 화해, 포기, 청구인락조서 및 조정조서를 포함한다.

3) 담보권이 없거나 소멸되었다는 취지의 확정판결의 정본(3호)

이에 해당하는 것으로는 저당권 부존재의 확인판결, 담보권의 대상인 채권의 존재확인청구의 기각판결 등이 있으며 이 역시 확정판결과 동일한 효력이 있는 것을 포함한다. 일반적으로 제3자 이의의 소에 있어서 청구인용의 확정판결도 본 호에 해당하는 것으로 해석한다.

4) 채권자가 담보권을 실행하지 아니하기로 하거나 경매신청을 취하하겠다는 취지 또는 피담보채권을 변제받았거나 그 변제를 미루도록 승낙한다는 취지를 적은 서류(4호)

① 민사집행법 제49조 4호·6호에 대응하는 서류이다. 다만, 담보권의 실행을 하지 아니하기로 하거나 경매신청을 취하하겠다는 취지를 기재한 서류는 민사집행법 제49조 6호에서와는 달리 사문서라도 무방하다.

② 피담보채권을 변제받았거나 그 변제를 미루도록 승낙한다는 취지를 기재한 서류가 화해조서의 정본 또는 공정증서의 정본이 아닌 경우에는 민사집행법 제51조가 준용되어 정지 기간의 제한을 받게 된다(민사집행법 제275조).

5) 담보권 실행을 일시 정지하도록 명한 재판의 정본(5호)

① 본 호의 문서의 예로서는 채무부존재 확인의 소 또는 근저당권 설정등기 말소청구의 소에 따른 매각절차의 일시정지결정(민사집행법 제46조 2항, 275조), 경매개시결정에 대한 이의신청에 따른 매각절차의 일시정지결정(민사집행법 제48조 3항, 275조) 등이 있다.

② 다만, 이 가운데 경매개시결정에 대한 이의신청에 따른 매각절차의 일시정지결정과 같이 집행법원이 재판기관이 되어 정지결정을 발한 경우에는 그 결정이 당사자에게 고지되기 전이라도 이후의 절차를 진행할 수 없으며(70마4 참조), 이러한 경우에도 매각절차의 정지에 당사자로부터 정지결정의 정본을 제출해야 하는 것은 아니다.

(2) 매각절차의 취소

1) 민사집행법 제266조 제1항 1호 내지 3호의 서류의 경우와 4호의 서류가 화해조서의 정본 또는 공정증서의 정본인 경우에는 집행법원은 이미 실시한 매각절차를 취소해야 한다(민사집행법 제266조 제2항).

2) 절차를 취소하는 경우에는 정지의 경우와는 달리 경매의 신청인과 상대방(채무자와 소유자)에게 고지하여야 하며(민사집행법규 7조), 그 주문례는 "별지기재 부동산에 대한 매각절차를 취소한다"라는 식으로 하면 될 것이다. 위 취소결정에 대하여는 즉시항고를 할 수 없다(민사집행법 제266조 3항). 취소결정이 있으면, 법원사무관 등은 즉시 경매개시결정 등기의 말소를 등기관에게 촉탁해야 한다(민사집행법 제141조·제268조).

2 경매신청의 취하

(1) 취하의 방식

① **압류의 효력** : 경매신청의 취하는 경매신청인이 스스로 경매법원에 대하여 경매신청을 철회하는 소송행위를 말하는 바, 부동산에 대한 강제경매절차는 채권자의 경매신청에 의하여 개시됨으로 경매신청인이 이를 취하할 수 있음은 물론이며 신청인의 경매신청의 취하에 의하여 압류의 효력은 소멸하고, 경매절차는 당연히 종료하게 된다. 따라서 별도로 경매절차 내지 경매개시결정을 취소할 필요는 없다.

② **취하서 제출** : 매각허가결정에 대한 즉시항고가 있어 기록이 상소법원에 송부된 후에는 상소법원에 취하서를 제출하여야 한다. 취하서에는 인지를 첨부하지 않고 문서건명부에 이를 등재하여 접수한다. 취하서를 접수하는 경우는 취하서를 2통을 제출하도록 하여 1통은 기록에 편철하고, 1통은 말소등기촉탁시에 원인증서로 사용한다.

(2) 취하의 철회(불인정)

① **신청자** : 경매신청을 취하할 수 있는 자는 경매절차가 개시된 후에 경매신청의 기본인 채권에 관하여 승계가 생긴 경우에는 승계인이 승계집행문을 부여받아 이를 집행법원에 제출할 때까지는 종전의 집행 채권자가 취하할 수 있고 그 이후에는 승계인이 취하할 수 있다.

② **동의와 송달** : 적법한 신청의 취하가 있으면 그 사건은 법률의 규정에 의해 종결의 효과가 발생한다. 신청사건에서는 상대방의 취하 동의 여부나 취하서를 상대방에게 송달하였는지 여부는 종결의 효과가 발생하는데 아무런 상관이 없다. 신청의 취하는 법원에 대한 소송행위이기 때문이다.

③ **철회** : 그 후 당사자가 그 신청을 철회한다고 하여 이미 종료된 신청사건이

다시 부활하지 않는다. 취하 후에 그 철회를 인정한다면 당사자가 자의로 신청사건의 계속 여부 또는 소송의 휴지(休止) 여부를 좌우하게 되어 이는 직권진행 주의에 반한다.

(3) 취하할 수 있는 자

① 경매신청을 취하할 수 있는 자는 경매신청인이다.

② 강제경매의 경우에는 경매절차가 개시된 후에 경매신청의 기본인 권리에 관하여 승계가 생긴 경우에도 포괄 승계이건 특정승계이건 간에 승계인이 승계집행문을 부여받아 이를 집행법원에 제출할 때까지는 종전의 집행채권자가 취하할 수 있고 그 이후에는 승계인이 취하할 수 있다.

(4) 취하의 방식

① 취하 신청 : 취하의 의사표시는 집행법원에 하며 매각기일이 개시된 후에는 집행관에게 취하는 할 수 없다. 매각허부 결정에 대한 즉시항고의 기록이 항고법원에 송부된 후에는 항고법원에 취하서를 제출하여야 한다.

03 경매 물건의 분석

제 1 절 공통적인 분석 사항

1 정부의 개발관련 계획

(1) 토지이용계획확인원의 확인

입찰하려는 부동산의 용도지역·용도지구·용도구역과 도시계획상 이용 및 개발을 제한하는 공법상 행위제한 사항(국토의 계획 및 이용에 관한 법률)이 있는지 등을 토지이용계획확인원을 통해 점검해 보아야 한다. 이 부분을 확인해 보면 통상 어느 지역이 개발 잠재력이 높은지 확인 가능하며 미래의 수익성 판단에도 도움이 된다.

참고 : 토지이용계획확인원의 확인 사항

항목		기재 내용
지역·지구 등 지정 여부	국토의 계획 및 이용에 관한 법률에 따른 지역·지구 등	국토의 계획 및 이용에 관한 법률에 의해 지정된 지역·지구
	다른 법령 등에 따른 지역·지구 등	농지법, 산지관리법 등에서 지정된 지역·지구
	시행령 부칙 제3조에 따른 추가기재 확인 내용	국토이용정보체계의 미비로 과거의 발급 방법에 의해 발급되는 경우는 과거 토지이용계획 확인서에 확인할 수 없는 내용은 이 부분에 추가로 기재
토지이용규제 기본법 시행령에 해당하는 사항		토지거래허가구역, 국토교통부령으로 정한 사항 중 일반 국민에게 지정된 내용을 알릴 필요가 있는 사항

(2) 부동산 소재지의 중개사무소를 통한 개발정보 확인

중개사무소는 통상적으로 부동산 소재지 주변의 부동산에 대한 개발정보를 비교적 정확하고 자세하게 알고 있다. 따라서 응찰 전에 중개사무소를 방문하여 시세도 알아보고 개발정보에 대한 자문을 받아 보는 것이 좋다.

2] 생활 편리지수의 파악

(1) 좋은 교육환경

① **좋은 환경** : 서울 강남, 목동, 강서, 중계, 경기도 일산, 분당은 주변지역에 비해 학원 등의 교육환경이 좋아 주택가격이 월등히 높다. 주거지역의 선택은 학교·학원 위치 여부가 중요하다. 초·중·고등학교에 근접한 지역의 물건이 그렇지 못한 지역보다 임대나 매매가격이 높고 거래도 활발하다.

② **쾌적한 환경** : 쾌적한 녹지 환경은 중요하며 공동주택이면 대지권 면적이 크다면 주차장 등 공간이 넓어서 투자가치로 좋다. 소각장, 폐수처리시설, 장례식장, 정신병원, 위험시설, 유흥시설, 공장 또는 고압선이 지나는 등의 혐오시설이 있는 지역의 부동산은 가급적 피해야 한다. 이런 시설이 있으면 낙찰 후에 매도하는데 많은 어려움을 겪을 수 있다.

③ **편리한 교통** : 부동산의 위치는 교통이 편리해야 가격상승의 가능성이 높다. 전철역, 버스정류장 등에서 거리가 가까운 지역에 있어야 미래의 가격상승 가능성이 높고 수요자들도 많아 매매가 쉽다.

(2) 조망권·일조권 확인

① **조망권 확인** : 산·강·공원 등의 자연 경치를 바라볼 수 있는 좋은 위치에 있는 물건은 조망권의 위치에 따라 주택가격의 프리미엄이 크게 차이가 발생할 수 있다.

② **일조권 확인** : 부동산은 생활하는데 있어 건강(우울증 등)과도 밀접한 관련이 있기에 햇빛을 받는 것이 육체적·정신적 건강관리를 위해 중요하다. 오래전부터 남향이나 남동향을 선호해 왔고 햇볕이 잘 드는 장소가 복을 받는 곳이라는 전통사상인 풍수지리 사상와 연관되어 선호도가 높다.

3] 매매가격의 확인

감정기관의 감정가격은 아파트는 비교적 현 시세에 정확히 접근하고 있다. 그러나 근린상가, 상가, 다세대, 다가구, 단독주택, 공장, 농지(전·답·과수원) 등은 감정기관의 노력에도 불구하고 정확하지 않은 경우가 많다.

(1) 감정가격(감정평가)의 의심

경매결과는 매수인이 전적으로 책임지므로 감정가에 의존하지 말고 경매 부동산에 대한 정확한 시세 파악이 요구된다. 감정가와 시세만 잘 파악하고 적정한 금액으로 입찰한다면 투자수익을 올릴 가능성이 크다.

① 감정가 문제 : 경매 부동산의 감정 시점과 매각기일과의 기간 차이가 크다면 매각기일을 기준으로 현재 시세와 상당한 가격 차이가 날 수 있다. 최초의 최저낙찰가격을 결정한 후 상당한 시일이 경과되고 부동산 가격에 변동이 있다고 해서 경매법원이 부동산가격을 재평가하지 않으니 감정가격과 시세의 차이로 발생할 수 있는 위험은 입찰자가 부담한다.

② 시세 차이 : 시세에 있어서는 법원경매가 일반 경기에 비하여 후행할 수 있으니 현재의 경기변동을 잘 살피고 같은 지역에서 유사한 물건이 경매로 나왔는지 비교하고 감정가와 시세를 조사해야 한다.

(2) 중개사무소를 통한 정확한 가격의 확인

경매 부동산을 응찰하고자 한다면 부동산 소재지의 중개사무소 여러 곳을 방문하여 부동산에 대한 매매나 임대 가격을 문의하고 입찰해야 한다.

4 │ 경제적 수익성 파악

(1) 입찰부동산의 매매가격은 주변의 중개사무소를 통해 정확하게 확인하고 입찰부동산 소재지 주변에 그동안 매각되었던 부동산의 매각사례(낙찰가율)를 파악하여 정확한 입찰가격을 결정해야 한다. 기존의 낙찰가율, 최근 3개월분의 낙찰가율도 확인해 보며 적정한 금액으로 응찰해야 한다.

(2) 경매부동산을 낙찰받으면 잔금을 납부하고 60일 이내 등기를 하여야 하니 세금총액, 명도비용, 부동산 수리비용 등을 미리 계획하고 준비한다.

(3) 매매가격에서 입찰가격 및 소요된 비용 총액을 공제한 순이익이 어느 정도인가를 확실하게 파악해야 한다. 매매 시 발생할 수 있는 양도소득세의 금액여부를 알아봐야 한다.

순수익 계산 방법

순수익 = 매매가격 - (입찰가격 + 취득시 세금총액 + 명도 및 수리비용 + 양도세금)

제 2 절 개별적 분석사항 (현장답사)

공통 사항은 부동산의 일반적인 사항을 고찰한 것이고 개별적 분석 사항은 부동산 종류별로 세분화하여 좋은 물건을 고르는 기준이다. 이러한 분석은 부동산 종류별로 구분한 것은 어디까지나 참고 사항이며 절대적인 기준이 아니므로 경우에 따라 다를 수 있다.

> **참고 : 현장조사의 필요성**
>
> ① 경매대상 물건에 숨은 하자(권리, 임대차, 물건현황내역 등)가 없는지를 판단한다.
> ② 입찰시점의 정확한 시세조사를 통한 감정평가액의 적정성여부 평가
> ③ 개발호재, 활용방안 등 잠재적 미래가치 평가를 통해 입찰가 반영
> ④ 점유자 성향 파악으로 낙찰 후 인도(명도)협의 비용 및 인도(명도)기간 고려
> ⑤ 취득 후 재매각 가능성 검증 또는 매각 시 거래수요에 대한 정보 획득
> ⑥ 건물의 노후화 정도를 파악해 취득 후 리모델링, 개·보수 비용을 예측해 볼 수 있다.

1 │ 아파트

경매물건 중 가장 일반적으로 투자자들이 선호하고 초보도 비교적 쉽게 접근할 수 있는 물건이 아파트이다. 전망 좋고 교통이 편리하고 장래에 투자가치가 있는 아파트를 선별하는 구체적인 사항을 항목별로 파악해야 성공적인 투자를 할 수 있다.

(1) 교통여건 및 주차공간 확인

   ① 교통 여건 : 대중교통을 이용하는데 편리한지, 불편한지의 여부와 소요 시간까지 확인해 봐야 한다. 버스 및 지하철역이 인근에 소재하는지의 여부가 매우 중요한 요소 중에 하나이다.

   ② 주차 공간 : 주차공간이 충분해야 한다. 인근 아파트와 비교할 때는 전체 가구수 대비 주차가능대수 비율을 보면 된다. 지하·지상 주차장 설비 유무와 감시카메라 체제가 잘 구비되어 있는지도 확인한다.

(2) 시장 등 확인

   근처에 접근하기 편한 재래시장 및 대형마트·백화점·편의점 등의 시장여건 등을 확인해야 한다.

(3) 세대 수, 브랜드 확인

① 세대수 : 세대수는 많아야 좋다. 그래야 편의시설, 공공시설 등이 입점하기 쉽다. 최소한 가구 수는 500세대 이상이어야 좋다.

② 브랜드 : 브랜드가 있어서 누구나 쉽게 알 수 있는 인지도가 높은 건설회사(삼성 래미안, 현대 힐스테이트, 포스코 더샵, 대림 e편한 세상, 대우 푸르지오, GS건설 자이, 롯데 캐슬 등)이면 더욱 좋다.

(4) 대지 지분 확인

① 별도등기 : 아파트 및 연립주택 중 '대지권 없음' 또는 '토지별도등기 있음'이라고 명시된 경우가 있다. 행정절차 상 신규 입주아파트는 토지등기가 늦을 수 있어 큰 문제가 되지 않으나 지주와 시공사와의 갈등으로 토지정리가 끝나지 않거나 시공사(시행사)가 토지를 담보로 대출받은 후 채무를 변제하지 않아 별도등기로 남는 경우 등도 있다.

② 확인 : 토지주와 건물주가 달라 지상권 분쟁이 일어나거나 토지를 별도로 구입해야 하는 손실이 있을 수 있으므로 '대지권 없음' 또는 '토지별도등기 있음'의 내역을 관리사무소 및 중개사무소에서 확인해야 한다.

③ 대지 지분 : 같은 아파트의 같은 평수인 경우를 제외하고는 일반적으로 대지 지분율이 큰 아파트일수록 미래가치는 크다. 대지지분율은 아파트의 주거환경 쾌적성을 나타내는 척도이며 지분율이 높은 아파트는 동과 동 사이의 간격이 넓고 편리한 공간 등의 여유 공간이 많다. 또한 재건축할 경우 대지지분이 클수록 조합원이 무상 입주하게 되는 아파트의 평형이 커지고 추가부담금이 줄어들어 수익성이 높아진다.

(5) 관리비의 확인

① 해당 경매물건의 관리비는 근처의 아파트보다는 더 싼 곳이 좋다. 단지수가 많은 '대단위 아파트'의 관리비가 저렴하다. 경매부동산은 관리비가 체납되는 경우가 많아 확인해야 한다. 난방방식도 확인해서 입찰자가 예상하지 못한 추가비용을 부담하지 않도록 주의한다.

② 일반적으로 32~38평형의 아파트는 전용면적은 25평 정도로 비슷한데 조합 아파트의 경우 주차장 면적 및 공용면적을 넓혀서 분양 평수를 높이고 분양가를 높이는 수법을 쓰곤 한다. 따라서 실입주 목적이라면 분양 평수만이 아

니라 전용면적을 함께 비교해야 한다. 또한 계단식과 복도식 그리고 건축 연도를 확인하여 실제 면적을 정확히 알아야 한다.

(6) 냉난방 설비의 확인

냉난방의 설비에 따라 장단점이 있다. 잘 알아보고 입찰을 봐야 좋다.

구분	지역난방	개별난방	중앙난방
특징	① 일정지역의 난방을 발전소에서 각 세대에 연결해 보내준다. ② 열병합 발전소에서 발전 시 생기는 폐열을 이용해 난방하는 방식으로 저렴하고 편리하다.	① 각 세대마다 난방시스템이 설치되어 있다. ② 대부분 도시가스 연료를 사용하고 중앙난방식에 비해 편리하고 경제적이다.	① 아파트 단지나 동별로 난방을 해서 각 집으로 보내준다. ② 대부분 벙커시유를 연료로 사용해 유지하기도 까다롭고 비경제적이다.
난방비용	낮다.	보통	높다.
선호도	높다.	보통	낮다.

(7) 재건축 아파트의 유의점

① 재건축 언급에 아파트 가격은 천정부지로 치솟아 낙찰가에도 영향을 미쳐 일반 시세보다 상당히 높은 가격에 낙찰되는 사례가 있다. 또한 재건축 가능성만을 믿고 낙찰받아 시작되지도 않아 낭패를 보기도 한다.

② 재개발·재건축을 기대하고 경쟁에 휩쓸리다 보면 중개업소 시세보다 비싸게 낙찰받기도 한다. 고층아파트의 경우 재건축을 해도 더 이상 용적률을 높이기 힘든 경우, 평수를 넓히기 힘들고, 매입비용보다 추가부담금이 더 많을 수도 있고 사업성도 없어서 재건축은 어려운 것이 현실이다.

③ 건물 평수가 크다고 해도 대지지분이 매우 작거나 국·공유지인 경우는 재건축비용을 대부분 부담해야 하므로 수익성이 없는 경우도 발생한다.

2 단독주택

(1) 개념(의의)

단독주택은 주택이 1채이고 소유자도 1명으로 보통 가족이 거주하는 집이다.

근린주택(상가주택)은 건물의 일부는 상가, 다른 부분은 주택으로 사용하는 건물을 지칭한다.

(2) 단독주택 및 근린주택의 점검사항

① 지형 : 대지 형태는 제형(사다리꼴 모양), 부정형(모양이 일정치 않는 형태)보다는 정방형(정사각형)이나 장방형(직사각형)이 좋다. 토지도 모양이 좋아야 여러 가지로 쓰임새가 많고 매매도 유리하다.

② 현장답사 : 지적도와 현장답사를 통해 담장 위치가 정확한지, 대지 일부가 도로로 사용되어 있는지를 확인해 봐야 한다. 법정지상권이 성립할 수 있으니 대지 내에 타인 소유의 건물(창고·헛간, 주차장 등)이나 기타 공작물이 있는지 살펴야 봐야 한다.

③ 제시 외 물건 : 건물이나 공작물이 있고 타인의 것도 아닌데 미등기된 것이 있다면 매각물건명세서나 감정평가서에서 매각금액에 포함 유무('감정가액에 포함'이라 표시)를 확인할 수 있고 경매로 낙찰받게 된다.

④ 용도변경(건물) : 단독주택을 낙찰받아 다세대주택으로 용도변경(허가, 신고, 기재사항변경) 하려면 지역마다 차이가 있으므로 관련 건축법을 반드시 고려해 해당 관청에 문의하여 전환 가능 여부를 사전에 확인해야 한다. 또한, 면적(최소 대지면적), 도로, 주차 관계를 면밀히 확인해야 한다.

3 │ 다중주택, 다가구 주택

(1) 다가구주택의 의의

단독주택의 한 종류로 1개동의 주택으로 쓰이는 바닥면적(지하·주차 면적 제외)의 합계가 660㎡ 이하이고, 주택 층수가 3층 이하이면서 19세대 이하가 거주하고 독립 생활이 가능한 1인 소유의 주택을 말한다. 다중주택은 다가구주택과 비슷하나 공용공간이 있는 고시원, 하숙집 등을 말한다.

(2) 입찰시 점검사항

① 시세 파악

다가구주택은 아파트보다는 매매가 빈번하게 이루어지지 않기 때문에 경매 초보자는 시세 파악하기가 매우 곤란하므로 중개사무소를 통해 시세를 파악해야 한다. 전세금, 보증금 및 월세를 파악해서 임대수익을 계산하여 역으로 매매가를 산정해 보는 것이 좋다.

② 경쟁이 낮은 물건

물건에 하자가 있을 수 있고 임차인이 여러 명으로 임대차 관계가 복잡하면 경쟁률이 높지 않아 싸게 낙찰받을 수 있으나 명도가 까다로울 수 있다. 권리 관계가 복잡하나 개발 가치가 높은 지역은 투자에 매우 유리하다.

③ 도시가스 설치 여부 및 위반 건축물

아파트와 같은 공동주택이면 대부분 도시가스이지만 단독주택이나 다가구는 도시가스가 아닌 경우도 있으니 확인해 봐야 한다. 그러면 매매나 임대도 어려울 수 있으니 충분히 고려해야 한다. 다가구주택과 다중주택은 증축과 확장 등으로 위반 건축물인 경우도 간혹 있는데 이에 철거명령이 나오고 이행하지 않으면 이행강제금이 나올 수 있다.

4 ｜ 공동주택(연립주택, 다세대주택)

(1) 다세대주택·연립주택의 의의

다세대주택은 주택으로 쓰이는 1개 동의 바닥면적(지하·주차장 면적 제외)이 660㎡ '이하'이고 층수가 4개층 이하이며, 연립주택은 4개층 이하이면서 바닥면적이 660㎡를 '초과'하는 주택이다.

(2) 입찰시 점검사항

1) 현장답사

다세대(연립)주택은 부동산 물건마다 위치가 각기 다르며 같은 동의 호수마다 구조가 다를 수 있으니 현장답사를 해야 한다. 경매 물건의 구조를 알아보려면 같은 라인의 호수를 보면 알 수 있다.

① 재개발 파악

일반적으로 노후화된 경우가 많아 제대로 가격을 못 받는 물건으로 치부해 버리는 경우가 있다. 그러나 재개발 지역의 경우 최고의 투자 상품이다. 투자 전문가들에겐 재개발 지역의 연립, 빌라, 다세대주택이 투자 순위가 높다. 그러나 단독주택에 비해 평당 거래가격이 매우 높을 수 있다.

② 주변 환경 파악

주변 상권, 교통여건, 주거환경을 살펴본다. 역세권인가, 상권은 인접해 있는가, 지하철역, 버스 및 대중교통의 편리성 정도는 입찰 시 낙찰가에 상당한 영향을 미치므로 반드시 확인해야 하며 부동산 시세에도 직접적 영향을 미친다.

③ 보수비용 파악

노후된 건물은 매입 후 보수비용이 많이 들어가는 경우가 있다. 그러므로 준공 후 10년 이상 경과된 건물은 반드시 현장 답사해서 확인해야 한다.

④ 사생활 노출 우려 파악

주변의 단독주택 및 다른 다세대 거주자에게 사생활이 노출될 우려가 많으므로 주변 환경 및 사생활 침해 여부에 대한 파악이 필수적이다.

2) 시세 확인

다세대는 시세 파악이 쉽지 않으니 중개사무소 여러 곳을 방문해서 매도금액과 매수금액을 객관적으로 조사해야 한다.

3) 거주자 확인

경매 부동산의 거주자가 누구인지를 꼭 확인해야 한다. 아파트는 관리사무소를 방문하고 우편물 등을 확인하면 대부분은 알 수 있으나 다세대는 우편물과 도시가스·전기·수도 공급 여부 등으로 확인하면 도움이 된다.

4) 도로·주차 확인

① 실수요자는 물론이고 낙찰 후 임대를 위해서라도 생활시설이 만족스러운지 확인해야 하며, 특히 주차장 유무는 임차금액에 큰 영향을 미친다.

② 도로 상황은 나중에 이삿짐이 들어오거나 나갈 때 필수적으로 점검할 사항이다. 불편 여부를 알아보기 위해서 대중교통 수단을 이용해서 가보고 도보로 접근성, 소요 시간을 직접 확인해 볼 필요가 있다.

참고 : 도로의 폭	
① 광로 1류 : 폭 70m 이상 　광로 2류 : 폭 50m ~ 70m 　광로 3류 : 폭 40m ~ 50m	② 대로 1류 : 폭 35m ~ 40m 　대로 2류 : 폭 30m ~ 35m 　대로 3류 : 폭 25m ~ 30m
③ 중로 1류 : 폭 20m ~ 25m 　중로 2류 : 폭 15m ~ 20m 　중로 3류 : 폭 12m ~ 15m	④ 소로 1류 : 폭 10m ~ 12m 　소로 2류 : 폭 8m ~ 10m 　소로 3류 : 폭 8m 미만

5 상가

(1) 상가의 종류

상가에는 보통 단지 내 상가, 근린 상가, 중심상가, 테마 상가(전문상가) 등이 있다. 입지적 특성과 이용하는 소비계층의 소비패턴이 다르니 유의한다.

구분	세부 분류	투자가치
근린상가	① 도로변 상가, ② 역세권 상가, ③ 중심상업지역 내 상가	우수
단지 내 상가	① 아파트단지 내 상가	양호
	② 타운하우스단지 내 상가, 전원주택단지 내 상가, 연립·다세대 단지 내 상가	보통
복합상가	① 주상 복합상가, ② 근린 복합상가	보통
전문테마 상가	① 한방 전문상가, ② 의류 전문상가, ③ 공구 전문상가, ④ 전자 전문상가	미흡
쇼핑몰	① 쇼핑센터, ② 복합쇼핑몰	미흡
	① 스트리트몰, ② 로드숍, ③ 아웃렛몰	양호

참고 : 상가의 종류

(2) 상가 투자시 고려 사항

① 접근성(도보, 차량, 대중교통), 상권 내 인구·가구수(상주·유동 인구)

② 경쟁점포 현황(점포 수, 입지 비교)

③ 입주업종 제한여부(상가 자치규약, 학교환경 위생정화구역)

④ 거래·임대수요 여건, 임대료 및 권리금 수준, 상가 관리상태 및 공실률

⑤ 동선(상가 내부 동선 및 외부 동선)

(3) 현장답사 시 점검사항

① 목적(매매·임대) 파악

임대수익이 목적인지, 매매차익이 목적인지를 정하고 접근해야 한다. 수익성부동산인 상가 및 빌딩은 종합적인 컨설팅 능력이 필요하다. 대상 물건 및 인근의 월임대료, 상권형성 정도 및 구매력, 주변의 배후지 여부와 상주인구, 교통편, 임차인들의 동향 및 명도 소송과 합의 비용 등 집중분석이 필요하며 임대수익을 고려해 입찰에 참여해야 좋은 결과를 볼 수 있다.

요인	투자 목적	실수요 목적
투자종목 선택	① 임대수익, ② 개발이익, ③ 시세차익이 주된 목적으로 그 대상이 되는 종목을 선정	① 거주, ② 영업이 주된 목적이 되는 종목을 선정
수익률 판단	① 투자목적에 맞는 적정 수익률 고려 ② 실수요 목적의 부동산보다는 다소 낮은 입찰가 산정이 일반적	수익률보다는 취득이 우선으로 단지 시세보다 적정 수준, 저렴하면 된다는 정도에서 입찰가 산정
입찰가 선정	적정 수익률에 기한 보수적 입찰가 산정	적극적, 공격적 입찰가 산정
입지환경 선택	① 개발가능성이 있는 노후·불량한 지역, 재개발·재건축이 농후한 지역 등 선호한다. ② 지하철 개통, 도로 개설, 관공서 이전 등 개발 호재가 있는 요인을 선택한다.	① 주택가 정비가 잘되어 있고, 편의시설(공원·쇼핑·학교·관공서 등)이 잘 갖춰진 지역 선호 ② 접근성이 양호하고 주차시설이 잘 갖춰져 있으며 쾌적한 환경 등 주변 환경적 요인을 살핀다.
투자기간 설정	비교적 단기간 내 투자목적 실현 욕구가 강하다.	비교적 중·장기적인 보유한다.

② 상권분석(위치 확인)

건물의 분할 부분을 낙찰받을 경우는 점포의 위치에 따라 많은 차이가 있다. 따라서 상권분석 시 주위 시세 및 층별, 위치별 권리금 정도와 시세는 필히 확인해야 하고 업종 선택에 맞는 상권분석은 필수이다.

③ 내부 확인

임차인 또는 종전소유자가 설치해 놓은 내부시설이 감정평가에서 제외되는 경우가 종종 있다. 낙찰 후 시설의 처리 문제가 발생할 수 있다.

④ 명도의 난이 파악

상가 임차인들이 집단으로 대응하는 경우는 그 기간 동안의 금융비용 손실과 많은 명도 집행비용을 감수해야 한다. 입찰 전에 상가임차인들의 동향에 대한 충분한 조사가 필요하다.

⑤ 인수해야 하는 권리(법정지상권, 전세권, 유치권 등) 파악

빌딩은 근저당과 함께 지상권이 설정된 경우가 많다. 건축할 때 금융기관에서 토지를 담보로 대출해 주면서 근저당과 함께 지상권을 설정하는 것이 관례이기 때문이다. 선순위 근저당과 같은 날짜에 지상권이 설정되었더라도 근저당보다 등기번호가 늦으면 소멸되지만, 앞서면 인수해야 한다. 또한 건축 도중 경매가 진행될 때 건축(건설)업자가 유치권을 행사하는 수 있고, 건물 등기가 나지 않은 빌딩은 감정평가액에서 제외되어 법정지상권 성립여부에 따라 철거소송, 매도청구 소송이 필요할 수 있으니 주의한다.

(4) 입찰시 점검사항

① 대항력 유무

2002년 11월 상가건물임대차보호법이 시행되었다. 임차인의 환산보증금이 일정 범위 내에 있고 대항력(인도와 사업자등록 신청일의 다음날)을 갖추었다면 때로는 매수인이 상가의 임대보증금을 인수해야 할 경우가 생긴다. 주택(세대열람)과는 달리 관할 세무서에서 열람이 어려우니 주의한다.

② 지하층 여부

보통 고객은 지하로 내려가는 것은 싫어하니 가급적 지하층은 피하고 1, 2층을 낙찰받는 것이 좋다. 상가는 전면이 넓고 주민들의 이동이 많은 곳이 좋다.

③ 권리금 유무

주변 상가들의 권리금(장소적인 이익의 대가)이 있으면 수익률이 높다. 임대료나 권리금은 여러 중개사무소와 근처에서 영업하고 있는 상인이나 이를 잘 아는 주위 사람들에게 반드시 확인해야 한다.

6 공장

공장은 '공장 및 광업재단 저당법'에 의한 공장재단으로 재산의 단체를 형성해 공장의 토지와 건물, 그에 속한 기계(기구)까지도 모두 담보 대상이 되어 입찰자가 공장재단 목록에 속한 모든 토지와 건물과 기계 등도 함께 소유한다.

(1) 공장 입찰의 장점

① 저가 입찰 : 공장을 경매로 구입하면 보통 시세의 60~80% 선에서 낙찰받을 수 있다. 낙찰 후 간단히 정비만으로 즉시 가동에 들어갈 수 있어 제품

경쟁력 확보는 물론 생산원가 절감 등 유리한 점이 많다.

② 낮은 경쟁률 : 경매로 공장을 낙찰받으면 공장설립에 따르는 제도적 제한과 각종 부담금을 극복할 수 있고 응찰하는 수요층도 일반 주택보다는 경쟁률이 적어 상대적으로 낮은 가격에 낙찰받을 수 있다.

③ 전기 등 확인 : 전기·도로·수도 등 기반시설 여부를 잘 살펴보아야 한다. 전용 공단 내에 위치한 공장이 유리할 것이다.

④ 대출 여부 : 소유권이전 후에는 은행 등에서 등록한 공장재산을 담보로 시가의 50%~70%까지 대출받을 수 있다. 경매물건을 선택할 때는 제품의 판매시장 및 원재료 구입시장과의 거리를 비롯하여 간선도로·항만·철도 이용의 편리성, 물류비 부담, 동력자원 및 용·배수에 관한 비용, 노동력 확보, 관련 산업과의 거리 등을 중점적으로 점검해야 한다.

(2) 현장답사시 주의사항

공장은 일반적으로 기계를 포함하는 입찰과 불포함하는 입찰방식이 있다.

① 포함 : 공장물건은 대부분 기계까지 함께 평가된다. 입찰 시 공장의 기계·기구까지 감정평가액에 포함되는 경우가 대부분이지만 입찰 전 기계·기구류의 사용 가능성과 처리 문제 등을 고려해야 한다. 취득했다고 해도 높은 가격으로 평가된 기계가 실제 사용이 불가능할 정도로 파손·부식된 경우도 있으니 현장답사가 매우 중요하다.

② 불포함 문제 : 공장 용도를 정확히 체크하고 대출 가능성 및 기계·기구류의 사용 여부를 체크하고, 서류를 검토 후 현장답사를 해야 한다.

'공장 및 광업재단 저당법'에 따라 공장용지와 건물, 기계·기구류 등이 감정평가서 상에 표시되었는지 여부를 확인해야 한다. 공장건물과 그 부지만 평가되었다면 공장 안의 기계류는 입찰자가 취득하지 못한다.

③ 임차인의 인수 : 공장 건물로 되어 있더라도 주거용으로 개조되어 기숙사 및 전·월세로 이용하는 경우가 있다. 자칫 대항력 있는 임차인을 무시하고 낙찰받는 실수가 발생하므로 공장 내에 거주 시설이 있는지, 점유자가 있는지 확인해야 한다.

④ 폐기물 처리 : 산업폐기물이 방치된 경우는 처리비용 때문에 실익이 없을 수도 있어 부지의 오염 정도를 꼭 확인해 봐야 한다. 오염물질을 배출한 공장은 그 폐기물을 공장부지에 매립해 인근 상수원 등에 중대한 위해가 발생할

우려가 있다면 입찰자가 폐기물 처리에 대해 조치를 취해야 할 경우가 있어 오염물질 등이 있는지를 직접 확인해야 한다.

⑤ 면허 허가 : 권리분석만으로 공장 입찰은 무모할 수 있으니 현재 공장의 용도와 공장 낙찰 시 사업면허를 허가받을 수 있는지 확인해 봐야 한다.

⑥ 매수 목적 : 공장을 매수하려는 목적(용도)에 맞는지를 검토해야 한다. 공장 건물의 층고, 진입도로의 폭, 공장 용수의 활용도, 동력 등도 확인해야 한다. 다른 공장을 인수해 용도 변경할 때는 미리 해당 시·군청 공업계를 방문, 용도변경 허가 여부를 확인해 봐야 한다.

7 농지, 임야, 나대지 등

농지에 대한 투자는 대출도 그렇지만 장기적 안목에서 접근해야 하므로 은행융자에 의존하지 말고 여유자금을 가지고 투자하는 것이 좋다. 또한 입찰 시에는 법정지상권 등 현장 확인과 개발 계획 등을 살펴보아야 한다.

(1) 현장답사 시 확인할 사항

① 지방의 토지, 농지와 임야는 감정평가액이 시장 시세와 차이가 나는 경우가 많다. 특히 큰 토지는 시장 시세보다 매우 저렴하게 거래되기도 하고 감정평가액은 공시지가 수준으로 평가되기도 한다. 따라서 감정가 대비 몇 %에 낙찰받을 것인가를 판단하기 전에 시세를 정확히 판단해야 한다.

② 지방 토지의 시세는 주로 지방자치단체의 장기발전계획 발표와 맞물려 있다. 그렇기 때문에 시·군·구청에 개발계획을 확인해 보면 시세의 상승시기 및 개발 가능성을 예측할 수 있다.

③ 건축법 및 개발관련 법에는 문제가 없더라도 형질변경 후 대지로 조성하는 과정에서 민원에 휘말리는 경우가 있다. 따라서 토지매입 및 농지취득자격증명을 얻는 과정에서부터 현지민의 동향을 살펴볼 필요가 있다.

④ 지방 토지는 건물만이 아니라 수목의 소유권 여부, 분묘가 있는지, 무허가건물은 현장을 확인해야 낭패를 보지 않는다. 이런 지상물은 재산권 행사에 걸림돌이 되고 재산 가치를 하락시키는 요인이 된다. 지방일수록 분묘나 무허가건물(농가)들이 많은데 건축물대장·등기사항증명서에도 없다. 이런 농가에 사람이 살면 권리관계 및 법정지상권 성립 문제가 발생한다.

⑤ 농업진흥구역 농지(절대농지)와 보전산지는 전용허가와 형질변경이 되지 않는다. 또한 군사시설보호지역, 공원용지, 미관지구 등 건물의 신축제한 여부 등에 주목해야 한다. 농지취득자격증명의 필요성 여부도 확인해야 한다.

⑥ 임야는 필지 간에 경계선이 불분명한 경우가 많다. 낙찰 후에 측량으로 법적 분쟁을 방지해야 한다. 또한 법원에 열람된 감정평가서의 사진도 다른 필지의 사진인 경우가 있을 수 있으니 지역주민의 협조로 확인해야 한다.

⑦ 주변에 토지의 가치를 하락시킬 수 있는 요인을 점검한다.

해당 토지 주변에 혐오시설(축사 등) 또는 위험군시설(핵폐기물) 등이 있는지를 확인해야 한다.

혐오성 시설	쓰레기 매립장, 쓰레기 소각장, 분뇨처리장, 화장장, 공원묘지, 하수종말처리장, 축사, 양계장, 도축장 등
위험군 시설	원자력 발전소, 화력 발전소, 군부대 및 교도소, 구치소, 핵폐기물 처리장, 고압선 및 철탑 등
순수공익성 시설	양로원, 아동복지 시설, 정신병원, 장애자 시설 등

(2) 입찰시 점검사항

1) 규제

① 국가 및 지방자치단체의 장기발전계획을 확인해야 한다. 지역별로 지역여건 및 특성 등을 잘 파악하여 국가계획 등 상위 계획과의 연계를 통해 현실적으로 실현 가능한 종합발전계획을 수립하니 확인해야 한다.

② 장기발전계획으로 산업·경제, 문화·관광, 생활환경 및 인프라, 환경보전 및 이용, 교육·복지, 방재·안전 등의 부분별 발전계획을 수립하고, 권역별 분류하여 지역별 발전 구상안도 제시할 계획이다.

2) 면적(농지)

최초의 농지취득은 1,000㎡(302.5평) 이상이고 농지취득자격증명을 발급 받아야만 소유권이전이 가능하다. 단 고정식 온실, 버섯재배사, 비닐하우스가 설치되어 있거나 설치하고자 하는 경우 및 농업생산시설을 설치하여 재배경작을 하는 자는 330㎡(100평) 이상이면 농지취득자격증명의 발급이 가능하고 소유권도 이전된다.

3) 농지취득자격증명의 발급(농지)

농지는 매각결정기일까지 농지 소재지 시·구·읍·면장에게 농지취득자격증명서를 발급 (7일, 경영계획서가 필요 없으면 4일, 토지거래허가구역은 14일) 받아 집행관 사무실에 제출해야 한다.

4) 전용(농지)

농지의 전용허가 및 형질변경이 가능한가의 유무를 확인해야 한다. 주변 지역 토지와 관계를 고려하여 용도 전환 여부를 소재지 관할 관청에서 확인하거나 어떤 목적으로 활용할 것인가를 판단해야 한다.

① 개발행위 : 개발행위는 법률로 정해진 규정 이상의 형질변경을 하는 행위로 개발행위를 하기 위해서는 시장·군수에게 '개발행위허가'를 받아야 한다. 농지 전용과 함께 개발행위허가가 되었거나 필요치 않은 대지든 간에 건축허가(신고)와 함께 착공신고가 되지 않으면 건축을 위한 터파기 작업 등이 선행될 것이 아니라 절토나 성토 및 평탄 작업 등의 형질변경까지만 가능하다.

② 형질변경 : 토지의 형질변경은 토지의 모양이나 질을 변경하는 행위로 경사진 땅을 파내거나(절토), 돋우고(성토) 평탄하게 하거나 자갈이나 시멘트로 포장 또는 매립하는 등의 행위를 말한다.

5) 접근성 및 묘지

① 도로의 접근성, 건물 및 분묘의 소재 여부를 확인해야 한다. 주위 환경이 자연과 밀접하지만 마을과 거리가 멀면 문제가 발생할 수 있다.

② 전기가설 및 지하수, 수도설치 비용 등 추가 비용이 발생할 수 있다. 그 외에 교육시설·의료시설·생활편의시설과의 거리도 생각해야 한다.

♠참고 : 지목(28개)		
순서	이름	내 용
1	전 (전)	물을 상시적으로 이용하지 아니하고 곡물·원예작물(과수류를 제외한다)·약초·뽕나무·닥나무·묘목·관상수 등의 식물을 주로 재배하는 토지와 식용을 위하여 죽순을 재배하는 토지는 "전"이다.
2	답 (답)	물을 상시적으로 직접 이용하여 벼·연·미나리·왕골 등의 식물을 주로 재배하는 토지는 "답"이다.

3	과수원 (과)	사과·배·밤·호도·귤나무 등 과수류를 집단적으로 재배하는 토지와 이에 접속된 저장고 등 부속시설물의 부지는 "과수원"이다. 다만, 주거용 건축물의 부지는 "대"이다.
4	목장용지 (목)	가. 축산업 및 낙농업을 하기 위하여 초지를 조성한 토지 나. 축산법 제2조 제1호의 규정에 의한 가축을 사육하는 축사 등의 부지 다. 가목 및 나목의 토지와 접속된 부속시설물의 부지 　　다만, 주거용 건축물의 부지는 "대"이다.
5	임야 (임)	산림 및 원야를 이루고 있는 수림지·죽림지·암석지·자갈땅·모래땅·습지·황무지 등의 토지는 "임야"이다.
6	광천지 (광)	지하에서 온수·약수·석유류 등이 용출되는 용출구와 그 유지(유지)에 사용되는 부지는 "광천지"이다. 다만, 온수·약수·석유류 등을 일정한 장소로 운송하는 송수관·송유관 및 저장시설의 부지를 제외한다.
7	염전 (염)	바닷물을 끌어 들여 소금을 채취하기 위하여 조성된 토지와 이에 접속된 제염장 등 부속시설물의 부지는 "염전"이다. 다만, 천일제염방식에 의하지 아니하고 동력에 의하여 바닷물을 끌어들여 소금을 제조하는 공장시설물의 부지를 제외한다.
8	대 (대)	다음 각목의 토지는 "대"로 한다. 가. 영구적 건축물중 주거·사무실·점포와 박물관·극장·미술관 등 문화시설과 이에 접속된 정원 및 부속시설물의 부지 나. 국토의계획 및 이용에관한법률 등 관계법령에 의한 택지조성공사가 준공된 토지
9	공장용지 (장)	다음 각목의 토지는 "공장용지"이다. 가. 제조업을 하고 있는 공장시설물의 부지 나. 공업배치 및 공장설립에 관한 법률 등 관계법령에 의한 공장부지 조성공사가 준공된 토지 다. 가목 및 나목의 토지와 같은 구역 안에 있는 의료시설 등 부속 시설물의 부지
10	학교용지 (학)	학교의 교사와 이에 접속된 체육장 등 부속시설물의 부지는 "학교용지"이다.
11	주차장 (차)	자동차 등의 주차에 필요한 독립적인 시설을 갖춘 부지와 주차전용 건축물 및 이에 접속된 부속시설물의 부지는 "주차장"이다. 　　다만, 다음 각목의 1에 해당하는 시설의 부지를 제외한다. 가. 주차장법 제2조 제1호 가목 및 다목의 규정에 의한 노상주차장 및 부설주차장(주차장법 제19조 제4항의 규정에 의하여 시설물의 부지인근에 설치된 부설주차장을 제외한다)

		나. 자동차 등의 판매목적으로 설치된 물류장 및 야외전시장
12	주유소 용지 (주)	다음 각목의 토지는 "주유소용지"이다. 다만, 자동차·선박·기차 등의 제작 또는 정비공장안에 설치된 급유·송유시설 등의 부지를 제외한다. 가. 석유·석유제품 또는 액화석유가스 등의 판매를 위하여 일정한 설비를 갖춘 시설물의 부지 나. 저유소 및 원유저장소의 부지와 이에 접속된 부속시설물의 부지
13	창고용지 (창)	물건 등을 보관 또는 저장하기 위하여 독립적으로 설치된 보관시설물의 부지와 이에 접속된 부속시설물의 부지는 "창고용지"이다.
14	도로 (도)	다음 각목의 토지는 "도로"이다. 다만, 아파트·공장 등 단일 용도의 일정한 단지 안에 설치된 통로 등을 제외한다. 가. 일반공중의 교통운수를 위하여 보행 또는 차량운행에 필요한 일정한 설비 또는 형태를 갖추어 이용되는 토지 나. 도로법 등 관계법령에 의하여 도로로 개설된 토지 다. 고속도로 안의 휴게소 부지 라. 2필지 이상에 진입하는 통로로 이용되는 토지
15	철도용지 (철)	교통운수를 위하여 일정한 궤도 등의 설비와 형태를 갖추어 이용되는 토지와 이에 접속된 역사·차고·발전시설 및 공작창 등 부속시설물의 부지는 "철도용지"로 한다.
16	제방 (제)	조수·자연유수·모래·바람 등을 막기 위하여 설치된 방조제·방수제·방사제·방파제 등의 부지는 "제방"이다.
17	하천 (천)	자연의 유수가 있거나 있을 것으로 예상되는 토지는 "하천"이다.
18	구거 (구)	용수 또는 배수를 위하여 일정한 형태를 갖춘 인공적인 수로·둑 및 그 부속시설물의 부지와 자연의 유수가 있거나 있을 것으로 예상되는 소규모 수로부지는 "구거"이다.
19	유지 (유)	물이 고이거나 상시적으로 물을 저장하고 있는 댐·저수지·소류지·호수·연못 등의 토지와 연·왕골 등이 자생하는 배수가 잘 되지 아니하는 토지는 "유지"이다.
20	양어장 (양)	육상에 인공으로 조성된 수산생물의 번식 또는 양식을 위한 시설을 갖춘 부지와 이에 접속된 부속시설물의 부지는 "양어장"이다.
21	수도용지 (수)	물을 정수하여 공급하기 위한 취수·저수·도수·정수·송수 및 배수시설의 부지 및 이에 접속된 부속시설물의 부지는 "수도용지"이다.
22	공원	일반공중의 보건·휴양 및 정서생활에 이용하기 위한 시설을 갖춘 토지로서

	(공)	국토의 계획 및 이용에 관한 법률에 의하여 공원 또는 녹지로 결정·고시된 토지는 "공원"이다.
23	체육용지 (체)	국민의 건강증진 등을 위한 체육활동에 적합한 시설과 형태를 갖춘 종합운동장·실내체육관·야구장·골프장·스키장·승마장·경륜장 등 체육시설의 토지와 이에 접속된 부속시설물의 부지는 "체육용지"이다. 다만, 체육시설로서의 영속성과 독립성이 미흡한 정구장·골프연습장·실내수영장 및 체육도장, 유수를 이용한 요트장 및 카누장, 산림안의 야영장 등의 토지를 제외한다.
24	유원지 (원)	일반 공중의 위락·휴양 등에 적합한 시설물을 종합적으로 갖춘 수영장·유선장·낚시터·어린이놀이터·동물원·식물원·민속촌·경마장 등의 토지와 이에 접속된 부속시설물의 부지는 "유원지"이다. 다만, 이들 시설과의 거리 등으로 보아 독립적인 것으로 인정되는 숙식시설 및 유기장의 부지와 하천·구거 또는 유지(공유의 것에 한한다)로 분류되는 것을 제외한다.
25	종교용지 (종)	일반 공중의 종교의식을 위하여 예배·법요·설교·제사 등을 하기 위한 교회·사찰·향교 등 건축물의 부지와 이에 접속된 부속시설물의 부지는 " 종교용지"이다.
26	사적지 (사)	문화재로 지정된 역사적인 유적·고적·기념물 등을 보존하기 위하여 구획된 토지는 "사적지"이다. 다만, 학교용지·공원·종교용지 등 다른 지목으로 된 토지 안에 있는 유적·고적·기념물 등을 보호하기 위하여 구획된 토지를 제외한다.
27	묘지 (묘)	사람의 시체나 유골이 매장된 토지, 도시공원법에 의한 묘지공원으로 결정·고시된 토지 및 장사 등에 관한 법률 제2조 제8호의 규정에 의한 납골시설과 이에 접속된 부속시설물의 부지는 "묘지"이다. 다만, 묘지의 관리를 위한 건축물의 부지는 "대"이다.
28	잡종지 (잡)	다음 각목의 토지는 "잡종지"이다. 다만, 원상회복을 조건으로 돌을 캐내는 곳 또는 흙을 파내는 곳으로 허가된 토지를 제외한다. 가. 갈대밭, 실외에 물건을 쌓아두는 곳, 돌을 캐내는 곳, 흙을 파내는 곳, 야외시장, 비행장, 공동우물 나. 영구적 건축물중 변전소, 송신소, 수신소, 송유시설, 도축장, 자동차 운전학원, 쓰레기 및 오물처리장 등의 부지 다. 다른 지목에 속하지 아니하는 토지

8) 임야

(1) 확인 사항

임야는 경계가 계곡이나 능선을 기준으로 되어 있으나 경계가 불분명한 경우가 많으니 주위 사람에게 물어서 확인해야 한다.

① 임야의 현장답사 시 분묘 여부와 서류상에 없던 건축물(창고, 가축 사육장)등 이 있는지, 분묘기지권 및 법정지상권의 성립 여부도 확인해야 한다.

② 산지는 입목·죽이 집단적으로 생육하고 있는 토지, 집단적으로 생육한 입목·죽 이 일시 상실한 토지, 입목·죽에 집단적으로 사용하게 된 토지, 이 토지 안에 있는 암석지·소택지 및 임도에 해당하는 토지이다. 산지 관리는 임업의 생산성 을 높이고 재해방지, 수원보호, 자연생태계 보전, 자연경관 보전, 국민보건휴양 증진 등 산림의 공익기능을 높이는 방향으로 관리되고 산지전용은 자연 친화 적인 방법으로 해야 한다(산지관리법 제3조).

③ 임야의 번지수와 임야도를 보면 대략 임야의 위치를 알 수 있는데 번지수가 많을수록 낮은 곳이고 번지수가 적을수록 정상에 가깝다.

임야도를 살펴보다 보면 임야의 번지 옆에 아무런 번지의 표시가 없으면 근 접한 토지가 임야가 아니라 전·답 또는 대지라는 뜻이기에 마을 등이 인접해 있다는 뜻이기도 하다.

♦ 참고 : 토지의 지형 구분

저지	간선도로 또는 주위의 지형·지세보다 현저히 낮은 지대의 토지
평지	간선도로 또는 주위의 지형·지세와 높이가 비슷하거나 경사도가 미미한 토지
완경사	간선도로 또는 주위의 지형·지세보다 높고 경사도가 15° 이하인 지대의 토지
급경사	간선도로 또는 주위의 지형·지세보다 높고 경사도가 15°를 초과하는 지대의 토지
고지	간선도로 또는 주위의 지형·지세보다 현저히 높은 지대의 토지

④ 25,000분의 1의 지도의 등고선을 보면 임야의 방향과 경사도를 알 수 있다. 등고선이 촘촘히 되어 있으면 경사가 급경사이고 등고선이 넓은 곳은 산세가

완경사라는 것으로서 경사가 완만한 것을 나타낸다. 그리고 지도나 임야도를 펴놓고 볼 때에는 위쪽이 북쪽이고 아래쪽이 남쪽이다.

⑤ 가을철에는 북향일수록 단풍이 빨라지고 남향일수록 단풍이 늦게 든다. 겨울철에는 북향 쪽이나 음지는 눈이 잘 녹지 않고 남향 쪽이나 양지쪽은 눈이 쉽게 녹는다.

(2) 투자 포인트

① 임야는 농지취득자격증명의 절차는 필요 없고 형질변경 시 농지에 비해 비용이 저렴하다. 현장답사로 정확한 경계·면적·진입 도로, 경사도, 토지, 수목 상태 등 확인해야 한다. 경계는 계곡이나 능선을 기준으로 하며 지적도는 위가 북쪽이고 지번 순서는 북서쪽에서 남동쪽으로 정해진다.

② 새로운 농지법에 따라 관리지역 내의 농지전용이 규제됨에 따라 산지관리법의 적용을 받는 관리지역 내 임야는 상대적으로 개발이 용이하다.

> **참고 : 농지전용에 따른 농지조성비**
>
> 농지전용에 따른 개발비용은 대체로 측량설계비, 측량설계 사무소에 내는 의뢰비, 농지조성비, 민원실 서류 신청비나 면허세, 지역개발공채 구입비 등 10만원 이내이다. 도시지역에서는 농지전용이 개발행위허가로 바뀌어 건축허가 관련서류를 첨부하게 되면서 부지와 주변의 건축물, 도로상황까지 모두 파악한 지적도나 토목설계도면 등이 필요하기 때문에 초보자라면 관련 업체를 통해 진행하는 것이 좋다. 그리고 농지전용을 목적으로 입찰을 고려 중이라면 농지전용에 따른 행정비용 중 가장 큰 부담이 되는 농지전용부담금, 토지의 가치상승으로 인한 취득세 및 기타 세금 등이 발생할 수 있으니 사전에 예상 비용을 추산하여 입찰가를 정해야 한다.

③ 임야는 산림훼손 절차나 대지조성 사업절차만 거치면 특별한 제한 없이 30% 정도의 건폐율을 적용받아 건물을 지을 수 있다. 임야를 구입할 때에는 개발계획이 분명해야 환금성에 있어 유리하다. 그러므로 개발계획 속에 응찰하고자 하는 물건이 그 계획에 적합한지를 파악하는 것이 중요하다.

④ 임야는 폭넓게 개발할 수 있다. 다만, 보전녹지지역의 임지는 전용허가의 범위 및 기준이 제한되어 있어 개발이 쉽지 않지만 보전관리지역은 산림훼손 허가를 받으면 손쉽게 지목변경이 가능하므로 입지 조건에 따라 전원주택, 주말농장, 관광농원, 청소년 수련장, 연수원, 휴양시설, 골프연습장, 휴게소,

관광시설물(유원지·스키장 등), 공장용지, 주유소 등으로 개발할 수 있다. 조류사육, 묘지 부지로 분양할 수도 있고 비교적 완만하고 토질이 좋으면 한약재나 유실수·관상수 단지를 조성할 수도 있다.

⑤ 대도시와 가깝고 개발 여건을 갖춘 임야는 다른 부동산과는 달리 그 경계파악이 어려운 경우가 많아 25,000분의 1 지도를 구하고 관할 군청 토지정보과(지적과, 부동산정보과)에서 임야도를 발급받아 현장에 나가 계곡이나 능선, 개천, 도로 등 지형지물을 기준으로 경계를 파악해 간다. 경계가 파악되면 지세·고저, 토질, 암석분포, 입목이나 진입로의 상태, 임도의 개설 가능성, 지하수 개발 가능성, 묘지의 유무로 분묘기지권, 법정지상권 성립 여부, 고압선 통과 여부 등을 살펴 개발에 적합한지 파악을 한다. 현황조사가 끝나면 토지이용계획확인원을 발급받아 이용상 규제사항이 있는지와 용도가 이용계획에 적합한지를 확인해야 한다.

(3) 입찰시 점검사항

1) 국가 및 지방자치단체의 장기발전계획 확인

군사기지, 군사시설보호구역, 수변구역, 상수원보호구역, 보전산지 등 토지이용에 제한이 많은 임야를 피하고 전용허가나 형질변경이 비교적 용이한 관리지역을 택하는 것이 좋다.

참고 : 산지의 구분

구분	세분	개념	토지이용
보전산지	산지전용제한지역	공공의 이익증진을 위해 보전이 필요하다고 인정되는 산지	법에서 정한 예외적인 사항을 제외하고 토지의 1차적 이용도 제한 받음
	공익용산지	임업생산과 함께 재해방지, 수원보호, 자연생태계보전, 자연경관보전, 국민보건휴양증진 등의 공익기능을 위해 필요한 산지	법에서 정한 예외적인 사항을 제외하고 토지를 1차적 목적으로만 이용 가능(농어가주택 신축 불가)
	임업용산지	산림자원의 조성과 임업경영기반의 구축 등 임업생산 기능의 증진을 위해 필요한 산지	법에서 정하고 있는 예외적인 사항을 제외하고 토지를 1차적 목적으로만 이용 가능(농어가주택 신축 가능)
준보전산지		보전산지 외의 산지	보전(원칙), 제한적 개발을 허용

2) 도로의 확인

① 공공도로의 접근성 여부를 확인하고 사도는 소유자의 도로사용 승낙이 필요하니 입찰 전 소유자를 찾아 도로 사용승낙 여부를 확인해야 한다.

② 진입도로가 없거나(맹지) 임도개설이 어려운 곳은 위치가 좋아도 피해야 하지만 그린벨트라고 해도 진입도로와 건물이 있으면 관심을 가져 보아도 된다.

3) 임야의 소유자가 종중(총유)인지의 여부 확인

① 임야가 종중의 소유임에도 불구하고 명의신탁이 가능해 종중의 임원 중 개인의 명의로 소유권이 이전되어 있는 경우 종중 임야를 매매·저당 등의 처분행위를 하려면 종중회의의 결정이 필요하다.

② 이때 종중회의의 결정 없이 저당권을 설정해 경매 처분된 경우는 무효이니 매수자(낙찰자)가 돈을 지불했다고 해도 소유권을 잃을 가능성이 있으니 임야가 개인 명의로 되어 있으면 실제는 그 소유자가 종중이 아닌지, 종중총회의 결의가 있었는지를 반드시 확인해야만 한다.

4) 정확한 시세의 파악

① 임지는 대상 토지와 토지 특성이 유사한 인근지역 내의 표준지 공시지가를 기준으로 하여 표준지의 공시기준일로부터 가격시점(평가의 기준이 되는 날짜)까지의 지가변동률과 대상 토지와 비교표준지와의 지역 및 개별요인(위치, 입지조건, 교통조건, 향과 경사도 등 지세, 이용상황, 공법상 제한사항, 효용성, 장래성 등)비교 기타 임야가격 형성에 영향을 미치는 제반요인(거래사례 등)을 참작하여 평가한다.

② 지상에 식재된 입목에 대한 평가는 지상 수목이 용재림인 경우는 식재된 입목의 재적조사를 통해 입목의 수량을 확인하여 임야에 식재된 나무가 시장에서 용재로 사용되기까지의 비용을 고려하여 원가를 계산하는 시장가 역산법 등의 산출과정을 거쳐 실제 가치를 평가하게 되고 지상수목이 유실수인 경우는 수익방식(발생되는 수익에 기초하여 가치를 판단)이나 비교방식(시장에서 실제로 거래되는 교환가치로 판단)에 의해 수목 가격을 산출한다. 임야와 수목의 가격을 합산하여 산림의 가격이 결정되지만 통상 실무에서는 단순한 용재림의 경우에 지상의 입목가격을 임지에 포함하여 평가하는 것이 일반적이다.

③ 임야는 여러 번의 유찰로 기간이 길어져 감정평가기관의 감정평가금액이 현시세가와 다른 경우가 일반적이므로 입찰 전 임야의 가격을 확인해야 한다. 많은 거래사례가 없어서 임야 소재지의 여러 중개사무소를 방문해 가격을 알아보고 종합해서 정확한 시세를 파악해야 한다.

5) 법정지상권 성립 여부의 확인

① 법정지상권 분석이 투자의 성공 유무를 결정할 수 있다. 법정지상권이 성립한다면 대지를 제3자에게 매도하는 것도 매우 어렵기 때문에 주의해야 한다. 하지만 일반인들이 입찰을 꺼려 건물을 시세보다 아주 낮은 가격으로 매수할 수 있다.

② 법정지상권이 성립되는 건물이 있으면 건물철거를 주장할 수 없다. 법정지상권이 성립되는 경우 견고한 건물이면 30년 이상의 건물 사용을 인정해야 하고 지료(감정가의 5%~7%)만 받아야 하니 토지의 사용에 제한이 있을 수 있다.

6) 분묘기지권의 확인

묘지가 수기 있으면 관습법상 법정지상권(분묘기지권)이 성립될 여지가 있으므로 피하는 것이 좋다. 20년 이상 평온·공연하게 점유한 분묘는 관습법상 분묘기지권이 인정되어 매수자는 분묘 소유자에게 분묘의 이장 요구를 할 수 없다. 판례가 변경되어 지료는 청구할 수 있으니 꼭 입찰을 피할 것은 아니다. 매각물건명세서에도 자세한 사항은 전혀 나오지 않고 임장을 통해 직접 조사를 해보고 어려움이 있으면 입찰을 포기해야 한다.

7) 남향, 남동, 남서향의 임야를 택할 것

주거용 건물도 그렇지만 땅도 남향·남동·남서향의 땅이면 더 좋다.
산을 올라가봤을 때 앞이 탁 트인 곳이라도 북향은 피하는 것이 좋다.

8) 경사도가 낮고 바위 등 암석이 적은 임야를 택할 것

경사도 낮거나 암석 등이 적다면 사용도 쉽겠지만 개발의 가능성도 기대해볼 만하니 투자대상으로는 좋다. 하지만 사방이 산으로 둘러싸여 있거나 깊은 계곡의 산은 피하는 것이 좋다.

9) 숲의 울창한 정도와 소나무의 분포 비율을 확인할 것

① 기준 : 임야에 숲이 울창한 경우에 소나무의 분포 비율이 높다면 임야에

대한 개발허가를 받기가 어려우므로 피하는 것이 좋다. 현재 자라고 있는 입목의 본수나 재적을 그 임지의 적절한 본수나 재적에 대한 비율(%)로 나타낸 것으로 '입목본수도' 조사결과 50% 이하면 개발이 가능하지만, 50% 이상일 경우 개발이 불허된다.

> <참고> 입목본수도 = (대상지 현재 생육본수 / 대상지 정상 입목본수) × 100)

② 조사하기 좋은 계절 : 임야에 대한 경계를 조사하려면 나뭇가지가 앙상하고 산세가 잘 보이는 겨울철이 더 유리하다.

제 3 절 경매정보의 취득

1 신문에의 입찰공고

법원 경매부동산의 매각공고

1. 매각물건의 표시 및 매각조건 <경매8계>

사건번호	매각물건			감정평가액 최저매각가격 [단위 : 원]	비고
	물건 번호	소재지 및 면적 [㎡]	용도		
[아파트]					
2023타경 931038	1	서울 노원구 공릉동 708, 대지권 : 23.095. 전용 : 33.436㎡	아파트	646,000,000 646,000,000	- 중복 사건
2023타경 91038(4)	1	서울 노원구 공릉동 81, 대지권 : 33.436㎡, 전용 : 59.34㎡	아파트	783,000,000 783,000,000	- 중복 사건
[단독주택, 다가구주택]					
2024타경 96893		서울 노원구 하계동 76-3, 토지 : 212㎡, 전용 : 220.34㎡	다가구 (원룸)	972,069,280 972,069,280	- 일괄매각 - 제시 외 건물포함
2024타경 98998		서울 노원구 월계동 37-6, 토지 : 139㎡, 건물 : 220.34㎡	다가구 주택	853,688,000 853,688,000	- 일괄매각 - 제시 외 건물포함
[연립주택/다세대/빌라]					
2024타경 90694		서울 노원구 중계동 107-43 영신빌 라, 전용면적 : 78.6㎡	다세대	306,000,000 306,000,000	
2024타경 92799		서울 노원구 공릉동 115 태릉현대 304호, 대지권 : 159.77㎡, 전용면 적 : 115.975㎡	빌라	950,000,000 950,000,000	

2024타경 99844		서울 노원구 상계동 1048-74 2층, 47㎡, 78.64㎡	빌라	420,000,000 420,000,000	- 토지, 건물 일괄 매각
[대지/임야/전답]					
2024타경 94986(7)		서울 노원구 월계동 37-14, 면적 : 112㎡	대지	409,920,000 409,920,000	
[상가/오피스텔,근린시설]					
2024타경 92181		서울 노원구 공릉동 90-1 해중빌딩 지층 비01호, 대지권 : 96.629㎡, 전 용면적 : 195.71㎡	대, 상가	800,000,000 800,000,000	- 일괄매각
2024타경 97817	1	서울 노원구 중계동 506, 대지권 : 16㎡, 전용면적 : 93.37㎡	오피스텔	679,000,000 679,000,000	- 토지, 건물 일괄 매각

● 공고된 부동산의 면적 표시는 실제와 다소간의 차이가 있을 수 있습니다.

※ 특별매각조건

　농지법상 농지취득자격증명을 제출해야 하는 최고가매수신고인이 매각결정기일까지 농지취득자격증명을 제출하지 아니함으로써 매각이 불허가 될 때에는 매수신청보증금을 반환하지 않고 이를 배당시 매각대금에 산입한다.

2. 매각기일 : 2023. 8. 21. [월] 10:00

3. 매각결정기일 : 2023. 8. 28. [월] 14:00

4. 매각장소 : 서울북부지방법원 제000호 입찰법정

5. 매각방법

① 입찰법정에 비치된 기일입찰표에 사건번호, 입찰자의 성명, 주소, 입찰가격, 보증금액 등을 기재하고 날인하여 보증금을 함께 입찰봉투에 넣어 입찰함에 투입하면 됩니다. 매수신청의 방법으로는 최저매각가격의 1할에 해당하는 금융기관 발행의 자기앞수표 또는 현금을 준비하거나 지급보증위탁계약을 체결한 문서[일명 보증서]를 준비해야 합니다.

② 2인 이상이 공동으로 입찰하고자 하는 경우에는 입찰표에 각자의 지분을 명확하게 표시하여야 합니다.

③ 입찰봉투의 투입이 완료되면 곧바로 개찰을 실시하여 최고의 가격으로 응찰한 사람을 최고가매수인으로 정하고, 최고의 가격으로 입찰한 사람이 2인 이상인 경우에는 그 입찰자들만을 상대로 추가입찰을 실시합니다.

④ 최고가매수인을 제외한 다른 매수신청인들의 매수신청보증금은 입찰절차가 종결되는 즉시 반환합니다.

6. 매각허가 및 대금납부

① 최고의 가격으로 응찰한 사람에 대하여 매각결정기일에 매각허가 여부를 최종적으로 결정하고, 매각허가결정이 확정되면 대금지급기한까지 매각대금을 납부하여야 합니다. 대금지급기한은 통상 매각허가결정이 확정된 날로부터 1개월 이내로 지정됩니다.

② 지정된 대금지급기한까지 대금을 납부하지 아니하면 재매각을 실시합니다. 다만, 재매각기일로 지정된 날의 3일 전까지 종전 매수인이 매각대금 및 지연이자, 비용을 납부하면 대금납부로서 유효하며, 따라서 재매각은 실시하지 아니합니다.

7. 소유권이전 및 인도

① 매각대금을 납부함으로써 당해 부동산의 소유권이 매수인에게 이전되면, 각종 저당권, 가압류 등은 순위에 관계없이 원칙적으로 소멸됩니다. 소유권이전등기 및 저당권이나 가압류의 말소등기를 위해서는 등록세와 지방교육세를 낸 영수증을 첨부하고, 국민주택채권발행번호를 기재한 신청서를 법원에 제출하면 법원이 위 등기를 촉탁하여 줍니다.

② 매각대금을 납부하였음에도 불구하고, 채무자, 소유자 또는 대항력 없는 부동산 점유자가 매수인에게 부동산을 인도하여 주지 아니하면 법원에 인도명령을 신청 할 수 있습니다.

8. 주의 사항

① 매각된 주택 또는 상가에 최선순위의 저당권이 설정된 날짜보다 먼저 주민등록전입신고를 마치고 거주하고 있는 임차인이나, 사업자등록신청을 마친 임차인이 있을 때에는 그 임차보증금을 매수인이 인수하여야 하는 경우가 생길 수 있습니다.

② 일반인들의 열람에 제공하기 위하여 매각기일 1주일 전부터 매각물건 명세서, 현황조사보고서 및 평가서의 사본 등을 우리법원 민사집행관에 비치하여 열람에 제공하고 있으므로 미리 필요한 정보를 얻으신 후 응찰여부를 판단하시기 바랍니다.

③ 특별매각조건의 내용은 매각물건명세서의 열람을 통하여 확인 할 수 있습니다.

④ 입찰법정에 나오실 때에는 입찰표의 기재 및 입찰보증금의 반환에 필요하오니 신분증과 도장을 가지고 오시기 바라며, 타인의 대리인으로 응찰하려고 하는 사람은 인감증명을 첨부한 위임장을 반드시 입찰표와 함께 제출하여야 합니다.

⑤ 소유권이전에 농지취득자격증명이 요구되는 농지의 경우에는 최고가 매수인으로 결정된 후 매각결정기일까지 농지취득자격증명을 제출하여야 매각이 허가됩니다. 단, 도시계획확인원등에 의하여 농지취득자격증명이 필요하지 않음이 소명된 경우에는 매각이 허가될 수 있습니다.

⑥ 공고된 물건 중에 매각기일 전에 집행신청이 취하되거나 정지된 경우, 또는 매각기일이 변경된 경우에는 별도의 공고 없이 입찰에서 제외됩니다.

⑦ 신문에 공고되는 물건은 최초의 매각기일에 해당되는 물건이며, 속행사건에 대해서는 별도로 신문공고를 하지 않으므로 우리법원 게시판의 공고나 법원에 비치된 매각물건명세서를 참조하시기 바랍니다.

⑧ 매각대금을 납부하기 전까지 채무자가 채무를 변제하면 입찰이 취소될 수도 있습니다. 이때에는 매수신청인이 제출한 매수신청보증금을 반환합니다.

매각기일 공고의 요지는 대법원 홈페이지에서 열람할 수 있습니다.

주소 : http//:www.courtauction.go.kr [법원공고 → 법원경매정보 선택]

대법원 홈페이지에서 공고내용외의 열람 가능한 정보는 법률상 제공하도록 정하여져 있지 아니한 내용을 국민편의를 위하여 따로 제공한 것으로서, 혹시 그 중에 사실과 다른 내용이 있더라도 이를 이유로 매각불허가 신청이나 항고, 대금감액신청이나 손해배상의 청구를 할 수 없으므로, 관심 있는 물건에 관하여는 반드시 법원에 나오셔서 게시된 매각기일의 공고나 비치된 매각물건명세서를 직접 확인하신 후 입찰하시기 바랍니다.

2023. 07. 10.

서울북부지방법원 판사 ○○○

① 신문 입찰공고의 문제점

신문 입찰공고는 내용이 너무 간략해 구체적이고 자세한 내용 파악은 어렵다. 따라서 입찰하려는 물건을 직접 찾기 위해서는 다른 방법을 찾아봐야 한다.

② 한계 극복

신문 입찰공고의 한계는 경매정보지를 정기적으로 구독하거나 여러 유료 인터넷 사이트를 이용해 극복하는 방법이 가장 바람직하다.

<참고> 전국 법원 입찰시간, 개찰, 저감률, 은행

지역	법원	1차	2차	입찰시간	개찰	은행	관할
서울	중앙	20	20	10~11:10	11:30	신한	강남, 관악, 동작, 서초, 성북, 종로, 중구
	동부	20	20	10~11:10	11:30	신한	성동, 송파, 광진, 강동
	서부	20	20	10~11:10	11:30	신한	용산, 마포, 은평, 서대문
	남부	20	20	10~11:10	11:25	신한	금천, 구로, 양천, 영등포, 강서
	북부	20	20	10~11:10	11:30	농협	동대문, 중랑, 강북, 도봉, 성북, 노원
의정부	의정부	30	30	10~11:10	11:30	신한	의정부, 양주, 남양주, 동두천, 구리, 가평, 연천, 포천, 철원
				15:30~16:50	16:50		
	고양	30	30	10~11:20	11:30	신한	덕양구, 일산동구, 일산서구, 파주
	남양주	30	30	10:30~11:50	12:00	신한	남양주시, 구리시, 가평군
인천	인천	30	30	10~11:20	11:40	국민	중구, 남구, 동구, 남동, 계양, 부평, 연수, 서구, 강화, 옹진
	부천	30	30	10~11:10	11:30	신한	부천시, 김포시
수원	수원	30	30	10~11:00	11:10	신한	팔달, 권선, 장안, 영통, 수지, 처인, 기흥, 화성, 오산
	성남	30	30	10~11:10	11:30	우리	중원, 분당, 수정구, 하남시, 광주시
				14:00~15:10	15:30		
	여주	30	30	10~11:10	11:30	농협	이천시, 여주시, 양평군
	평택	30	30	10~11:20	11:35	신한	평택시, 안성시
	안산	30	30	10~11:40	12:00	신한	광명시, 시흥시, 안산시 상록구, 단원구
	안양	20	20	10~11:10	11:30	신한	의왕, 과천, 군포시, 만안구, 동안구
대전	대전	30	30	10~11:45	11:30	신한	중구, 동구, 서구, 대덕, 유성, 금산, 세종
				14:00~15:10	15:15		
	천안	30	30	10~11:10	11:30	신한	천안시 동남구, 서북구, 아산시
				14:00~15:10	15:10		
	공주	30	30	10~11:30	11:45	제일	공주시, 청양군
	서산	30	30	10~11:30	11:45	하나	당진시, 서산시, 태안군
				12:00~13:00	13:00		
	홍성	30	30	10~11:30	11:45	제일	보령시, 홍성군, 예산군, 서천군
				12:00~12:30	12:50		
	논산	30	30	10~11:20	11:45	하나	논산시, 계룡시, 부여군
청주	청주	20	20	10~11:10	11:30	신한	상당, 흥덕, 서원, 청원구, 괴산, 진천, 보은, 증평군
				14:30~15:30	15:35		
	충주	20	20	10~11:30	11:45	우리	충주시, 음성군
	제천	20	20	10~11:30	11:40	신한	제천시, 단양군
	영동	20	20	10~11:20	11:30	농협	영동군, 옥천군

지역	법원	1차	2차	입찰	개찰	은행	소재지
춘천	춘천	30	30	10~11:20	11:40	제일	춘천시, 인제, 홍천, 양구, 화천군
	원주	30	30	10~11:20	11:40	농협	원주시, 횡성군
	강릉	30	30	10~11:30	12:00	제일	강릉시, 삼척시, 동해시
	속초	30	30	10~11:00	11:10	우리	속초시, 고성군, 양양군
	영월	30	30	10~11:10	11:30	신한	태백시, 정선군, 영월군, 평창군
부산	부산	20	20	10~11:20	11:30	부산	진구, 사하, 연제, 영도, 중구, 동구, 서구, 북구, 사상, 금정, 강서, 동래
	동부산	20	20	10~11:20	11:30	신한	해운대구, 수영, 남구, 기장군
	서부산	20	20	10~11:20	11:30	-	서구, 북구, 사상구, 사하구, 강서구
울산	울산	30	30	10~11:30	11:50	신한	남구, 중구, 동구, 북구, 양산시, 울주군
창원	창원	20	20	10~11:10	11:20	제일	창원시 진해구, 의창구, 성산구, 김해시
	통영	20	20	10~11:10	11:20	제일	통영시, 거제시, 고성군
	거창	20	20	10~11:30	11:30	농협	거창군, 함양군, 합천군
	밀양	20	20	10~11:20	11:25	농협	밀양시, 창녕군
	진주	20	20	10~11:30	11:40	농협	진주시, 사천시, 남해군, 하동군, 산청군
	마산	20	20	10~11:10	11:20	경남	마산합포, 마산회원, 함안군, 의령군
대구	대구	30	30	10~11:10	11:20	신한	수성구, 중구, 남구, 북구, 동구, 영천시, 경산, 청도군, 칠곡군
	서대구	30	30	10~11:10	11:20	대구	달서구, 서구, 성주군, 고령군, 달성군
	경주	30	30	10~11:10	11:30	신한	경주시
	김천	30	30	10~11:20	11:30	신한	김천시, 구미시
	상주	30	30	10~11:30	11:50	제일	문경시, 상주시, 예천군
	의성	30	30	10~11:10	11:30	농협	청송군, 군위군, 의성군
	영덕	30	30	10~11:00	11:10	농협	영덕군, 울진군, 영양군
	안동	30	30	10~11:10	11:30	신한	안동시, 영주시, 봉화군
	포항	30	30	10~11:10	11:20	신한	포항시 남구, 북구, 울릉군
광주	광주	30	30	10~11:10	11:30	신한	광산, 동구, 서구, 남구, 북구, 나주, 장성, 화순, 곡성, 영광, 담양군
	목포	30	30	10~11:20	11:30	신한	목포, 무안군, 함평, 영암, 신안군
	순천	30	30	10~11:20	11:50	신한	순천시, 광양, 여수, 고흥, 보성, 구례
	해남	30	30	10~11:30	12:00	광주	진도군, 완도군, 해남군
	장흥	20	20	10~11:30	12:00	광주	장흥군, 강진군

지역	법원	1차	2차	입찰	개찰	은행	소재지
전주	전주	30	30	10~11:00	11:30	제일	전주시 덕진, 완산구, 김제시, 진안군, 완주군, 임실군, 무주군
	남원	30	30	10~11:00	11:20	제일	남원시, 순창군, 장수군
	군산	30	30	10~11:00	11:50	신한	익산시, 군산시
	정읍	30	30	10~11:30	11:45	제일	정읍시, 부안군, 고창군
제주	제주	30	30	10~11:30	11:45	제일	제주시, 서귀포시

2 인터넷 경매(대법원 홈페이지)

(1) 대법원 경매 사이트의 주소

인터넷의 대법원 경매 사이트 주소는 "http : //www.courtauction.go.kr"이다.

(2) 대법원 경매 사이트의 내용

상단에는 1. 경매공고, 2. 경매물건, 3. 매각통계, 4. 경매지식, 5. 이용안내 순으로 구성되어 있다.

<대법원 법원 인터넷 경매정보 홈페이지 초기 화면>

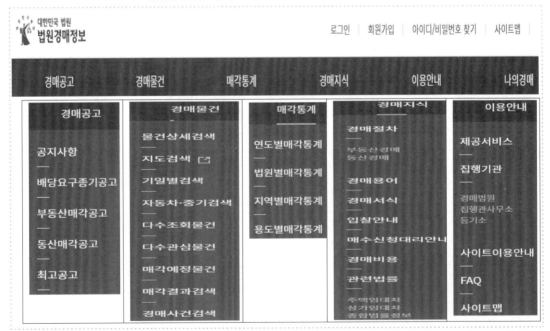

3 경매정보지

경매정보지로는 스피드옥션, 굿옥션, 태인경매, 지지옥션, 마이옥션 등이 있다.

(1) 경매정보지 사이트 주소 및 연락처

종류	홈페이지	전화번호
스피드옥션	speedauction.co.kr	1664-2072
지지옥션	ggi.co.kr	1588-0133
굿옥션	goodauction.co.kr	080)625-7700
태인경매	taein.co.kr	02)3487-9996
마이옥션	m.my-auction.co.kr/	1544-6542
인포케어	infocare.co.kr	02)2122-3300
한국부동산 경매정보	auction119.co.kr	02)588-9936
경·공매가이드	Kyungmaeguide.co.kr	02)923-5559

① 경매물건에 대한 정보를 확인하는 여러 방법이 있지만 신문 입찰공고보다 경매 정보지와 경매정보 인터넷 검색을 통한 방법이 현실적이다.

② 경매정보지와 인터넷 경매정보 내용은 전문적 지식을 갖지 않고서는 정확한 파악이 어려울 수 있으니 많은 공부를 통해 그 내용을 정확하게 파악할 수 있도록 하여야 한다. 경매정보지는 참고 사항이며 경매정보 제공회사는 법적 책임을 지지 않으니 개별적으로 조사와 확인이 필요하다.

(2) 경매사건에서 확인할 사항

1) 사건번호(물건번호)

① 사건번호의 의미 : 2025는 경매신청 연도(2025년)를 의미하며 '-'은 타경이라 부른다. 타경의 의미는 법원이 부동산 경매사건에 부여하는 부호이며 1234는 구체적인 번호이다.

② 물건번호 : 사건번호는 하나인데 해당하는 물건이 여러 개인 경우에는 괄호( )로 번호를 붙여서 경매로 내놓는다.

2) 경매의 구분

① 임의경매

ㄱ 신청 방법 : 임의경매(담보권 실행을 위한 경매)는 채권자가 채무자의 집이나 땅에 담보권(근저당)을 설정한 뒤 채무자가 약속한 원금과 이자를 갚지 않아 저당권이 설정된 부동산을 경매신청한 것이다.

ㄴ 채권 : 임의경매의 신청채권은 대부분 (근)저당권이고 일부 담보가등기 등, 집합건물(아파트·다세대주택·연립주택)의 전세권 등이 있다.

② 강제경매

강제경매는 담보 없이 차용증만 쓰고 돈을 빌려줬거나 보증금, 공사대금, 물품대금, 카드대금 등을 받아야 할 사람(채권자)이 돈을 갚아야 할 사람(채무자)을 상대로 법원에 재판을 청구하여 승소한 다음, 채무자의 재산을 경매신청해서 경매가 진행된다.

ㄱ 집행권원 : 보통은 재판을 하기 전에 채무자의 재산을 가압류해 놓지만 꼭 그래야 하는 것은 아니다. 강제경매를 신청할 수 있는 법원의 판결은 확정판결·지급명령, 각종 조서(화해조서·조정조서) 등이 있다. 강제경매의 신청채권은 주로 가압류, 압류, 임금, 임차권 등이다.

ㄴ 절차 : 강제경매와 임의경매는 신청채권이 달라 구분하지만 대부분의 절차가 동일하게 적용되며, 굳이 구분할 필요는 없다.

③ 형식적 경매

ㄱ 종류 : 형식적 경매는 특정 재산의 가격보존, 재산 정리를 위한 경매로 임의경매(담보권 실행)의 절차를 그대로 따른다. 공유물 분할에 관하여 합의가 이루어지지 않은 경우에 공유물을 그 가치에 따라 분할하기 위해 현금화하는 '공유물 분할을 위한 경매'이다.

ㄴ 기타 : 그 외에도 자조매각, 타인의 권리를 상실시키는 경매, 상속재산의 경매와 같은 청산을 위한 경매 등이 있다.

> <참고> 자조매각(自助賣却) : 특정물의 인도의무를 부담하는 자가 그 인도의무를 면하기 위하여 물건을 금전으로 환가하는 것을 목적으로 경매를 신청하는 경우이다

3) **부동산 종별의 구분** : 부동산에 대한 용도에 따라 분류한 것이다.

단독주택	주택이 한 채이고 소유자도 1명인 보통 가족이 거주하는 주택
다중주택	바닥면적의 합계가 660㎡ 이하이고 주택으로 쓰는 층수가 3층 이하인 주택
다가구주택	1개동의 주택으로 쓰이는 바닥면적의 합계가 660㎡ 이하이고 주택으로 쓰이는 층수가 3층 이하이면서 19세대 이하가 거주하는 주택
다세대주택	주택으로 쓰이는 한 개동의 바닥면적이 660㎡ 이하이고(지하주차장 면적은 제외) 층수가 4개층 이하인 공동주택
연립주택	바닥면적이 660㎡를 초과하고 층수가 4개층 이하인 공동주택
아파트	주택으로 쓰이는 층수가 5개층 이상인 주택(면적은 관계 없다.)
근린주택	건물의 일부는 상가이고 다른 일부는 주택으로 사용하는 건물
상가건물	근린상가, 중심상가, 테마상가(전문상가), 단지 내 상가 등이 있다.

4) **등기관계**
   ① 등기관계란 토지, 건물 등기사항증명서상 나타나 있는 내용에 대한 조사로써 등기사항증명서는 표제부, 갑구, 을구로 구분되어 있다.

표제부	목적물(토지, 건물)에 대한 소재지, 지목, 면적 등을 표시
갑구	부동산 소유에 관한 사항을 기재, 소유권에 대한 가압류, 압류, 가처분, 가등기, 환매권, 경매등기(예고등기:삭제) 등을 표시
을구	제한물권의 등기 / 지상권, 지역권, 전세권 등 용익물권과 저당권, 전세권 등의 담보물권 및 임차권의 존부 그리고 제한물권에 대한 가등기, 가압류, 가처분(예고등기 : 삭제) 등이 표시

   ② **권리의 순위** : 부동산에 대해 등기한 권리의 순위는 등기의 전·후에 의한다. 이때 동구(같은 구, 갑구·갑구, 을구·을구)에서 한 등기에 대하여는 순위번호에 의하고 별구(다른 구, 갑구·을구)에서 한 등기에 대하여는 접수번호에 의한다.

   ③ **소멸 여부의 판단** : 등기사항증명서의 권리분석을 할 때 시기적으로 가장 빠른 시기에 있는 권리를 말소기준권리(근저당, 저당, 가압류, 압류, 담보가등기 등)로 보고 등기사항증명서 관계와 임차관계의 권리를 인수할 것인가, 아니면 인수하지 않는 것인가(소멸)를 판단해야 한다.

5) 투자 시 주의할 점

① 보유자산, 세금 등의 파악 : 좋은 물건을 찾고 입찰해 부동산을 매수할
경우는 현재 자신의 자산 현황을 정확히 파악해야 한다. 불필요한 부동산
의 소유는 자금의 유동성을 저해하게 되며 많은 보유세를 부담하는 등 오
히려 손실의 여지가 많아졌다. 따라서 부동산 취득·보유·양도에 따른 제반
문제를 생각해야 하고 경매로 부동산을 매입할 때는 목적을 우선 명확하
게 설정하고 관심 물건에 투자해야 한다.

② 투자목적의 파악 : 낙찰받은 부동산이 단기차액을 바라는지(투기), 아니
면 장기적인 투자가치를 염두에 두었는가에 관한 결정과 매매차익이 우선
인지, 아니면 임대소득이 주목적인지를 먼저 결정하고 적절하게 입찰해야
한다.

참고 : 임대수익률을 높이는 방법

① 경매, 급매, 할인 미분양 등을 통해 취득원가를 낮춘다.
② 서울보다 수도권이나 지방에 소재한 물건을 공략한다.
③ 임대가 활성화된 지역은 1층보다는 지하층이나 2층, 3층 물건을 선정한다.
④ 지렛대 효과를 적극 활용한다.
⑤ 리모델링이나 건물 개·보수에 비용을 적극 투자한다.

---

04 각종 권리, 권리분석

제 1 절 물권, 채권

1 물권과 채권의 개념

(1) 물권의 개념

① 대물권·배타성 : 물권은 부동산을 점유, 사용·수익·처분 등 직접 지배할 수 있는 권리로서 누구에게나 주장할 수 있는 절대권, 물건에 대해 권리를 주장할 수 있는 대물권이고 하나의 부동산 위에 같은 내용의 권리가 동등하게 성립할 수 없다는 배타성을 가진 권리이다. 일물일권의 원칙이란 하나의 물건에는 여러 권리가 존재할 수 없으며 여러 개의 물건이 또한 하나의 권리가 될 수 없다는 것이다.

② 물권의 순위 : 물권의 성립순서는 시간적으로 먼저 성립한 물권이 우선이며 같은 종류의 물권들은 동시에 성립되지 않는다. 이중에는 분명 먼저 성립된 것이 우선한다. 순위는 보통의 등기를 할 때 같은 구(동구 / 갑구·갑구, 을구·을구)는 순위번호, 다른 구(별구 / 갑구·을구)는 접수번호를 보고 구분할 수 있다.

③ 물권의 구분 : 민법에서 규정한 물권법정주의('물권의 종류와 내용은 법률 또는 관습법에 의한다.')에 따라 법률에서 정한 물권에는 점유권과 본권이 소유권과 제한물권으로 크게 나누고, 다시 제한물권에는 용익물권과 담보물권으로 나뉘어진다. 용익물권은 지상권, 지역권, 전세권으로 담보물권은 유치권, 질권, 저당권 등 총 8종이 있다. 여기에 관습법상의 물권은 분묘기지권, 관습법상 법정지상권, 양도담보권 3종이 있다.

(2) 채권의 개념

채권은 당사자 사이의 계약에 의해 성립하며 계약상 채무자인 특정한 사람에게 채무 이행, 즉 돈을 갚아 달라고 청구할 수 있는 대인 청구권, 해당 채무자에게만 요구할 수 있는 상대권, 권리에 관해 독점적으로 지위를 누리지 못하고 권리자 사이에 평등성을 가지고 있어 이를 '비배타성'이라고 표현한다.

물권 우선주의란 배타적이고 독점적인 권리로 무엇보다 우선하는 권리라는 말로 다른 권리보다도 앞선다는 뜻이다.

(1) 물권과 물권

1) 원칙

① 동일물 위에 성립하는 소유권과 제한물권은 언제나 제한물권이 우선한다.

② 제한물권 상호간의 우열 : 제한물권 간에 있어서는 시간적으로 먼저 성립한 물권이 뒤에 성립한 물권에 우선한다. 동일물 위에 성질, 범위, 순위가 같은 물권은 동시에 성립하지 않으나 서로 종류가 다른 물권이면 동일물 위에 병존할 수 있다.

2) 예외

① 점유권(사실상 지배) : 물권 상호간의 우선적 효력은 물권의 배타성에서 나오므로 배타성이 없는 점유권에는 우선적 효력이 인정되지 않는다.

② 유치권 : 유치권도 다른 권리보다 우선하는 우선적 효력은 없다.

(2) 물권과 채권

1) 원칙

① 물권 우선(원칙) : 동일물에 대하여 물권과 채권이 성립하는 경우에는 그 성립 전후와 관계없이 물권이 우선한다.

② 특별법 우선(예외) : 그러나 예외로 약자 보호와 사회 보호의 목적으로 특정채권이나 이를 담보하는 권리는 물권에 우선하는 경우가 있다. 주택이나 상가건물, 임금 등의 채권은 가장 먼저 배당되는 경우가 있다.

2) 예외

① 부동산물권 등의 변동을 목적으로 하는 채권은 가등기를 갖추고 있으면 물권에 우선하는 효력이 인정된다.

② 등기된 부동산 임차권은 그 후에 성립하는 물권에 우선하는 효력이 인정된다.

③ 주택임대차보호법 및 상가건물임대차보호법상의 소액보증금에 해당하면 최우

선변제금은 국세나 근저당 등보다도 더 우선한다.

④ 주택 및 상가건물 임대차보호법상의 대항요건 및 확정일자를 갖춘 경우는 보증금 반환청구권에 관하여는 물권과 동등한 지위를 인정한다.

(3) 물권과 가압류

① 선순위 물권이 있는 경우 : 저당권, 전세권, 가등기담보권, 주택의 인도와 주민등록, 확정일자를 마친 임차권보다 후에 갖춘 채권 증빙서류 등을 가지고 가압류한 자의 권리는 채권에 해당하는 권리이기 때문에 물권 우선주의에 따라서 물권보다 항상 후순위이다.

② 선순위 가압류 후의 물권 : 반면 가압류가 먼저 이루어진 후 저당권 등이 설정되었을 때는 선순위 가압류권자와 후순위 담보권자와의 배당에 있어 동순위이므로 안분배당을 받게 된다.

3 물권과 채권의 차이점

(1) 물권(절대성) : 물권은 다른 사람의 동의를 받지 않고 물건을 직접 지배(점유, 사용, 수익, 처분)하는 권리이다.

(2) 채권(상대성) : 채권은 채무자를 지배하지는 못하고 단지 채무를 이행해 달라는 청구(이행)권만 있다. 다만, 집행권원을 얻으면 압류는 가능하다.

구분	물권	채권
권리의 성질	절대적·배타적 권리 주장	특정 상대방에게만 이행청구
절대성 여부	누구한테나 주장 가능한 절대권의 성질을 갖는다.	채무자(관련인)에게만 청구할 수 있는 상대권이다.
대인권, 대물권 여부	대물권 : 물건에 대해서만 권리 있음(채무자의 해당 물건에 대해서만)	대인권 : 당해 채무자에 대해 권리 있음(채무자의 모든 재산을 대상으로 채권 추심 가능)
배타성 유무	배타성 있다. 그 물건의 그 권리에 대해 하나의 유일한 권리가 있을 뿐이다.	배타성 없다. 채무자의 모든 재산에 대하여 어느 채권자의 독점적 권리는 인정되지 않는다.
권리변동의 공시	공시하는 것이 필요하다.	공시 안한다.
권리의 내용	법률로 획일적으로 정해진다.	자유계약 원칙에 따라 임의로 권리의 내용을 정할 수 있다.

1 대물변제의 의미와 종류

(1) 의미

제3자나 공동채무자(연대채무자, 보증인, 불가분채무자 등) 중 한 사람이 채무자를 위하여 변제한 경우는 채권자에 대하여 변제자가 취득하는 구상권(변제한 금액의 범위 내에서 채무자에게 변제를 청구할 수 있는 권리)의 범위 내에서 종래 채권자가 가지고 있었던 채권에 관한 권리가 법률상 당연히 변제자에게 이전하는 것이다.

(2) 종류

① 임의대위

임의대위란 변제를 함에 정당한 이익을 가지지 않는 제3자가 변제를 하고 채권자의 승낙을 얻어 채권자에 대위하는 것이다. 지명채권(채권자가 특정되어 있는 통상의 채권)을 대위변제한 때에는 채권자가 채무자에게 대위변제 사실을 통지해야만 대위변제자는 채무자에게 대항할 수 있다.

② 법정대위

법정대위란 변제할 정당한 이익이 있는 자(연대채무자, 연대보증인, 보증인, 물상보증인, 담보물의 제3취득자 등)가 변제하는 것으로써 당연히 채권자를 대위하는 것으로 채권자나 채무자의 승낙은 필요하지 않다.

2 경매에 있어서 대위변제의 의미, 종류, 절차 및 효과

(1) 의미

① 경매 절차에서 혼용되고 있는 대위변제란 말은 위 대위변제와 등기 말소를 의미한다. 예를 들어 후순위 임차인이 선순위 근저당의 피담보채무를 대위변제하는 경우에 대위변제를 한 사실만으로는 순위 상승(대항력 취득)을 기대할 수 없다. 왜냐하면 그 선순위 근저당은 대위변제의 법리에 의해 채권자만 변경되었을 뿐 여전히 유효하게 존속하므로 낙찰로 선순위 근저당이 소멸함으로써 후순위 임차권도 당연히 소멸하기 때문이다.

② 이와 같은 법리는 선순위 근저당권자와 후순위 임차권자가 동일하다 하여 달라지는 것이 아니다. 따라서 대위변제한 후 대위변제한 피담보채무를 소멸시키고서 그 소멸을 원인으로 하여 선순위 근저당권 등기를 말소한 후 그 말소 사실을 경매법원에 신고해야만 후순위 채권자(즉 임차인)는 순위 상승의 효력(대항력 취득)을 얻게 된다.

(2) 낙찰자의 대처 방법

위 대위변제에 의한 후순위 권리자들의 대항력 취득으로 입찰 시에 예상하지 못한 손해를 입게 된 낙찰자는 아래와 같은 방법으로 항변해야 한다.

① 낙찰허가결정 전

낙찰기일 전에 대위변제 사실을 알았다면 낙찰 '불허가' 신청해야 한다.

② 낙찰허가결정 후 낙찰허가 결정확정 전

위 권리변동을 이유로 입찰물건명세서 상의 하자에 대한 즉시항고를 하여 불복신청을 해야 한다.

③ 잔금납부 전

민사소송법 제639조[부동산멸실·훼손된 경우의 경락불허가 신청]를 유추 적용하여 낙찰허가결정의 '취소' 신청을 하여 구제받을 수 있다(98마103) ㄱ. 선순위 근저당이 대금지급 전에 소멸하여 후순위 주택임차인이 대항력을 취득함으로써 낙찰자에게 중대한 추가부담이 발생한 경우 또한 같다. ㄴ. 낙찰허가결정에 대한 이의신청 또는 인수 부담하는 금액에 상당하는 낙찰대금 감액신청 등의 방법으로 불복신청을 하여야 한다.

④ 잔금납부 후 배당기일 전

권리 하자에 대한 담보책임(추탈담보)의 법리에 따라 '배당절차 정지신청'과 함께 '부당이득반환청구의 소'로서 다투어야 한다. 그러나 이러한 경우에는 판사의 재량으로 불복을 받아 들일지의 여부가 결정된다. 따라서 낙찰자는 잔금납부 전까지 주의하여 권리변동 사항은 없는지 살피고 확인하여 낙찰자에게 불리한 권리변동 사항에 대하여는 법이 정한 기간 내에 적절한 불복을 하여야만 보호받을 수 있다는 점을 유의해야 한다.

1 등기사항증명서의 구성

등기용지는 1. 표제부와 2. 갑구 및 3. 을구로 구성되어 있다.

표제부에는 부동산의 사실관계(표시)가 기재되며 이를 표제부 등기라고 한다. 갑구 및 을구 등기를 사항란 등기라 하며 사항란에는 부동산의 권리관계가 기재되며 접수번호와 등기원인이 기재된다. 그 중 갑구에는 소유권에 관한 사항이 을구에는 소유권 외의 권리(제한물권)에 관한 사항이 기재된다.

그러나 을구에 기재된 사항이 전혀 없거나 기재된 사항이 말소되어 현재 효력이 있는 부분이 없을 때는 등본 발급에 있어서 을구를 제외한 표제부 및 갑구만으로 구성되어 발급될 수 있다.

(1) 표제부 등기

① 표제부(표시) : 부동산의 소재지와 내용을 표시한다. 토지는 소재·지번·지목·면적, 건물은 종류·소재·지번·면적·구조·용도 등이 기재 된다.

② 아파트(1동 전체와 전유부분의 표제부) : 다만 아파트 등 집합건물(구분건물)의 경우에는 전체 건물에 대한 표제부와 구분된 개개의 건물에 대한 표제부가 따로 있고 갑구와 을구를 합해 4장으로 구성되어 있으며 이는 1부동산 1등기용지주의(3장) 예외에 해당된다.

③ 평으로의 환산 : 면적은 ㎡로 표시되어 있는바 이것을 3.305785으로 나누면(곱할 때에는 0.3025) 평이 된다. 토지 분할이나 지목의 변경 또는 건물 구조의 변경이나 증축 등에 의한 면적 변경도 표제부에 기재된다.

< 집합건물 등기사항증명서(표제부) 구성 예 >

1. 등기사항증명서(말소사항 포함) - 집합건물

[집합건물] 서울특별시 도봉구 방학동 00-000 제 2층 201호

2. 경매에 있어 입찰에 응하기 전 표제부 등기에서 자세히 조사할 사항은 대지권

이 소유권인가 아니면 소유권 외의 권리인가 확인해야 한다. 대지권이 소유권이어야 안전한 물건이며 소유권 외의 권리(지상권, 전세권, 임차권)인 경우는 입찰에 응함에 있어 주의가 필요하다.

[표 제 부] (1동의 건물의 표시)				
표시번호	접 수	소재지번, 건물명칭 및 번호	건물내역	등기원인 및 기타사항
1 (전1)	2015년5월12일	서울특별시 도봉구 방학동 00-000	철근콘트리트 및 벽돌조 평 슬래브지붕 2층 다세대주택 1층 63.86㎡ 2층 65.52㎡ 3층 65.52㎡ 4층 65.52㎡ 지하1층 81.64㎡	부동산등기법 제177조의 6 제1항의 규정에 의하여 2001년 7월 7일 전산이기

(대지권의 목적인 토지의 표시)				
표시번호	소 재 지 번	지목	면적	등기원인 및 기타사항
1 (전1)	1. 서울특별시 도봉구 방학동 00-000	대	150㎡	2000년 9월 24일 부동산등기법 제177조의 6 제1항의 규정에 의하여 1999년 7월 7일 전산이기

[표 제 부] (전유부분의 건물표시)				
표시번호	접 수	건 물 번 호	건 물 내 역	등기원인 및 기타사항
1 (전 1)	2015년 5월 13일	제2층 제201호	벽돌조 32.13㎡	도면편철장 제2책 제40장 부동산등기법 제177조의 6 제1항의 규정에 의하여 전산이기

[대지권의 표시]			
표시번호	대지권 종류	대지권 비율	등기원인 및 기타사항
1 (전 1)	1 소유권대지권	150분의 16.32㎡	2000년 1월 30일 대지권 부동산등기법 제177조의 6 제1항의 규정에 의하여 전산이기

3. 대지 지분을 확인해야 한다. 위 등기사항증명서에서 대지 지분은 16.32㎡이다. 이는 대지권 목적인 토지면적(150㎡) × 대지권 비율(16.32㎡/150㎡)에서 계산된 값이다.

4. 토지 별도등기(표제부) : 전유부분 표제부 대지권 표시란의 등기원인 및 기타 사항란에 '토지별도등기 있음'이 기재되어 있으면 반드시 토지 등기사항증명서

를 발급받아서 토지에 기재된 권리(저당권, 가처분 등)를 확인하여야 한다. 토지 별도등기가 있는 경우 대출을 받아 입찰에 응하고자 할 때 대출 제한 사유가 될 수도 있다.

(2) 갑구(소유권에 관한 사항을 기재)

① 기재 사항 : 소유권에 대한 압류, 가등기, 경매개시결정 등기 그리고 소유권의 말소 또는 회복에 관한 재판이 진행 중임을 예고하는 예고등기(2011년 10월 13일 폐지, 처분금지 가처분 제도를 활용), 소유자의 처분을 금지하는 가처분 등기 등이 모두 갑구에 기재할 사항이다. 담보가등기, 양도담보, 매도담보, 경매개시결정 등기도 갑구에 기재된다. 그리고 이런 권리관계의 변경·소멸에 관한 사항도 역시 갑구에 기재된다.

② 소유권보존등기 : 소유권보존등기는 그 부동산을 원시취득(예 : 건물의 신축)하는 경우 등기용지를 개설하여 제일 먼저 하는 등기를 말한다. 이 경우 아직 소유권 외의 권리(지상권·지역권·전세권·저당권·근저당권 등)가 설정되지 않았다면 을구 등기용지를 두지 않을 수도 있다.

③ 소유권이전등기 : 소유권이전등기는 소유권을 이전하는 등기이며 소유권이 지분으로 이전된 경우에는 2인 이상이 그 부동산을 공동으로 소유한다는 것을 의미한다. 소유권이 이전되더라도 전 소유자란은 붉은 선으로 말소(주말)하지 않는다.

(3) 을구(소유권 외에 관한 사항을 기재)

① 기재 사항 : 을구에는 소유권 외의 권리인 지상권, 지역권, 전세권, (근)저당권 등이 기재된다.

② 변경이나 제한 사항 : 그리고 이러한 권리관계의 변경, 이전이나 말소 및 소유권 외의 권리 가등기 등이 을구에 기재된다.

< 집합건물 등기사항증명서(갑구, 을구) 구성 예 >

1. 등기사항증명서(말소사항 포함) - 집합건물

[집합건물] 서울특별시 관악구 신림동 00-000 제 4층 401호

[갑 구]		(소유권에 관한 사항)		
순위번호	등기목적	접 수	등기원인	권리자 및 기타 사항
1 (전1)	소유권 이전	2012년10월31일 제36554호	2012년9월1일 매매	소유자 박00 500914-****** 서울 관악구 신림동 00-000 ㅇㅇ
				부동산등기법 제177조의 6 제1항의 규정에 의하여 1999년 7월 7일 전산이기
2	가압류	2013년7월5일 제36622호	2013년9월2일 ㅇㅇ지방법원의 가압류 결정(2003카단 145587)	청구금액 금4,197,916원 채권자 (주)ㅇㅇ은행 110111-****** 서울 중구 을지로2가(동대문지점)
3	가압류	2013년8월9일 제42978호	2013년10월8일 ㅇㅇ지방법원의 가압류 결정(2003카단60163)	청구금액 금15,359,744원 채권자 (주)ㅇㅇ카드 110111-****** 서울 강남구 역삼동
4	가압류	2014년6월10일 제27665호	2014년4월6일 ㅇㅇ지방법원의 가압류 결정	청구금액 금3,895,521원 채권자 ㅇㅇ농협 110111-****** 대구 달서구 진천동 (대덕지점)
5	가압류	2016년4월5일 제14010호	2016년4월30일 서울ㅇㅇ지방법원 가압류결정	청구금액 금6,858,636원 채권자 (주)ㅇㅇ금융 110111-****** 서울 강남구 역삼동
6	임의경매 개시결정	2016년8월30일 제38816호	2017년10월29일 서울ㅇㅇ지방법원경매 개시결정(2007타경 25136)	채권자 관악ㄴ협 115136-****** 서울 금천구 ㅇㅇ동 (신본지소)
7	가압류	2017년11월2일 제48334호	2017년 5월8일 ㅇㅇ지방법원의 가압류 결정(2007카단4014)	청구금액 금3,623,292원 채권자 ㈜ㅇ캐피팔 110111-****** 서울 영등포구 여의도동(서대구채권센터)

순위번호	등기목적	접 수	등기원인	권리자 및 기타사항
~~1~~ (전1)	~~근저당설정~~	~~1995년3월31일~~ ~~제36555호~~	~~1995년3월27일~~ ~~설정계약~~	~~채권최고액 금26,000,000원정~~ ~~채무자 박OO~~ ~~서울 관악구 신림동 00-000 영광주~~ ~~택 B-401~~ 부동산등기법 제177조의 6 제1항의 규정에 의하여 1999년 7월 7일 전산이기
~~1-1~~	~~1번 근저당이전~~	~~2000년1월17일~~ ~~제1869호~~	~~1999년8월30일~~ ~~계약양도~~	~~청구금액 금4,197,916원~~ ~~채권자 (주)은행 110111-******~~ ~~서울 중구 을지로2가 182(동대문지점)~~
2	1번근저당설정등기말소	2010년10월11일 제39373호	2010년10월9일 해지	
3	근저당권설정	2017년5월15일 제 21156호	2017년5월14일 설정계약	채권최고액 금130,00,000원 채무자 박OO 서울관악구 신림동 근저당권자 농협 115136-****** 서울 금천구 (신본지소)

2. 기재 사항

(1) 갑구, 을구 : 권리에 관한 사항이 기재되며 순위번호, 등기목적, 접수연월일, 등기원인, 권리자 및 기타 사항이 기재된다.

(2) 등기사항증명서를 발급받아 확인할 때에는 갑구와 을구의 권리관계가 권리분석의 기초가 되므로 상세히 그 내용을 확인해야 한다.

3. 등기사항증명서 권리 순위

(1) 각 등기는 등기한 순서대로 순위번호를 기재하고, 같은 구에서는 그 순위번호에 의해 등기의 우열이 가려지며, 부기등기의 순위는 주등기의 순위에 의한다.

(2) 가등기가 있는 경우에 본등기를 하면 그 본등기의 순위는 가등기의 순위에 의한다. 갑구와 을구 사이의 등기순위는 접수일자와 접수번호에 의해 그 우열을 가리게 된다.

(3) 갑구와 을구 사이의 등기순위는 접수일자에 의해 정해지나 접수일자가 같은

날이 되는 경우에는 접수번호로 그 선후를 따진다.

4. 주의 : 등기는 같은 날 수건이 동시에 신청되는 경우가 있다. 이러한 경우는 권리를 순서대로 나열하기가 곤란하므로 접수일자에 따라 순서를 정리하는 것이 아니라 접수번호를 순서대로 정리하는 것이 실무에서의 방법이다.

2 등기의 종류, 효력, 순위

(1) 등기 종류

1) 부동산 등기의 종류는 등기 대상에 따라 ① 사실의 등기(표제부 등기)와 ② 권리에 관한 등기(사항란 등기)로 구분된다.

2) 등기의 내용에 따라 기입등기, 경정등기, 변경등기, 말소등기, 회복등기(말소회복과 멸실회복등기), 멸실등기로 구분된다.

(2) 등기 순위

① 부동산 등기사항증명서의 기재내용은 동일하다. 즉 토지와 건물의 등기사항증명서의 갑구에는 소유권에 관한 사항이 등재되며 그 기재 내용을 등기순위, 등기권리자, 등기원인, 예비등기(가등기 및 예고등기)와 촉탁등기에 관한 사항 등으로 나뉜다.

② 갑구에 등기된 순위는 순위번호란에서 파악할 수 있고, 같은 부동산에서 이중등기가 경료되어 효력을 다투는 경우에는 등기의 선후에 의해 결정함이 원칙이지만 그보다 실체관계에 부합하는 소유자를 가려 판단함이 타당하다.

(3) 등기권리자

① 등기권리자란 신청된 등기가 행하여짐으로써 권리를 취득하거나 기타 이익을 얻는 자라는 것이 등기상 형식적으로 표시되는 자를 말한다. 갑구의 '사항란'에는 등기권리자의 성명과 주소가 기재된다. 등기명의인은 대상 부동산의 실질적 소유자와 부합해야 한다.

② 그 부합 여부를 정확하게 판단하는 일은 임장활동(현장답사)없이 관계서류의 내용만 가지고는 어려운 일이지만 등기사항증명서와 토지대장, 임야대장, 건축물

대장 또는 등기필정보의 기재내용을 비교·검토하여 실제 관계와의 부합 여부를 어느 정도 확인할 수 있다.

③ 이러한 경우 수집된 관계 서류의 진위 여부에 대해 주의해야 하고 때로는 서류를 위조하여 진실된 권리자로 가장하는 경우도 있을 수 있어 주민등록증, 인감증명, 가족관계등록부 등을 통해 본인 여부를 확인할 필요가 있다.

④ 필요에 따라 원부를 직접 열람하는 방법도 있다. 사망자 명의의 등기신청에 의해 등기한 경우에도 실제상의 권리관계에 부합하다면 등기는 유효하다.

(4) 등기원인

1) 등기원인의 의의 : 등기를 필요로 한 원인인 법률행위 또는 기타 법률사실로 증여, 매매, 저당권설정 건물의 증축, 등기명의인의 표시변경 등을 말한다.

2) 보존등기의 등기원인 : 보존등기는 등기원인을 신청서에 기재할 필요가 없으므로 등기사항증명서에 등기원인(신축, 매입 등)은 공시되지 않으며 시효취득의 경우는 보존등기가 원칙이지만 현실적으로는 이전등기의 형식으로 행해지고 있다.

① 이미 경료된 부동산 등기라고 해도 그 등기원인이 무효로 되는 경우에는 그것을 원인으로 하여 경료된 이후의 등기도 무효다.

② 등기원인의 내용은 등기원인증서와 등기사항증명서의 각 해당구 사항란에 기재된 내용을 통해서 파악할 수 있으나 실제 관계와의 부합 여부를 확인하는 것도 중요하다.

③ 등기원인의 표시 사실과 다른 경우라고 해도 물권행위와 등기가 부합하거나 그 후의 사정변경으로 그 무효인 등기와 부합하는 새로운 실제적 권리관계가 있게 된 경우는 본래의 등기가 유효하다고 할 수 있다.

제 **4** 절 　인수주의와 소멸주의

부동산에 관한 담보권의 실행을 위한 경매에 있어서는 부동산 위에 존재하는 제한물권 등의 부담은 매수인이 인수하는 것(인수주의)이 아니라 매각에 의해 소멸하는 것이 원칙(소멸주의)이다(민사집행법 제268조, 제91조 2항~4항). 다만, 인수주의를 취하는 경우에는 매각기일의 공고나 매각물건명세서에 부동산 상의 부담이 소멸하지 않는 것이 기재되어 있으며 매수신청인 등이 강제경매나 담보권 실행을 위한 경매처럼 당연히 소멸하는 것으로 판단해서는 안 된다.

1 ┃ 말소기준권리

(1) 말소기준권리의 의의

말소기준권리란 등기사항증명서란에 나타나 있는 여러 권리 중에서 어떤 하나를 기준권리로 삼고 기준권리보다 선순위에 있는 권리는 매수인이 인수하고 후 순위 권리는 등기사항증명서상에서 소멸하게 하는 기준이 되는 권리를 말한다.

(2) 말소기준권리가 될 수 있는 권리

① 원칙

말소기준권리가 될 수 있는 권리로는 '가압류·압류·근저당권·저당권·담보가등기'이다. 이 중에서 시기적으로 가장 빠른 권리를 말소기준권리로 본다.

② 예외

만약 가압류·압류·근저당권·저당권·담보가등기가 없다면 '경매기입등기와 전세권(경매신청·배당요구한 경우)'이 말소기준권리가 된다.

시간순	구분	종류
선순위	인수주의	- 환매권, 가처분, 소유권 이전청구권 가등기 - 대항력 있는 임차권, 등기된 임차권 - 지상권, 지역권, 전세권(배당요구시 소멸)
기준	말소기준권리	최초 (가)압류, (근)저당, 담보가등기, 경매기입등기, 전세권(전유부분+경매신청한 경우)
후순위	인수주의	- 유치권, 법정지상권, 분묘기지권(예고등기 : 폐지)
후순위	소멸주의	- 기타 권리

(3) 말소기준권리의 등기사항증명서 적용

① 원칙(말소기준권리보다 후순위 권리는 소멸)

예를 들어 1순위 저당권, 2순위 가압류, 3순위 담보가등기, 4순위 압류, 5순위 저당권이라면 이 중 시기적으로 가장 선순위인 '1순위 저당권'이 말소기준권리가 되며 나머지 2번, 3번, 4번, 5번의 권리는 매각 후 등기사항증명서에서 소멸한다. 이를 소멸(소제)주의라 한다.

② 예외(말소기준권리보다 후순위 권리라도 소멸하지 않는다. 낙찰자가 인수)

그러나 후순위 권리이지만 예외적으로 소멸되지 않고 인수되는 권리가 있다. 이러한 권리로는 유치권, 법정지상권, 분묘기지권 등이 있다.

2 인수주의

(1) 내용

① 의의 : 인수주의란 매각 후에 말소기준권리보다 선순위에 있는 권리는 매수인이 인수하는 것을 말한다. 매각 후에 매수인이 인수하는 권리가 있는 경우 위험하므로 입찰하지 말거나 인수할 금액만큼 낮게 입찰해야 한다.

② 예 : 등기사항증명서상에 있는 권리들이 1순위 소유권이전청구권 가등기, 2순위 근저당권, 3순위 가압류, 4순위 압류의 순이라면 말소기준권리는 2순위 근저당권이 되며 따라서 말소기준권리보다 선순위 권리인 1순위 소유권이전천구권 가등기는 매수인(낙찰자)이 인수해야 한다.

(2) 원칙

말소기준권리보다 선순위인 권리는 인수된다. 말소기준권리보다 선순위 권리로 환매권, 소유권이전청구권 가등기, 가처분, 지상권·지역권·전세권·임차권 등이 있을 수 있다.

(3) 예외

선순위 전세권과 임차권은 매수인이 인수하지만 선순위 전세권은 배당요구로 소멸하고 임차인이 전입신고(주민등록, 주택), 사업자등록 신청(상가)까지 하였다면 배당받은 금액은 소멸하고 남은 보증금은 매수인이 인수해야 한다.

제 5 절 각종 권리

1 가등기

(1) 개념

부동산 물권 또는 임차권의 설정·이전·변경, 소멸의 청구권을 보전하려 할 때, 그 청구권이 시기부 또는 정지조건부인 때, 그 청구권이 장래에 확정될 것일 때에는 타인에게 자신의 권리를 알려 자신의 권리를 보전하려고 가등기를 할 수 있고 본등기의 순위 보전을 하는 예비등기가 된다.

(2) 가등기의 종류

1) 소유권이전청구권 가등기

① 의의

가등기는 일반적으로 아직 본등기를 할 수 있는 실체법적 요건이 구비되지 않은 경우에 장래에 행해질 본등기를 준비할 목적으로 하는 등기로 부동산 매매 시에 매수인이 계약금 또는 중도금을 지급하여 아직 소유권을 취득하지는 않았으나 매매 예약자로서의 권리를 확보할 필요한 경우에 이용된다.

② 가등기할 수 있는 경우

본 등기할 수 있는 모든 권리는 가등기 대상이 된다. 소유권뿐만 아니라 지상권, 지역권, 전세권, 저당권, 권리질권, 임차권, 환매권 등에 대하여 이들 권리에 대한 일정한 청구권을 보전하기 위해 가등기할 수 있다. 또한 시기부 또는 정지조건부 청구권을 보전하려 할 때와 그 밖의 장래에 있어 청구권을 보전하려고 할 때에도 가등기를 할 수 있다.

2) 담보가등기

채권자가 채무자의 부동산에 하는 가등기이다. 채무자가 채권액을 변제하지 않을 경우에 채무자의 부동산을 채권자에게 소유권을 이전시키게 된다. 이 때에 채권액과 부동산의 시세를 파악해 남은 차액은 채무자에게 돌려주어야 소유권의 이전이 가능하다. 담보가등기에 대해서 가등기도 가능하다.

(3) 가등기의 신청

① 가등기는 원칙적으로 공동신청(가등기 의무자, 가등기 권리자)으로 하는데 단독 신청으로 하는 경우로 가등기 의무자(매도자, 채무자)의 승낙이 있으면 신청 시에 그 승낙서를 첨부해 가등기 권리자(매수자, 채권자)가 이를 등기소에 신청할 수 있다. 이것이 원칙적 가등기이다.

② 그리고 가등기 의무자의 승낙이 없을 때에는 가등기 권리자의 신청에 의한 가등기 원인의 소명을 토대로 그 목적부동산 소재지 관할 법원의 가처분명령을 받아서 가처분명령 정본을 첨부해 가등기를 신청할 수 있다. 이를 가등기 가처분에 의한 가등기라 한다.

(4) 가등기의 실행

① 가등기는 등기용지 중 해당구 사항란에 이를 기재하고 그 아래쪽에 여백을 두어야 한다. 즉 가등기를 하는 때에는 사항란에 횡선을 긋고(주말) 그 아래에 본등기를 할 수 있는 상당한 여백을 남겨두어야 한다. 다만 전산 등기사항증명서에 의해 등기사무를 처리하는 경우에는 여백규정을 두지 않는다.

② 본등기가 독립등기에 의해야 할 경우에는 가등기도 독립적인 번호를 새로 부여하여 독립등기로, 본등기를 부기등기로 해야 할 경우에는 가등기도 주등기(다음 순번, 1번 다음 2번)가 아니라 부기등기(1-1)로 해야 한다.

(5) 가등기의 효력

① 순위보전의 효력 : 가등기는 자체로서 등기의 효력은 없으나 나중에 본등기하면 본등기(소유권이전) 순위는 가등기 순위에 의한다. 즉, 대항력의 순위가 가등기한 때로 소급하게 되고 가등기 순위에 따라 등기된다.

② 효용 : 가등기는 본등기에 비해 절차가 간단하고 비용이 저렴하여 많이 활용되고 있다.

③ 대항력의 의미 : 대항력이란 그 누구에게도 대항할 수 있는 힘이 있다는 것으로 등기상 여러 권리관계 중에서 다른 권리에 비해 우선해 효력이 발생함을 뜻한다.

[1] 가등기는 성질상 본등기의 순위보전의 효력만이 있을 뿐이어서 후일 본등기가 마쳐진 때에는 본등기의 순위가 가등기한 때로 소급하는 것이며, 본등기에 의한 물권변동의 효력이 가등기한 때로 소급하는 것은 아니다(81다1298).

[2] 갑이 을과의 합의하여 제3자로부터 토지를 을의 이름으로 매수하여 매매대금을 완납하고 을의 명의로 소유권이전등기를 경료한 다음, 을이 그 토지에 대해 압류, 가압류, 가처분을 하거나 을이 갑의 승낙 없이 토지를 임의로 처분할 것을 대비하기 위해 갑 명의로 소유권이전 가등기를 경료하였다면 갑은 을에게 그 토지를 명의신탁한 것이라고 보여지고 위 가등기를 경료하기로 하는 갑과 을 사이의 약정이 통정허위표시로서 무효는 아니고, 갑과 을 사이에 실제로 매매예약의 사실이 없었다고 하여 그 가등기가 무효는 아니다(95다29888).

[3] 가등기가 담보가등기인지는 등기시에 주고 받은 서류의 종류에 의하여 형식적으로 결정될 것이 아니고 거래의 실질과 당사자 의사해석에 따라 결정된다(91다36932).

(6) 경매에 있어서의 가등기

① 선순위 : 소유권이전청구권 가등기가 선순위이면 유지되나 담보가등기가 선순위이면 소멸되고 배당으로 변제받게 된다.

② 후순위 가등기 : 저당권보다 후순위 가등기는 소유권이전청구권 가등기, 담보가등기는 모두 소멸되고 배당으로 변제받는다.

(7) 소유권이전청구권 가등기와 담보가등기의 구별

① 구별의 어려움 : 등기사항증명서상에 가등기 되어 있는 경우에 등기사항증명서를 통해서는 소유권이전청구권 가등기인지, 담보가등기인지 구별할 수 있는 방법은 없다. 따라서 경매법원은 가등기의 종류를 구별하기 위해 가등기권자에게 어떤 종류의 가등기인지 법원에 신고하라고 최고하게 된다. 이때 가등기권자가 소유권이전청구권 가등기라는 취지의 신고를 해오면 경매법원은 그러한 사실을 입찰기록에 기재하여 경고하게 된다.

② 신고 : 반면 가등기 권리자가 담보가등기라는 취지의 신고를 하고 권리신고 및 채권계산서를 제출하게 되면 가등기는 저당권으로 취급되어 가등기가 최우선 순위일 경우에는 말소기준권리가 되어 매각으로 인해 소멸하게 된다.

③ 무신고 : 만일 법원의 최고에도 불구하고 가등기권자가 그 가등기의 종류에 관하여 신고하지 않는다면 법원은 소유권이전청구권 가등기라고 취급하는 것이 실무 예이다.

2 가압류

(1) 개념

① 보전 절차 : 채무자가 금전 또는 금전으로 환산할 수 있는 청구권을 그대로 두면 강제집행이 곤란하게 되거나 채권액을 변제하지 않을 경우를 대비하여 채권자가 담보가 가능한 채무자의 재산을 미리 압류해 채무자가 재산을 처분하지 못하도록 하고 장래의 강제집행을 보전하여 강제하게 하려는 집행보전 절차이다.

② 실효성 : 현행법상으로는 스스로의 힘으로 해결하는 자력구제는 인정되지 않아 채권자가 채무자로부터 채권의 만족을 얻으려면 반드시 법이 정하는 절차에 따라야 한다. 채권자가 금전채권을 가지고 있는 경우에 채무자를 상대로 소송을 진행해 승소 판결을 얻었다고 해도 채무자에게 집행할 재산(책임재산)이 없다면 강제집행을 해도 만족을 얻을 수 없어 채권자는 민사소송이나 강제집행절차를 수행하기 전에 채무자의 재산이 은닉되거나 매각, 낭비 등에 의해 없어지는 것을 사전에 막아야 할 필요성이 있다.

(2) 가압류의 신청

① 개시 : 가압류는 채권자의 신청에 의해 개시된다. 채권자는 가압류 청구의 내용과 이유를 가압류 목적물 관할 법원에 소명하고 관할 법원은 이를 토대로 가압류를 결정하며 이를 등기상에 명시하면 된다.

② 신청 : 가압류는 미등기 부동산, 저당권 있는 채권, 소유권이전청구권이 있다고 해도 가능하다. 가압류는 집행보전절차 중의 하나이다.

(3) 가압류의 효력

1) 담보물권자의 압류 : 우선권을 가지고 있는 채권자(담보권자)는 스스로 집행권원 없이도 경매를 신청하는 것이 가능하므로 가압류할 필요는 없다. 즉, 가압류 채권자에게는 어떤 우선권이 부여되는 것은 아니라서 다른 채권자가 가압류의 목적물에 대해 강제집행을 실시하는데 영향이 없다.

2) 배당 : 가압류한 채권자는 배당요구 할 수 있고 집행개시 전에 가압류가 집행되면 배당요구가 없어도 가압류 채권자에게 배당할 금액을 공탁한다. 이 금액은 후에 가압류 채권자가 승소하면 배당받지만 가압류 채권자가 패소해도 다른 채권자들에 대해 재배당을 하는 것은 아니다.

㉠ 가압류 등기되면 소유자(채무자)는 제3자에게 처분이 금지되고, 처분되더라도 제3자는 채권자의 강제집행을 막을 수 없다.

　　㉡ 제3자가 있는 경우에는 가압류 결정 정본을 송달해야 한다.

　　㉢ 가압류 이전 채무자가 재산을 은닉, 타인에게 양도 시에는 강제집행 면탈죄가 성립할 수 있다.

(4) 경매에 있어서의 가압류

　① 안분(평등)배당 : 경매에 있어서 가압류는 채권으로 물권인 저당권이나 전세권, 확정일자(주택상가) 받은 임차인에 대하여 우선하지 못한다. 그러나 선순위 가압류는 저당권 등의 권리와 전체 채권금액에 따라 자기 몫의 비율에 따라 안분(평등)배당을 하게 된다.

　② 판결문 필요 : 첫 경매개시결정등기 전에 등기된 가압류의 채권자는 배당요구가 없어도 당연히 배당받는다. 다만 첫 경매개시결정등기 이후에 등기된 가압류권자는 배당요구 해야 배당받을 수 있고 판결문은 있어야 한다.

판례

[1] 채권의 가압류는 채무 자체를 면하는 것이 아니므로 채권의 이행기가 도래하면 지체책임을지게 된다(93다951).

[2] 채권양도 통지와 채권 가압류결정 정본이 같은 날 도달되었는데 그 선후관계에 대하여 달리입증이 없으면 동시에 도달된 것으로 추정한다(93다24233).

[3] 가압류의 집행보전의 효력이 존속하는 동안 가압류에 의한 시효중단의 효력이 계속된다(2000다11102).

3 가처분

(1) 개념

　① 행위 제한 : 가처분이란 금전 외의 물건이나 권리(양도, 담보권설정 등의 권리처분 행위)를 대상으로 하는 청구권을 보전하거나 분쟁이 있는 물건의 권리변동을 할 수 없도록 하기 위한 법원이 행하는 일시적인 명령이다.

　② 특정성 : 가압류는 자신의 채권액을 현금으로 환가하려는 목적과 채무자의 전 재산이 대상이 되지만 가처분은 '물건이나 권리청구'가 목적이며 채무자의 '특정 재산'에만 한정된다.

(2) 가처분 신청

① 신청서 기재사항 : 부동산처분금지 가처분 신청서를 작성하려는 자는 신청서에 1. 당사자(대리인이 있는 경우 대리인 포함), 2. 목적물의 가액, 피보전권리 및 목적물의 표시, 3. 신청의 취지, 4. 신청의 이유, 5. 관할법원, 6. 소명방법 및 7. 작성한 날짜를 기재하고, 당사자 또는 대리인의 기명·날인 또는 서명을 해야 한다.

참고 : 가처분 신청 절차

신청 준비		가압류 신청	담보제공명령	담보제공	가처분 집행
가처분 신청서 작성	신청비용 납부(등록면허세, 증지)	➡ 신청서류 관할법원 제출	➡ 담보제공 명령서 수령	공탁보증보험 가입, 현금공탁	➡ 부동산처분금지 가처분 등기촉탁

② 목적물의 표시 : 목적물의 표시·가액 및 피보전권리는 간결·명료하게 표시해야 한다. 표시가 어렵거나 내용이 길어 별지를 인용할 경우에는 '별지 기재 내용과 같음'으로 표시하고 별지를 붙여야 한다.

(3) 가처분의 효력

등기에 가처분이 된 경우에는 다른 권리는 가처분에 대항하지 못한다. 따라서 선순위 가처분은 매각 후에도 가처분권자가 소에서 승소하면 매수인이 소유권을 잃을 염려가 있고 매매(경매)시에도 소유권을 보전받지 못한다.

(4) 경매에 있어서의 가처분

① 선순위(인수) : 가처분이 선순위이면 가처분은 대항력이 있어서 소멸되지 않고 유지된다.

② 후순위(소멸) : 하지만 저당권 다음의 후순위 가처분은 대항력이 없는 가처분으로 원칙적으로 소멸되고 배당도 없다.

4 소유권

(1) 개념

소유권은 물건을 전면적으로 지배할 수 있는 권리로 재산권 중에서 가장 기본이 되는 권리이다. 소유권자는 부동산을 사용·수익(부동산을 이용해 나온 이익, 전세·월세)·처분(매매·교환 등)할 수 있는 권리를 가진다.

(2) 소유권등기의 종류

1) 소유권보존등기

① 소유권보존등기는 미등기의 특정 토지 또는 건물에 관하여 최초로 행하는 등기를 말한다. 보존등기는 새로이 등기용지를 개설해 표제부에는 부동산 표시(소재, 면적 등)에 관한 사항을 기재하고 갑구에는 소유권에 관한 사항만을 기재한다. 경매개시결정 등기와 담보가등기 등도 갑구에 기재된다.

② 미등기 부동산에 대한 경매신청 : 경매기입등기를 하기 위해서는 우선 등기가 먼저 되어야 하므로 이해관계인 등의 신청에 의하여 등기관 직권으로 소유권보존등기가 우선 이루어지고 그 후에 경매기입등기가 된다.

2) 소유권이전등기

① 매매·증여·상속·유증 등에 의하여 계약 당사자가 소유권의 법적 지위를 이전하려고 할 때 이루어지는 등기이다. 이런 소유권이전등기는 소유권 전부를 이전하는 등기와 일부를 이전하는 등기가 있으며 소유권 일부 이전의 예로는 단독소유권의 일부 지분을 이전하여 공유로 하는 경우와 공유자가 자기 지분을 제3자에게 이전하는 경우 등이 있다.

② 소유권의 일부 이전은 부동산의 특정 일부 이전과는 구별된다. 부동산의 특정 일부를 이전하기 위해서는 반드시 분필 절차를 거친 후에 해야 한다.

(3) 공유등기

1) 일반적으로 소유권의 형태는 단독소유가 원칙이지만 예외적으로 공동 소유하는 경우가 있다, 이와 같은 공동소유에는 공유와 총유, 합유가 있다. 그 중 경매에 있어서 공유는 우선매수 신청권이 인정되므로 공유물을 경매로 매수하는 경우 주의가 필요하다.

① 공유자 우선매수 청구권 의의

공유 물건인 경우에는 공유자가 매각종결 전까지 최고 매수가격과 동일한 가격으로 그 지분 물건에 대하여 공유물 우선매수 청구를 하면 최고가 응찰자가 있음에도 불구하고 그 조건으로 공유자가 우선해 경매된 물건을 취득하게 하는 권한이다.

② 공유자 우선매수청구권 행사 시기

　㉠ 신고 시기 : 공유 물건인 경우에 집행관이 '매각기일을 종결한다'는 고지를 하기 전까지(최고가 매수신고인의 이름과 가격을 호창하고 매각의 종결을 고지하기 전까지) 공유자가 보증을 제공하고 최고가 매수신고가격으로 채무자의 지분을 우선매수할 것을 신고할 수 있다.

　㉡ 입찰보증금의 제공 : 공유자는 매각기일 전에 미리 우선매수권을 행사하겠다는 신고할 수 있는데, 매각기일 종결의 고지 전까지 보증을 제공하지 않으면 우선매수권 행사의 효력이 발생하지 않는다.

　㉢ 우선매수신고를 하였으나 다른 매수신고인이 없는 때 : 최저 매각가격을 최고 매수신고가격으로 본다.

③ 공유자 우선매수청구권 행사방법

　입찰 당일에 최고가매수신고가 있으면 구두로 매수 신청하고, 없으면 다음 매각기일에 신청할 수 있다. 경쟁자를 차단하기 위해 문서로 입찰 전에 신청하기도 한다.

④ 우선매수청구를 할 수 있는 자

　우선매수청구를 행사할 수 있는 자는 공유자와 임대아파트 임차인이다.

⑤ 공유자매수신고가 있을 경우 최고가 매수인의 지위

　공유자가 공유자 우선매수 신청권을 행사하면 최고가 매수신고인은 차순위 매수신고인의 지위를 갖는다. 이때 최고가 매수신고인은 집행관이 매각기일을 종결한다는 선고를 하기 전까지는 차순위 매수신고인의 지위를 포기할 수 있다.

2) 기재 방법

　공유자의 지분을 이전하는 공유등기시 각 공유자의 지분은 이전받는 지분을 기재하되 '공유자 지분 O분의 O'과 같이 부동산 전체에 대한 지분을 기재한다. 예를 들어 갑 지분 5분의 4 중 2분의 1을 이전받는다면 '공유자 지분 5분의 2'라고 등기사항증명서에 기재한다.

(4) 환매특약 등기

1) 환매권의 의의 (민법 제590조)

① 환매 등기 : 환매등기란 매도인이 매매계약과 동시에 특약으로 매매 목적물을 다시 사올 수 있는 권리를 보유하고, 일정 기간 안에 그 환매권을 행사하여 그 매매 목적물을 다시 사는 것이다. 즉, 채무자가 채권자로부터 금전을 차용하면서 채무자 소유의 부동산을 채권자에게 이전시킨 후 채무자가 채무변제(대금과 비용)를 하면 소유권을 채무자에게 다시 이전된다.

② 매도인이 매매계약과 동시에 환매할 권리를 보유할 때에는 영수한 대금 및 매수인이 부담한 매매 비용을 반환하고 목적물을 환매할 수 있다.

③ 환매등기의 대항력 : 매매의 목적물이 부동산이라서 환매 특약을 한 때에는 매매를 원인으로 한 소유권이전등기와 동시에 환매권의 보류를 등기할 수 있다. 등기한 때에는 제3자에 대하여도 그 효력이 있다(대항력).

2) 환매권 행사기간 (부동산은 5년, 동산은 3년)

① 환매 기간 : 부동산의 경우 환매기간은 5년인데 환매기간의 약정이 없다면 그 기간은 5년으로 본다.

② 환매기간은 강행규정으로 5년의 기간이 경료된 경우에는 환매 권리자는 환매권을 행사할 수 없으며 제3취득자의 신청에 의해 말소대상이 된다.

3) 선순위 환매권에 대한 매수자의 판단

경매에 있어 근저당, 가압류 등의 말소기준권리보다 선순위의 환매권이 있는 경우에는 매각으로 소멸되지 않고 인수된다. 이 경우 매수자에게 유리할 수도 있지만 반대로 불리할 수도 있으니 주의해야 한다.

(5) 신탁

① 의의 : 신탁법상 신탁이란 신탁 설정자(위탁자)가 법률행위에 의해 신탁 인수자(수탁자)에게 재산권을 이전하거나 기타의 처분을 하고 수탁자로 하여금 그 재산권을 일정한 목적에 따라서 자기 또는 제3자(수익자)를 위해 관리, 처분하게 하는 법률관계를 말한다.

② 대항 : 신탁 등기는 신탁을 원인으로 하는 소유권이전의 등기와 별개의 등기로

서 수탁자에게 일정한 목적을 위해 재산의 관리 또는 처분해야 할 구속적 의미를 갖는 등기이다. 그러나 신탁등기를 하지 않으면 신탁관계를 제3자에게 대항하지 못한다.

③ 신탁의 효력 : 신탁의 개념에는 신탁법상의 신탁 외에 명의신탁이라고 하여 예전부터 판례가 유효한 등기로 인정했었으나 현재는 부동산 실권리자 명의등기에 관한 법률에 의해 명의신탁 약정(탈세·탈법 목적) 자체를 무효로 규정하고 있다. 다만, 특별한 경우에만 예외적 인정이 있을 수 있다.

(6) 제시 외 건물

1) 의의

① 제시 외 건물이란 등기사항증명서상에 나타나지 않는 기존 건물의 증·개축 부분이나 미등기의 부속물을 말한다. 제시 외 건물은 해당 등기사항증명서 및 건축물대장 등 공적 문서에는 존재하지 않지만 감정평가사가 직접 현장에 방문한 결과 존재가 확인되는 여러 형태의 건물을 총칭한다.

② 제시 외 건물의 종류 : 제시 외 건물의 대부분은 무허가나 사용승인을 마치지 않은 경우로 옥탑방이나 보일러실, 옥외 화장실, 공장에 딸린 창고, 단독주택 내 임시로 가설된 정자 등이다.

③ 포함 여부 확인 : 이 제시 외 물건이 경매의 목적물에 포함되는지와 매수인이 그 소유권을 취득할 수 있는지는 주의를 기울여야 한다.

2) 제시 외 건물이 종물이나 부합물인 경우

① 소유권 취득

제시 외 건물은 일반적으로는 경매목적물의 종물이나 부합물인 경우가 많아 이들 물건도 경매의 목적물에 포함시켜 경매를 진행시키는 경우가 많다. 이와 같이 제시 외 건물이 종물이나 부합물인 경우에는 매수인이 소유권을 취득한다.

② 판례

㉠ 건물의 증축 : 판례는 '증축 부분이 기존건물에 부합하여 기존건물과 분리하여 별개의 독립건물로서 효용을 가지지 못한다면 기존건물에 대한 저당권은 부합된 증축 부분에도 효력이 미치며 증축 부분이 기존건물에 대한 저당권은 부합된 증축 부분의 소유권을 취득한다'고 하였다(92다2672 등). 이 판례에 의하면 제시 외 물건이 감정평가의 대상이 되지 않아서 최저입찰가를

정하는 데 반영되지 않았다 해도 매수인은 그 소유권을 취득한다는 것으로 종물이론 상 당연하다.

ⓛ 불포함 : 제시 외 건물이 감정평가의 대상이 되지 않았다면 결과적으로 매수인은 대가도 치르지 않고 소유권을 취득한 것이 되어 부당한 이득을 취한 것이 될 수 있다. 전 소유자가 매수인을 상대로 부당이득반환청구 소송을 제기하여 그 가액의 반환을 구하는 것은 충분히 가능하다.

ⓒ 건물이 증축된 경우에 증축 부분이 기존건물에 부합 여부는 증축 부분이 기존건물에 부착된 물리적 구조뿐만 아니라 그 용도와 기능 면에서 기존건물과 독립한 경제적 효용을 가지고 거래상 별개의 소유권의 객체가 될 수 있는지의 여부 및 증축하여 이를 소유하는 자의 의사 등을 종합하고, 어느 건물이 주된 건물의 종물이기 위해서는 주된 건물의 경제적 효용을 보조하기 위해 계속적으로 이바지되어야 하는 관계가 있다(87다카600).

3) 제시 외 건물 포함 또는 제외

① 포함 : 경매사건에서 '제시 외 건물 포함'이라는 물건은 등기사항증명서 상으로는 미등기건물이지만 현실적으로 소유자의 존재를 알 수 있어 이를 경매대상에 포함시키는 것이다. 통상 경매사건에서는 감정평가된 제시 외 건물은 경매대상 물건에 포함하기 때문에 낙찰자가 소유권을 취득하는데 아무런 문제가 없다.

② 제외 : 문제는 제시 외 건물이 경매대상 목적물에서 제외된다면 낙찰자는 제시 외 건물의 소유권은 확보하지 못하며, 법정지상권 문제까지 떠안을 수 있어서 입찰을 꺼린다. 제시 외 건물이라도 소유주를 통해 매입하면 낙찰 후에도 문제없고 권리관계도 깨끗하게 정리된다.

하지만 제시 외 건물은 공부 상에 기재되지 않은 것이기 때문에 소유자를 찾아내는 것은 어려우나 기존 소유주일 가능성이 크다.

4) 입찰자의 대처 방법

① 부합물, 종물 여부 : 소유자를 찾는 노력과 동시에 제시 외 건물이 '부합물 또는 종물'에 속하는지를 알아봐야 한다. 만약 제시 외 건물이 '부합물 또는 종물'에 속하는 경우 매수인은 소유권을 행사하게 될 가능성이 크다.

② 소송 : 제시외 건물에 대한 부당이득반환청구 소송의 문제가 있을 수 있다. 하지만 낙찰자 입장에서는 소송을 통해 소유자를 알게 되는 소득이 있고 협의 또는 재판을 거쳐 소유권 자체를 확보할 수 있기 때문에 문제 해결에 다가설 수 있다.

③ 종합 : 제시 외 건물이 부합물과 종물이 아니면 법정지상권 문제를 고려해야
한다. 법정지상권의 문제가 없다면 그 물건을 매입하거나 건물철거 소송으로
해결하는 방안을 모색해 볼 수 있다.

④ 입찰 고려 : 제시 외 건물이 경매대상 물건에 속하는 경우라면 부담이 없으니
경쟁도 높고 금액도 높을 수 있다. 그렇다고 해서 계획한 입찰가를 변경해서
는 안된다. 제시 외 건물이 경매대상 물건에 포함되지 않았다고 해서 문제 해
결 방안이 없지 않으니 낮은 가격으로 낙찰받아 더 많은 수익을 올릴 수 있
도록 계획에 충실해야 한다.

(7) 대지권

1) 의의

대지 사용권은 집합(구분)건물의 구분소유자가 건물의 전유부분을 소유하기 위
해 대지에 대해 갖는 권리이다. 대지 사용권으로 등기된 것으로 전유부분과 분
리하여 처분할 수 없는 권리를 대지권이라고 부른다.

① 대지 사용권은 구분소유자가 전유부분을 소유하기 위해 건물의 대지에 대해 갖
는 권리로 대지소유자에 의해 집합건물이 철거되지 않을 권원으로 물권, 채권,
등기, 미등기 등을 불문한 권리이다. 대지사용권은 1. 소유권, 2. 법정지상권, 3.
시영아파트의 경우는 무상 사용권의 3가지가 있다.

② 당연 취득 : 대지권은 대지 사용권이 건물 전유부분의 종된 권리가 된 경우이다.
분리처분 규약이 존재하지 않으면 구분소유자가 대지사용권을 취득하는 때에 당
연히 대지권이 된다.

③ 분리처분 금지 : 건물과 분리하여 처분할 수 없는 대지사용권을 '대지권'이라고
한다. 이러한 대지권은 소유권이 대지권인 경우와 소유권 외의 권리 중 지상권,
전세권, 임차권이 대지권인 경우가 있다. 이러한 대지권은 집합건물 전유부분 표
제부에 지분으로 등기되며 이를 대지권 등기라고 한다.

2) 대지권 미등기

① 대지권 미등기의 발생

㉠ 재개발지역, 대규모 택지개발지구, 신도시 아파트(3~4년 후에 등기되는 경우
도 있음) 등을 분양받은 사람에게 대지의 분필, 합필 및 환지절차의 지연, 각

세대당 지분비율의 결정지연, 건설업체의 내부 사정, 다른 전유부분 소유자의 분양대금 완납지연 문제 등으로 전유부분에 대한 소유권이전등기만 최초의 분양자에게 경료되어 머물러 있거나 그 후 부동산이 양도되어 전유부분에 대한 소유권이전등기만 경료되고 대지부분에 대한 소유권이전등기가 없는 상태에서 해당 건물이 경매로 나온 것이다.

ⓒ 이런 경우에는 대지권이 미등기된 경우라고 해도 실제로는 대지권이 있기 때문에 낙찰자는 대지권을 취득하게 된다. 판례도 수분양자로부터 전유부분과 대지 지분을 다시 매수하거나 증여 등의 방법으로 양수하거나 전전 양수 받은 자 역시 당초 수분양자가 가졌던 대지사용권을 취득한다고 명시한다.

② 대지권이 있는 경우

ㄱ 대지권 있음 : 집행법원은 대지권 있음이 밝혀진 경우 최저매각가격은 건물과 대지권을 포함한 가격으로 결정하고 신문공고의 '부동산의 표시'란에는 건물만을 기재하나 비고란 등에 '미등기 대지권 있음'이라고 기재하는 등으로 최저매각가격에 '대지권 가격이 포함되어 있음'을 나타낸다.

ㄴ 대지권 유무의 표시 : 대지권 유무를 집행법원이 가려 판단하는 데는 한계가 있으므로 통상은 물건명세서나 신문공고에 '대지권 미등기이며, 대지권 유무는 알 수 없음'이라고 기재하고, 최저매각가격은 안전하게 건물과 대지권을 포함한 가격으로 결정하여 진행하기도 한다.

(8) 토지 별도등기

1) 의의

① 원래 집합건물은 토지와 건물이 일체가 되어 거래하도록 되어 있다. 그래서 일단 전유부분을 위한 대지권 등기가 되면 토지부분은 전유부분과 분리해서 다른 권리의 객체로 삼을 수 없게 되어 전유부분과 대지에 관한 권리관계가 일치하게 되므로, 토지 등기사항증명서에는 대지권이라는 표시만 하고 모든 권리관계는 전유부분의 등기사항증명서에만 기재하도록 되어 있다.

② 등기부 기재 : 그런데 집합건물을 짓기도 전에 이미 토지에 저당권이나 가압류 등 제한되는 권리의 등기가 있었고 전유부분의 등기사항증명서에 대지권 등기를 할 때까지도 말소되지 않고 남아 있다면 문제가 달라진다. 이때에는 토지가 이미 다른 권리의 객체로 되어 있으므로 토지와 건물의 권리관계가 일치하지 않으므로 전유부분의 등기사항증명서에 대지권 등기를 할 때에 '토지에 별도의 등기가 있음'이라는 기재하게 된다.

③ 공동주택의 토지 별도등기 : 대지권은 항상 건물과 함께 다니는데 토지에 별도 등기가 있다면 공동주택 신축 당시에 토지에 근저당을 설정하여 대출을 받아 사용하고 그 대출금을 변제하지 못한 것이 대부분이고 이런 경우라면 토지 별도등기로 인해 완전한 권리행사를 하는데 제약이 따른다.

2) 입찰 참가자의 주의사항

① 채권신고 확인 : 구분건물의 저당권자가 경매를 신청한다고 해도 토지의 (근)저당권은 말소되지 않는다. 건물을 낙찰받아 소유권이전등기까지 마쳤다고 해도 토지의 저당권자 등 채권자에게 지료를 지불해야 한다. 그렇지 않으면 토지 소유자는 건물에 대해 강제경매를 신청할 수 있다. 따라서 토지 저당권자가 채권신고한 경우에만 입찰에 참여해야 한다.

② 확인할 사항 : 토지에 설정된 별도의 권리를 매수인이 인수하는 조건이라면 입찰자는 재고해야 한다. 토지에 대한 그 권리, 예컨대 저당권이 실행되면 제3자에게 토지 소유권이 넘어갈 수 있고 그렇게 되면 전유부분을 매각 받은 자는 대지권을 확보할 수 없게 된다. 대지권이 없으면 대지의 소유자로부터 건물의 철거청구나 구분소유권의 매도청구를 당할 수 있으니 입찰 참가자는 토지에 설정된 별도의 권리가 인수조건 여부와 토지 권리자의 채권 신고 여부 등을 확인해야 한다.

(9) 농지취득자격증명

1) 의의

① 소유권이전에 필요한 서류 : 농지취득자격증명제는 농민의 생활기반을 보호하고 농산물 가격을 안정시키며 부재지주가 농지를 투기 대상으로 삼는 것을 방지하기 위해 농지를 경작할 자가 농지를 취득하도록 자격을 부여하는 제도이다. 농지취득자격증명은 농지취득에 대한 공적 증명이며 이에 관한 규정은 강행규정으로 소유권이전등기 신청 시에 필수적 첨부 서류이다.

② 제출 기한 : 경매를 통한 취득의 경우에도 매각결정기일까지 집행관 사무실에 반드시 제출해야 한다. 7일(경영계획서가 필요 없으면 4일, 토지거래허가구역은 14일) 이내에 발급되니 늦지 않게 맞춰서 내야 한다. 제출하지 않으면 보증금을 몰수당할 수 있다.

③ 필요 여부 : 또한 도시지역 내의 주거지역·상업지역·공업지역으로 지정된 농지와 녹지지역 중 '도시·군 계획시설사업(도로 등 도시·군관리계획을 거쳐서 사업하는 기반시설)에 필요'한 농지는 개발할 필요가 있어서 농지취득자격증명을 요하지 않는다. 다만, 녹지지역 중 도시·군 계획시설사업에 필요하지 않은 농지는 개발하

지 않고 보전해야 하는 농지이니 낙찰자(매수인)는 농지취득자격증명을 얻어야 한다.

2) 취득 면적

① 1,000㎡ 이상 : 현재 농지를 소유하지 않은 자가 농지를 취득하는 경우에는 1,000㎡ 이상의 농지라야 한다. 그러나 기존에 농지를 가지고 있으면 그 농지와 경매로 취득하는 농지를 합해 1,000㎡ 이상이면 된다.

② 330㎡ 이상 : 다만 고정식온실·버섯재배사·비닐하우스 기타 농림부령이 정하는 농업생산에 필요한 시설을 설치하여 농작물 또는 다년생식물을 경작 또는 재배하는 경우에는 330㎡ 이상이면 된다.

③ 1,000㎡ 미만 : 또한 농업인이 아닌 개인도 주말·체험영농에 이용하기 위해서는 농지를 취득할 수 있는데 이 경우에도 농지취득자격증명은 필요하다. 농지취득자격증명 신청 당시에 소유하고 있는 농지의 면적에 새로 취득하고자 하는 농지의 면적을 합한 면적이 1,000㎡ 미만이라야 한다. 법을 개정하여 농업진흥지역(절대농지)에서는 주말·체험영농으로 취득할 수 없다.

3) 발급 절차

① 농지취득자격증명을 발급받으려면 소정의 '신청서와 농업경영계획서'를 작성해 농지의 소재지를 관할하는 시·구·읍·면장에게 그 발급을 신청해야 한다. 신청서와 계획서의 양식은 시·구·읍·면사무소에 비치되어 있다.

② 주말·체험영농을 하고자 농지를 소유하는 경우는 농업경영계획서를 요하지는 않지만 농지취득자격증명이 있어야 등기가 가능하다.

③ 시·구·읍·면장은 발급신청이 있는 때에는 확인기준 및 면적기준에 적합한지의 여부를 검토한 후 신청한 날로부터 7일(허가구역은 14일) 이내에 그 결과를 신청인에게 서면으로 통지하여야 한다. 경영계획서가 필요 없는 경우에는 4일 이내에 발급이 가능하다.

4) 농지입찰에 있어서 주의사항

① 농지취득자격 여부 사전 점검

㉠ 발급 가능여부 확인 : 농지(전·답·과수원)를 낙찰받고자 하는 경우에는 자신이 농지취득자격증명을 받을 수 있는지를 사전에 시·구·읍·면사무소에 들러서 점검해야 한다. 이 증명서를 매각결정기일(매각기일부터 7일 내) 안에 법원에 제출하지 못하면 입찰보증금을 몰수당하기 때문이다. 전업농인 경우는 아무

런 문제가 없지만 도시민이라면 반드시 사전에 발급이 가능한지를 확인해야 한다.

ⓛ 도시민이라도 주말·체험영농에 이용하기 위한 것이라면 증명서 발급받기가 상대적으로 쉽다. 주말·체험영농은 최근의 펜션 붐과 주 5일 근무제와 함께 매우 유망한 투자처로 떠오르고 있어 관심을 가져볼 만하다.

② 농지취득자격증명의 제출 시기

㉠ 매각결정기일 내에 제출 : 농지취득자격증명은 매각결정기일이 끝나기 전까지 제출해야 한다. 매각결정기일(낙찰자 허·부결정)은 매각기일로부터 7일의 간격을 두고 있으므로 매수인(낙찰자)은 서둘러서 발급받아 경매법원에 제출해야 한다.

㉡ 그리고 신청 시 시·구·읍·면사무소에서는 최고가 매수신고 증명서 또는 매각사실 확인서를 요구하기도 하므로 이를 집행관실에서 미리 발급받아 가는 것이 좋다.

농업경영계획서

<table>
<tr><td rowspan="3">취득대상
농지에
관한사항</td><td colspan="3">① 소재지</td><td rowspan="2">② 지번</td><td rowspan="2">③ 지목</td><td rowspan="2">④ 면적
(㎡)</td><td rowspan="2">⑤ 영농거리</td><td rowspan="2">⑥ 주재배예정작목</td></tr>
<tr><td>시·군</td><td>구·읍·면</td><td>리·동</td></tr>
<tr><td></td><td></td><td></td><td></td><td></td><td></td><td></td><td></td></tr>
<tr><td colspan="4">계</td><td></td><td></td><td></td><td></td></tr>
</table>

<table>
<tr><td rowspan="7">농업경영
노동력의
확보방안</td><td colspan="6">⑦ 취득자 및 세대원의 농업경영능력</td></tr>
<tr><td>취득자와의 관계</td><td>성별</td><td>연령</td><td>직업</td><td>영농경력(년)</td><td>향후영농여부</td></tr>
<tr><td></td><td></td><td></td><td></td><td></td><td></td></tr>
<tr><td></td><td></td><td></td><td></td><td></td><td></td></tr>
<tr><td colspan="6">⑧ 취득농지의 농업경영에 필요한 노동력 확보방안</td></tr>
<tr><td colspan="2">자기 노동력</td><td>일부고용</td><td>일부위탁</td><td colspan="2">전부위탁(임대)</td></tr>
<tr><td colspan="2"></td><td></td><td></td><td colspan="2"></td></tr>
</table>

<table>
<tr><td rowspan="5">농업기계
장비의
확보방안</td><td colspan="5">⑨ 농업기계·장비의 보유현황</td></tr>
<tr><td>기계·장비명</td><td>규격</td><td>보유현황</td><td>기계·장비명</td><td>보유현황</td></tr>
<tr><td></td><td></td><td></td><td></td><td></td></tr>
<tr><td colspan="5">⑩ 농업기계·장비의 보유계획</td></tr>
<tr><td>기계·장비명</td><td>규격</td><td>보유현황</td><td>기계·장비명</td><td>보유현황</td></tr>
</table>

<table>
<tr><td></td></tr>
<tr><td>⑪ 소유농지의 이용현황</td><td><뒤쪽에 기재></td></tr>
</table>

농지법 제8조 제2항의 규정에 의하여 위와 같이 본인이 취득하고자 하는 농지에 대한 농업경영계획서를 작성·제출합니다.

년   월   일

제출자   서명(인)

※ 농지취득자격증명서에는 이 계획서를 반드시 첨부하여야 합니다.

농업경영계획서 첨부 서류

⑪ 소유농지의 이용현황

소 재 지				지번	지목	면적 (㎡)	주재배 작물
시·도	시·군	구·읍·면	리·동				

⑫ 농지전용허가, 협의 또는 신고를 한 농지를 취득하는 경우 전용면적사업의 착수 시기 등

전용면적 사업의 착수 시기	년 월 일
착수 전의 농업경영계획	직접경작 임대 휴경
특기사항	

※기재사항 주의사항
⑤ 란은 거주자로부터 농지소재지까지 일상적인 통행에 이용하는 도로에 따라 측정한 거리를 씁니다.
⑥ 란은 그 농지에 주로 재배, 식재하고자 하는 작목을 씁니다.
⑦ 란은 같은 세대원 중 영농한 경험이 있는 세대원과 앞으로 영농하고자 하는 세대원에 대하여 영농경력과 앞으로의 영농 여부를 개인별로 씁니다.
⑧ 란은 취득하고자 하는 농지의 농업경영에 필요한 노동력을 확보하는 방안을 다음 구분에 의하여 해당되는 란에 표시합니다.
   가. 같은 세대의 세대원의 노동력만으로 영농하고자 하는 경우에는 자가 노동력란에 ○표
   나. 자가노동력만으로 부족하여 농작업의 일부를 고용 인력에 의하고자 하는 경우에는 일부 공용란에 ○표
   다. 자가노동력만으로 부족하여 농작업의 일부를 고용 인력에 의하고자 하는 경우에는 일부 위탁란에 위탁하고자 하는 작업의 종류와 그 비율을 씁니다.
   라. 자가노동력에 의하지 아니하고 농작업의 전부를 남에게 맡기거나 임대하고자하는 경우에는 전부위탁(임대)란에 ○표
⑨ 란과 ⑩란은 농업경영에 필요한 농업기계와 장비의 보유현황과 앞으로의 보유계획을 씁니다.
⑪ 란은 현재 소유농지에서의 영농상황을 씁니다.
※ 농지전용허가, 협의 또는 신고를 한 농지를 취득하는 경우에는 ⑤란 내지 ⑪란은 기재를 생략할 수 있습니다.

농지취득자격증명 신청서

농지취득자격증명신청서		처리기간	접수*	제 호		
		5일	처리*	제 호		

농지 취득자 (신청인)	① 성명 (명칭)		② 주민등록번호 (법인등록번호)		⑥ 취득자의 신분		
	③ 주소	도 시·군	시 구 동 읍·면 리 번지		농업인	신영	법인 등
	④ 연락처		⑤ 전화 ⑪ 농지구분				

취득 농지의 표시	⑦ 소재지			⑧ 지번	⑨ 지목	⑩ 면적 (㎡)	진흥 지역	보호 지역	진흥 지역 밖
	시·군	구·읍·면	리·동						

⑫ 취득원인	
⑬ 취득목적	

	확 인 사 항	위원①	위원②
농지관리 위원확인	1. 법 제6조 제1항 및 제2항 제2호 또는 제8호의 규정에 의한 　취득요건에 적합한지 여부 2. 농업경영계획서에 법 제8조 제2항의 각호사항의 포함여부 3. 농업경영계획서의 내용이 실현가능하다고 인정되는지 여부(법 　제6조 제2항 제8호의 규정에 의하여 농지를 취득하는 경우를 　제외) 4. 소유농지의 전부를 타인에게 임대하거나 영농작업의 전부를 위 　탁하여 경영하고 있는지 여부		
	위원① 　　　　　　　　　　　(인) 위원② 　　　　　　　　　　　(인)		

확인방법 : 항목별로 확인결과를 기재하고 기명·날인합니다.

농지법 제8조 제2항 및 동법시행령 제10조 제1항의 규정에 의하여 위와 같이 농지취득자증명의 발급을 신청합니다.

년 　　　 월 　　　 일

농지취득자(신청인) 　　　　　　서명(인)

시장·구청장·읍장·면장귀하

구비서류 : 1. 별지 제6호 서식의 농업경영계획서 　　　　2. 주민등록등본(농지의 소재지와 거주지가 다른 경우에 한하고, 　　　　　　법인의 경우에는 법인 등기등기사항증명서를 말한다.) 　　　　3. 농지원부 등본(농지의 소재지와 거주지가 다른 경우에 한한다.) 　　　　4. 별지 제1호서식의 농지취득인정서(법 제6조 제2항 제2호의 규정에 해당하는 경우에 한함) 　　　　5. 별지 제2호 서식의 일반소유상한 초과농지 소유인정서(법 제7조 제1항 제2호의 규정에 해당하는 　　　　　　경우에 한한다.)	수수료 원

신청인	농지관리위원회 위원	처리기관(시, 구, 읍, 면)
신청서 작성	확인	접수 확인, 조사 검토 증명발급 또는 신청서의 반려

③ 법정지상권 성립 여부 검토

  ㉠ 수목의 소유권 취득 : 현장을 들러보고 과수나 기타 수목이 있으면 관할 등기소에 들러 입목등기가 되어 있는지를 확인해야 한다. 입목등기가 없다면 그 수목들은 따로 명인방법을 갖추고 있지 않는 한 농지의 일부로 매수인은 농지와 함께 그 수목들의 소유권도 취득하게 된다.

  ㉡ 법정지상권의 성립 : 그러나 입목등기가 되어 있고 그 등기사항증명서상의 입목소유자가 토지의 소유자와 같은 사람이라면 농지를 낙찰받아(매수하여) 소유권을 취득하는 경우에는 입목을 위한 법정지상권이 생기므로 주의해야 한다.

  ㉢ 법정지상권의 불성립 : 다만, 입목 등기사항증명서상의 소유자가 토지 소유자와 다르거나 수목에 명인방법이 갖추지 않아 그 수목의 소유자가 토지에 대해서 지상권 등이 없다면 농지를 매각 받아도 법률적으로는 문제는 없다.

④ 외형상의 경계와 공부상의 경계와의 일치여부

  ㉠ 농지는 그 이용 상황에 따라서 또는 폭우에 의한 유실이나 하천의 범람 등

과 같은 자연재해로 외형상 경계가 공부상 경계와 일치하지 않는 경우가 일반 토지에 비해 많다. 만일 일치하지 않으면 매각에 의해 취득하는 소유권은 원칙적으로 공부상 경계에 의한다. 따라서 입찰 전에 미리 농지원부·토지대장·지적도 등을 발급받아 현장에서 직접 확인해야 한다.

ⓒ 경계의 판단 : 판례도 현황 경계와 공부상 경계가 다른 경우 특별한 사정이 없는 경우에는 공부상 경계에 따른다는 입장이다.

⑤ 분묘 여부의 확인

㉠ 주의할 사항 : 낙찰받고자 하는 밭이나 과수원이 산의 끝자락에 있는 경우에는 의외로 분묘가 설치되어 있는 경우가 있다. 요즘은 웬만한 산은 모두 숲이 우거져 산중에 분묘를 설치하기가 용이하지 않고 또한 설치했다 해도 성묘를 간다거나 기타 관리하기가 어려워 많이 없으나 예전에는 분묘를 산 끝자락의 밭에다 설치하는 경우가 많았으니 주의가 필요하다.

ⓒ 대처 : 묘지를 설치한 후 20년이 경과되었다면 분묘기지권이 성립되어 이장을 요구할 수 없지만 지료(토지 사용료)를 청구할 수 있다. 하지만 20년이 넘지 않았다면 이장요구를 할 수도 있으니 대처 방법을 철저히 준비하여야 한다.

제 6 절 지상권

1 개념

① 지상권의 의의 : 타인의 토지에 건물 기타 공작물이나 수목을 소유하기 위해 그 토지를 사용할 수 있는 권리이다. 지상권의 최단 존속기간은 30년(석조·석회조·연화조 또는 이와 유사한 견고한 건물이나 수목), 15년(일반 건물), 5년(공작물)이다.

② 갱신 청구 : 지상권은 지상권 존속기간 내에는 타인에게 양도·임대, 저당권 설정이 가능하고 지상권의 소멸 후에는 지상권자는 지상물이 존재하는 경우 계약갱신 청구를 할 수 있고 이 경우 지상권 설정자(지주)는 계약갱신을 하거나 그 갱신을 거절할 수 있다.

만약 계약갱신을 거절할 경우에는 지상권 설정자(지주)에게 지상물 매수청구를 할 수 있고 이는 형성권으로서 지상권 설정자를 구속하게 된다.

2 지상권의 종류

(1) 보통 지상권

계약과 등기, 법률 규정(상속·판결·경매)에 의하여 발생하는 지상권이다.

(2) 법정지상권

① 민법 305조 : 전세권에 있어 법정지상권

㉠ 민법이 규정한 법정지상권은 전세권에 있어서 대지와 건물이 동일 소유자에 속한 경우에 전세권을 설정한 때에는 대지 소유권의 특별승계인에 대하여 건물소유자(전세권 설정자)는 법정지상권을 취득한다.

㉡ 위의 법정지상권이 성립하는 경우에 지료는 당사자의 청구에 의해 법원이 정한다.

② 민법 366조 : (근)저당권에 있어서 법정지상권

㉠ 의의

법정지상권은 동일인에 속한 토지와 그 지상 건물이 어떤 사정으로 각각 소유자를 달리하게 된 경우에 건물 소유자에게 그 건물 소유를 위해 법률상 당연히 인정되는 지상권을 말한다.

㉡ 성립 요건

ⓐ 저당권설정 당시부터 토지 위에 건물이 존재하고 있을 것

건물은 저당권설정 당시에 실제로 존재하고 있으면 되고 보존등기가 없더라도 법정지상권의 성립을 방해하지 않는다. 건물이 있는 토지에 저당권을 설정한 후에 건물이 멸실되어 신축하거나 또는 건물이 낡아 개축한 경우에도 법정지상권은 성립한다. 다만 이때의 지상권의 내용은 재축·개축이 있기 '전'의 건물을 표준으로 하여 결정한다. 그래서 건물이 없는 부지 위에 저당권을 설정하고, 그 후에 건물을 지은 때에는 그 건물을 위해 법정지상권이 성립하지 않는다.

ⓑ 저당권을 설정한 때에 토지와 건물이 동일한 소유자에게 속할 것

저당권 설정 당시에 토지와 건물은 동일한 소유자에게 속할 것을 요구하며 다른 경우에는 법정지상권은 성립하지 않는다.

ⓒ 토지와 건물의 어느 한쪽이나 양자 위에 저당권이 설정될 것

　토지와 건물에 저당권이 설정되었다가 그 실행으로 소유자가 달라진 경우에 법정지상권이 성립한다.

ⓓ 경매에 의해 소유자가 달라져야 한다.

　이 때의 경매는 담보권 실행경매이다. 만일 강제경매로 인해 토지와 건물의 소유권이 분리되는 경우에는 관습법상의 지상권을 인정하면 족하므로 여기 경매에는 강제경매를 포함시킬 필요가 없다.

③ 법정지상권의 성립시기와 등기

　㉠ 법정지상권이 성립하는 시기 : 토지 또는 그 지상 건물의 경매로 그 소유권이 매수인(낙찰자)에게 이전하는 때(매각대금 완납)이다.

　㉡ 등기하지 않아도 취득 : 법정지상권은 법률의 규정에 의한 물권의 취득이므로 등기가 없어도 지상권 취득의 효력은 발생한다.

(3) 법정지상권의 존속기간

① 기간 : 무조건 30년으로 이해하는 경우가 많은데, 반드시 30년은 아니다. 기간에 대해 학설상 다소 논란은 있지만, 법원은 지상목적물의 종류에 따라 규정하고 있는 민법(제280조 제1항)의 기간으로 본다.

② 법정지상권의 존속기간 : 성립 후 그 지상 목적물의 종류에 따라 규정하고 있는 민법(제280조 제1항) 소정의 각 기간으로 봄이 상당하고 분묘기지권과 같이 그 지상에 건립된 건물이 존속하는 한 법정지상권도 존속하는 것이라고는 할 수 없다(92다4857). 따라서 석조·석회조·연와조 또는 이와 유사한 견고한 건물에 대해서는 30년이지만 그 외의 건물(견고하지 않은 건물)에 대해서는 15년이 존속기간이 된다.

③ 존속기간의 기산일 : 동일 소유자에 있던 건물과 토지에 대한 소유권이 분리되는 때가 기산점이 된다. 따라서 그 때부터 15년, 30년 동안 법정지상권이 존속될 수 있다. 법정지상권 성립 이후에 토지 또는 건물을 경매 등으로 취득했을 때를 기산점으로 오해하는 경우가 많다.

(3) 구분지상권

　토지의 지상의 일정부분(지상 10m에서 20m까지), 지하의 일정부분(지하 2m에서 50m 사이)을 지상권처럼 사용하는 권리이다. 즉 지상 또는 지하의 공간을 범위를 정해 건물 기타 공작물을 소유할 목적으로 하는 지상권으로 토지의 입체적 이용이라는 요청에 응하기 위해 인정한 것이다.

(4) 관습법상 법정지상권

1) 의의

토지이용권에 관한 합의 없이 매매·증여 등에 의해 토지와 건물의 소유가 달라진 경우 일정한 요건을 충족하면 관습법상 법정지상권을 인정한다.

2) 성립요건

① 토지와 건물이 동일인에게 속할 것

처분 당시에 동일인에게 속하면 법정지상권은 성립되며 원시적으로 동일인의 소유일 필요는 없다.

② 경매 외의 매매, 기타 원인에 의해 토지와 건물의 소유자가 달라질 것

이 경우 그 소유권이전등기까지 이루어져야 한다. 등기되지 않는 상태에서 경매가 된 경우에는 법정지상권은 성립되지 않는다.

③ 당사자 사이에 건물을 철거한다는 약정이 없을 것

철거한다는 특약이 없었다는 이 특약에 관해서는 이를 주장하는 자가 입증해야 한다(87다카279).

3) 내용

존속기간을 약정하지 아니한 지상권으로 보고 그 기간을 준용하며 건물의 유지 및 사용에 필요한 범위에 법정지상권이 미친다. 필요한 범위를 넘어서 대지를 사용한 때에는 불법점유자로 토지소유자가 손해배상을 청구할 수 있다(71다1631).

4) 지료

① 합의(원칙) : 당사자 간의 합의에 의해 결정하고 합의가 안 되면 당사자의 신청에 의해 법원이 결정한다.

② 판결 : 보통 판결은 감정가(시세에 근접)의 5%~7%로 결정하게 된다.

(5) 분묘기지권

1) 의의

분묘기지권은 관습법상 인정되는 지상권과 유사한 권리로 타인의 토지 위에 분묘를 설치하여 분묘가 차지하고 있는 토지를 사용할 수 있는 권리이다. 그러나 분묘 설치가 금지되는 지역(군사기지, 농림지역, 수변구역 등)에서는 분묘기지권이 성립되지 않는다.

2) 취득 요건 (3가지)

① 토지소유자의 승낙을 얻어 분묘를 설치한 경우

승낙을 얻은 경우에는 20년 경과와는 관련 없이 바로 분묘기지권이 성립한다. 지료는 합의에 따라 달라지니 청구할 수도 있고 없을 수도 있다.

② 토지소유자의 승낙 없이 분묘를 설치하고 20년간 평온·공연하게 분묘를 점유하여 시효 취득한 경우(현재 판례의 변경으로 지료 인정)

평온·공연 외에 선의, 무과실, 자주점유는 필요로 하지 않는다. 봉분 등 외부에서 분묘의 존재를 인식할 수 있는 형태를 갖춰야 하며 분묘 그 자체가 공시의 기능을 하고 있기 때문에 등기는 요건이 아니다. 평장이나 암장은 공연성이 없어서 20년이 경과해도 분묘기지권은 성립되지 않는다.

③ 자기 소유의 토지에 분묘를 설치한 후 그 기지에 대한 소유권을 유보하거나 분묘 이전의 약정 없이 토지를 처분한 경우

지료를 청구할 수 있다. 판결 전·후 2년분의 지료가 연체되면 분묘기지권의 소멸을 청구할 수 있다(분묘굴이, 2015다206850).

3) 권리의 내용

① 공지 포함 : 권리의 범위는 분묘를 수호하고 봉사하는 목적을 달할 수 있는 범위 내에서 분묘기지 주위의 공지를 포함한 지역까지 미친다(95다29086). 다만, 합장·쌍분을 위한 범위까지는 허용되지 않는다.

② 지료 : 지료는 토지 소유자의 승낙을 얻어 분묘를 설치한 경우는 약정에 따르되 약정이 없으면 무상이며 매매·경매 등의 양도(처분)형과 시효취득의 경우는 유상이다.

③ 존속 기간(영구) : 존속기간의 약정이 없다면 권리자가 분묘를 수호와 봉사를 계속하고 분묘가 존속하는 동안에는 분묘기지권도 존속한다.

4) 분묘기지권이 성립하지 않거나 소멸한 경우의 대처 방법

1. 개장허가 신청서 접수	해당 읍면 사무소 / 임야도, 등기사항증명서, 임야대장, 인감증명, 무연고 묘지사진, 개장 후 처리 방법
↓	
2. 무연고분묘 현장답사	해당 공무원
↓	
3. 개장허가증 교부	
↓	

4. 1차 신문공고	2개 일간지, 공고기간 : 예정 개장일부터 3개월 전 2회 이상
↓	
5. 2차 신문공고	1차 공고일로부터 1개월 후
↓	
6. 개장허가 신고필증 교부	1, 2차 신문공고문
↓	
7. 개장	분묘개장 전·후 사진 촬영
↓	
8. 화장 및 납골당 안치	

참고 : 개장 공고

분묘 개장 공고(1차)

장사 등에 관한 법률 제24조(무연분묘의 처리) 및 같은 법 시행규칙 제15조(무연분묘의 개장공고)의 규정에 의거 아래와 같이 무연분묘를 개장공고 하오니 연고자 또는 관리인은 공고기간 내 신고하여 주시기 바라며 만약 공고기간 내 신고하지 않을 경우 무연분묘로 간주하여 관계법규에 따라 개장신고와 동시에 임의 개장함을 공고합니다.

1. 분묘의 위치 :   시   군   면   리
2. 기수 : ㅇ기
3. 개장사유 : 재산권 행사
4. 공고기간 : 최초 신문공고일로부터 3개월
5. 개장방법 : 유연분묘 - 연고자 신고 후 협의 개장
　　　　　　　 무연분묘 - 공고기간 이후 공고자 임의 개장
6. 개장 후 안치 장소 :   시　　　　　　　 평화원
7. 안치기간 : 납골 후 10년
8. 신고처 :   군청 사회복지과(0 - -)
　　　　　　 시(도) 구(군) ㅇㅇㅇ 010-1234-5678
9. 기타 사항 : 동 지변일대 추가 분묘발생시 본 공고로 갈음함

　　　　　　　　　　　　　 2025 년 0월 0일
　　　　　　　　　　　 공고인 : ㅇㅇㅇ
　　　　　　　　　　 (주) 장묘00 : 0 - -

(6) 경매에 있어서의 지상권

① 지상권이 성립한 경우의 주의점 : 지상권이 있는 토지를 매각 받은 자는 지상권자에게 감정가의 연 5%~7% 정도의 지료를 청구할 수 있다. 그러나 지상권이 있는 토지는 토지 본래 목적의 사용·수익이 어려우므로 낙찰받은 토지를 사용할 목적이라면 매수를 신중히 고려하고 접근해야 한다.

② 일괄 경매 : 은행에서 저당권을 설정하는 경우에도 대부분 토지·건물에 공동으로 저당을 설정하며 나대지의 경우는 토지에 저당권을 설정하면 그 토지의 지상권도 함께 설정해 경매 시에 함께 경매가 진행되도록 하고 있다.

제 7 절 전세권

1 개념

① 전세권의 의의 : 전세권은 전세금을 지급하고 타인의 부동산(토지·건물)을 약정한 일정 기간동안 정해진 용도에 따라 사용·수익한 후 그 부동산을 반환하고 전세금을 반환받는 권리이다. 전세권이 설정된 부동산이 경매되는 경우에는 자신의 순위에 따라 우선변제를 받을 수 있는 물권이다.

② 전세금 지급 : 전세권의 요소이므로 설정계약(채권적 합의), 등기 외에 전세금을 주고 받았을 때 전세권은 성립한다(다수설·판례).

③ 채권적 전세 : 현행 임대차에 있어서의 전세는 채권적 전세로서 등기되지 않은 것이고 전세권은 물권으로 등기된 경우이다. 현행의 채권적 전세는 주택임대차보호법 및 상가건물임대차보호법의 적용을 받는다.

2 전세권의 법적 성질

① 타물권 : 전세권은 타인의 부동산에 대한 권리이고, 농경지는 소작쟁의 문제로 전세권의 목적이 되지 못한다. 객체인 부동산은 1필의 토지 또는 1동의 건물의 일부라도 가능하며, 등기 신청시에는 도면을 첨부해야 한다.

② 양도성 : 임차권은 임대인의 동의 없이는 양도 되지 않지만 전세권은 물권으로서 당연히 양도성과 상속성을 가지며 소유자의 변경에 영향을 받지 않고, 양도·전전세·임대 하는데 부동산 소유자의 동의를 요하지 않는다.

3 | 전세권 기간

① 기간 : 전세권의 기간을 정할 때는 토지·건물 최장 10년을 넘지 못하고 건물은 최단기간 1년의 적용을 받는다. 일반 임대차는 최장 20년, 주택은 2년, 상가는 1년이 최단기간이 적용된다.

② 묵시적 갱신 : 기간의 정함이 없다면 두 당사자는 언제든지 기간 만료를 통보할 수 있고 통보한 후 6월이 경과되면 계약기간은 소멸한다.

4 | 효과

(1) 전세권 소멸

① 사유·통보 : 목적부동산 멸실, 존속기간의 만료 등 일반적 소멸사유와 전세권 설정자의 소멸청구 및 전세권의 소멸통고에 의해 소멸한다.

② 기간 약정이 없는 경우 : 다만 전세권 소멸 통고시 존속기간 약정이 없는 경우에는 당사자는 언제든지 소멸통고를 할 수 있고 상대방이 소멸통고를 받은 날부터 6개월이 경과해야 전세권이 소멸한다.

(2) 전세권 소멸의 효과

① 동시이행

전세권이 소멸하면 전세권 설정자(소유자)의 전세금 반환과 전세권자의 목적물 인도 및 전세권 등기의 말소등기에 필요한 서류 교부는 서로 동시이행관계이다.

② 전세권자의 우선적 지위

일반 채권자에 우선하며 전세권과 저당권이 경합하는 경우 전세권이 먼저 설정된 경우 전세권자가 경매신청하면 양자 모두 소멸하고 배당순위는 설정등기의 선·후에 의한다. 그러나 저당권자가 경매 신청한 경우에는 전세권은 소멸하지 않는다. 다만 전세권자가 배당요구시 전세권은 소멸한다.

(3) 우선변제권 실행 방법

통상의 절차는 민사집행법에 의한 전세권의 목적물의 경매(담보권 실행경매)이다. 판례는 '1동의 건물 또는 1필의 토지의 일부 위에 전세권이 설정된 경우에 경매신청은 전세권의 목적물이 아닌 나머지 건물 부분에 대하여는 우선변제권은 별론으로 하고 경매신청권은 없다(2001마212)'고 판시한다.

(4) 부속물 수거권, 부속물 매수청구권 (민법 제316조)

전세권자가 부착한 것은 수거할 수 있으며, 부속물은 전세권 설정자(소유자)에게 사가라는 매수를 청구할 수 있다.

(5) 유익비상환 청구권

① 조건 : 전세권자는 목적물의 현상 유지와 통상의 관리에 속한 수선의무가 있어 필요비는 청구할 수 없다. 다만 유익비는 그 가액의 증가가 현존하는 경우에 한해 소유자의 선택에 따라 지출액이나 증가액의 상환을 청구할 수 있다.

② 허여 및 유치권 행사 : 법원은 상환기간을 허여할 수 있어서 허락하면 전세권자의 유치권 행사를 막을 수 있다.

(6) 경매에 있어서의 전세권

① 임의경매

아파트, 다세대주택, 연립주택 등 각 세대별로 구분 등기된 집합 건물에 설정된 전세권은 전세권 설정기간이 만료된 후 소유자가 전세금을 반환해 주지 않으면 전세권에 기해 직접 임의경매 신청을 할 수 있다.
즉, 전세권은 용익물권이나 집합건물에 설정된 전세권의 효력은 전유부분뿐만 아니라 대지권에도 미치기에 담보권에 준해 경매를 신청할 수 있다.

② 강제경매

각 세대별로 구분등기 되지 않은 일반건물에 전세권을 설정한 경우, 전세권은 건물부분에만 효력이 미치고 토지에는 그 효력이 미치지 않기에 집합건물에 설정된 전세권처럼 전세권에 기해 임의경매를 신청할 수 없다. 따라서 전세권자는 소유자를 상대로 전세금반환청구 소송을 제기해 판결문으로 토지 및 건물 전부를 강제경매 신청해야 한다. 이런 경우 토지에는 전세권 효력이 미치지 않아 토지 경매대금을 제외한 건물 경매대금 전부에서만 후순위 권리자보다 우선변제받을 수 있다(민법 제303조 1항).

구분	지상권	지역권	전세권	임차권(민법 621조)
권리	토지에 대한 권리 (용익물권)	토지에 대한 권리 (용익물권)	부동산에 대한 권리(용익물권)	물권소유자에 대한 권리(채권, 용익권)
방식	지상권 설정계약, 등기	지역권설정계약, 등기	전세권설정계약, 등기	임대차계약, 등기는 필요 없음
지료, 보증금	유상, 무상 모두 가능	유상, 무상 모두 가능	전세금	임차보증금
대항력, 우선변제권	대항력 있음, 우선변제권은 없음	대항력 있음 우선변제권 없음	대항력 있음, 우선변제권 있음	요건을 갖추면 대항력·우선변제권 있음 (주택·상가)
최단기간	30년, 15년, 5년	없음	토지 없음, 건물만 1년	없음(주택, 상가)
최장기간	없음	없음	10년	제한 없다(20년 x).
갱신 청구권	있음	없음	없음	토지 있음, 건물 없음
매수 청구권	지상물 매수청구권	없음	부속물 매수청구권	매수청구권
처분성	지상권 설정자 동의 없어도 가능		전세권자 동의 없이 양도 가능	임대인의 동의 필요 (취소, 추인)
소멸청구 및 해지	2년 이상 지료 연체 시		사용목적 위반	2기, 3기 차임연체, 사용목적 위반

제 8 절 저당권

1 개념

채권자가 채무자 또는 제3자로부터 점유를 옮기지 않고 그 채권자에 우선하여 변제받을 수 있는 약정담보물권이다. 저당권은 질권과 달라서 목적물을 유치하지 않고 저당권 설정자는 계속 사용·수익 할 수 있어 저당권은 약정담보물권으로서 금융을 얻는 수단이 되고 투자의 매개 수단이 된다. 저당권은 저당물의 사용가치가 아니라 교환가치를 목적으로 하기 때문에 저당권은 영업 자금을 획득하기 위한 수단으로 활용되었다.

(1) 저당권은 경매시 말소기준권리이다.

① 권리권석을 위해 우선 해야 할 일은 경매부동산의 말소기준권리를 찾는 일이다. 원칙적으로 말소기준권리를 기준으로 하여 선순위 권리는 인수하고 후순위 권리는 소멸한다. 그러므로 (근)저당권은 경매시 매각에 의해 소멸하며 부동산 경매 시에 대부분의 말소기준권리는 근저당권, 저당권이다.

② 저당권은 경락으로 인해 항상 소멸하기 때문에 불법 말소된 저당권등기도 이 한도에서는 회복 불가능하며 이 때에는 실제로 배당받은 자에 대해 부당이득반환 청구로서 그 배당금의 한도 내에서 저당권설정 등기가 말소되지 아니하였더라면 배당받았을 금액의 지급을 구할 수 있다(98다27197).

(2) 저당권은 주택임차인에 대한 취우선변제금 지급 기준권리가 된다.

① 임차인의 대항력 : 주택임대차보호법 제8조 제1항에 따라 임차인은 보증금 중 일정액을 담보물권보다 우선변제를 받을 수 있다. 이를 위해서는 경매신청등기 이전에 동법 제3조 제1항의 요건인 대항력을 갖추어야 한다.

② 여기서 (근)저당권은 담보물권에 해당하기 때문에 주택임차인의 최우선변제금의 지급기준권리에 해당한다. 압류나 가압류는 지급기준권리가 아니다.

(3) 근저당

① 근저당의 의의 : 근저당이란 계속적 거래관계로부터 생기는 다수의 불특정채권을 장래의 결산기에서 일정한 한도액까지 담보할 목적으로 설정된 저당권을 말하며 법적 성질은 장래의 증감·변동하는 불특정채권을 말한다.

장래의 채권의 담보이기는 하나 특정된 단일의 채권을 담보하는 것이 아니라 증감 변동하는 일단의 불특정채권을 최고 한도 내에서 담보하는 점에 특색이 있다.

② 부종성 : 근저당권은 피담보채권의 소멸에 관한 부종성의 예외로서 피담보채권액이 일시 감소하거나 없어지게 되었더라도 저당권의 존속 자체에는 아무런 영향이 없다. 저당권이 갖고 있는 부종성에 대한 예외가 인정된다.

③ 근저당 등기 : 근저당설정 등기 시에는 채권의 최고액과 근저당이라는 취지를 반드시 기재한다.

2] 경매에서의 저당권

(1) 일괄 경매 청구권

① 저당권 설정 후에 그 토지 위에 건물을 지었으나 경매의 결과 토지 소유자와 건물 소유자가 다르게 되더라도 건물 소유자에게는 법정지상권이 인정되지 않는다. 따라서 토지의 매수인은 건물 소유자에게 건물의 철거를 주장할 수 있고 이런 결과는 사회경제적으로 결코 유익하지 못하므로 토지 저당권자는 토지와 함께 건물에 대하여도 경매를 청구할 수 있게 해 건물도 존속하게 하고 토지의 교환가치도 충분히 확보할 수 있게 배려하고 있다.

② 이는 토지 저당권 설정자인 토지 소유자와 그 상속인이 건물을 지은 때만 허용된다. 다만 일괄 경매라도 건물의 경매대가로 부터는 우선변제를 받지 못한다.

(2) 저당권의 목적물이 소멸하면 저당권도 소멸된다.

저당권이 설정된 건물이 화재 등으로 멸실된다면 저당권도 소멸된다.

(3) 저당권은 경매에 있어서 무조건 소멸된다.

따라서 저당권은 배당을 신청해 배당 절차에서 순위에 따라 배당을 받는다.

▲ 참고 : 등기사항(각종 권리의 필수적·임의적 기재사항)

권리	필수적 기재사항	임의적 기재사항
지상권	① 목적(건물·공작물·수목 소유) ② 범위(전부·일부 : 지적도 첨부)	① 존속기간 ② 지료 및 지급시기
지역권	① 목적(인수·통행·관망) ② 범위(전부·일부 : 지적도 첨부)	당사자간 특약이 있는 경우, 기재
전세권	① 전세금, ② 전세금의 범위(전부·일부 : 지적도 첨부)	① 존속기간 ② 위약금·배상금 ③ 당사자간 특약이 있는 경우, 기재(담보제공 금지 등)
임차권	① 차임, ② 단기 임대차의 경우 처분능력, 권한이 없는 자라는 뜻의 취지	① 임차보증금, ② 존속기간, ③ 차임의 지급시기, 임차권의 양도·전대에 대한 임차인의 동의(동의서 첨부)

저당권	① 채권액, ② 채무자, ③ 권리저당인 경우, 권리의 표시(지상권·전세권), 공동저당인 경우 공동담보의 표시	① 변제기, ② 이자 발생·지급시기, ③ 원본·이자의 지급장소, 위약금·손해배상에 관한 약정, 목적물의 범위에 관한 특약, 채권이 조건부이면 그 조건

제 9 절 임차권

1 개념

(1) 당사자의 일방(임대인)이 상대방(임차인)에게 목적물(부동산)을 사용·수익할 수 있게 하고 상대방(임차인)이 그 대가로서 차임(임대료)을 지급할 것을 약정함으로써 성립하는 계약이다. 합의만으로도 계약이 성립되며 계약서는 사후 증명일 뿐이다. 임차인은 계약에 의해 임차권을 갖는다.

(2) 등기 협력 : 임차인은 당사자 간에 반대 약정이 없으면 임대인에 대해 임대차 등기 절차에 협력할 것을 청구할 수 있다(민법 제621조 제1항).

2 전세권과의 차이점

① 등기 여부 : 임차권은 등기 없이 대항력(인도와 전입신고), 확정일자 유무로 법의 보호를 받는다. 전세권은 등기사항증명서에 기재됨이 원칙이지만, 임대인의 동의로 임차권이 등기되는 경우도 있다.

② 임차권 등기 : 임대차 기간이 만료되어도 임대인이 보증금을 반환하지 않을 경우에는 법원에 임차인임을 증명하는 임차권등기명령을 당 부동산 소재 관할법원에 신청하여 등기 후 경매에 참여할 수도 있고 배당도 받을 수 있다.

③ 배당 : 전세권은 순위에 의하여 배당을 받는다.

3 임차권과 대항력

(1) 임대차 : 부동산 임대차를 등기한 경우 그때부터 제3자에 대해 효력이 생긴다.

건물의 소유를 목적으로 한 토지 임대차는 이를 등기하지 않아도 임차인이 그 지상 건물을 등기한 경우 제3자에게 임대차의 효력이 생긴다.

(2) 주택, 상가 : 주택임대차는 그 등기를 하지 않아도 임차인이 주택의 인도와 주민등록(주민센터), 상가는 세무서에서 사업자 등록신청을 마친 경우 그 다음 날부터 제3자에 대해 효력이 생긴다.

4 경매에서의 임차권 (소멸, 인수)

경매가 행하여진 경우에 임차권은 매각에 의해 소멸된다. 그러나 대항력을 갖춘 선순위 임차인은 소멸되지 않고 존속되며 배당을 요구한 경우에는 우선변제의 대상이 되고 배당받지 못한 보증금이 있다면 매수인(낙찰자)에게 변제받을 수 있다.

제 10 절 유치권

1 유치권의 의의

① 의의 : 유치권이란 타인의 물건 또는 유가증권을 점유한 자가 그 물건이나 유가증권에 관하여 생긴 채권을 가지는 경우에 그 채권의 변제받을 때까지 그 물건이나 유가증권을 유치할 수 있는 권리이다(민법 제320조 제1항).

② 인정 취지 : 유치권은 당사자의 의사와는 관계없이 일정한 요건이 충족되면 법률상 당연히 성립하는 법정담보물권이다. 기본 취지는 공평(형평)의 이념에 있다. 즉, 예컨대 물건을 수선한 자가 수선비를 받기 전에 그 수선으로 가치를 보존한 물건을 먼저 인도하면 수선비 채권은 추심이 어려우니 돈(수선비)을 받을 때까지는 인도를 거절하는 것이 공평하다는 것이다.

2 유치권의 성립 요건

(1) 채권이 목적물에 관하여 생길 것

유치권에 기한 채권이 유치권의 목적물과 관련하여 발생되어야 한다.

① 포기 특약 : 건물의 임차인이 임대차관계 종료 시에는 건물을 원상으로 복구하여 임대인에게 명도하기로 약정한 것은 건물에 지출한 각종 유익비 또는 필요비의 상환청구권을 미리 포기하기로 한 취지의 특약이라고 볼 수 있어 임차인은 유치권 주장을 할 수 없다(73다2010).

② 보증금 반환 : 건물의 임대차에 있어서 임차인의 임대인에 대한 임차보증금 반환청구권이나 또는 임차인이 건물을 임대 목적대로 사용 못한 것을 이유로 임대인에 대해 가지는 손해배상 청구권은 모두 민법 제320조에 규정된 소위 그 건물에 관하여 생긴 채권이라 할 수 없다(75다1305).

③ 권리금 반환과 유치권 : 임대인과 임차인 사이에 건물 명도시에 권리금을 반환하기로 하는 약정이 있어도 권리금반환 청구권은 건물에 관해 생긴 채권이라 할 수 없어 그와 같은 채권을 가지고 건물에 대한 유치권을 행사할 수 없다(93다62119).

(2) 채권의 변제기 도래

① 채권의 변제기가 도래하고 있지 않는 동안은 유치권은 성립하지 않는다. 그렇지 않으면 변제기 전의 채무 이행을 강제하는 결과가 되기 때문이다. 예컨대 유익비상환청구권에 관하여 법원이 상당한 기한을 허여할 수 있는데 채무자에게 기한이 허여되면 채권자(임차인)는 유치권을 잃는다.

② 성립 요건 : 유치권 외의 다른 담보물권에서는 피담보채권의 변제기의 도래는 담보권의 실행을 위한 요건에 불과하고 성립요건은 아니다. 그러나 유치권에서는 그것이 성립요건이 되는 점에서 다른 담보물권과는 다르다.

(3) 타인의 물건 점유 : 자기 물건의 점유로는 성립하지 않는다.

(4) 유치권 배제 특약의 부존재

당사자 간에 유치권의 발생을 배제하는 특약이 있는 경우에는 그 특약은 유효하다. 따라서 유치권이 성립하려면 이러한 특약이 없어야 한다.

3 유치권의 효력

(1) 유치권자의 권리

1) 목적물의 유치

유치권자는 그의 채권의 변제를 받을 때까지 목적물을 유치할 수 있다. 유치한다는 것은 목적물의 점유를 계속함으로써 그 인도를 거절하는 것이다. 이것이 유치권의 중심적 효력이다. 또한 유치권은 물권이기 때문에 모든 사람 즉 채무자뿐만 아니라 목적물의 양수인 또는 경매로 인한 매수인에 대해서도 유치권을 주장할 수 있다.

2) 비용상환 청구권

① 청구 : 유치권자가 유치물에 관하여 필요비를 지출한 때에는 소유자에게 상환을 청구할 수 있다. 유치권자가 유치물에 관하여 유익비를 지출한 때에는

그 가액의 증가가 현존한 경우에 한해 유치권자가 아니라 소유자의 선택에 좇아 그 지출한 금액이나 증가액의 상환을 청구할 수 있다.

② 상환기간의 허여 : 법원은 소유자의 청구에 의해 상당한 상환기간을 허여할 수 있다. 이때에는 유익비에 관하여는 유치권을 잃게 된다.

(2) 유치권자의 의무

① 유치권자는 선량한 관리자의 주의로 유치물을 점유해야 한다. 또 유치권자가 위 의무를 위반한 때에는 채무자는 유치권의 소멸을 청구할 수 있다.

② 소멸 : 채무자의 유치권자에 대한 일방적 의사표시로 유치권 소멸의 효과가 생긴다.

(3) 확인할 때 주의사항

등기사항증명서에 나타나지 않으므로 반드시 매각물건명세서나 민사집행사건 기록부에서 유치권 행사 여부를 확인해야 한다. 그리고 인정된다면 매수인이 인수하게 된다. 통상적으로 금액이 크니 주의가 필요하다.

(4) 가공유치권 행사 이유

① 확인 시기 : 가공유치권은 경매를 지연시키는 것으로 매각결정기일 7일 전에 볼 수 있는 매각물건명세서에서 유치권의 신고 여부를 확인할 수 있다.

② 유치권자의 응찰 : 유치권은 고액인 경우가 많아 법적으로 분쟁의 발생이 많으므로 유찰이 쉽게 되므로 최저가가 낮아지고 응찰자도 적게 되므로 유치권자가 응찰해 받을 돈과 상계시키면 큰 이익을 낼 수 있다.

(5) 대응 전략

① 건설유치권

공사 중단 후 상당 기간이 흘렀을 경우는 의심해야 한다. 그 동안 공사업자는 무엇을 했는지 파악하고 반드시 현장을 확인하고 관련자들의 서류를 확인해야 한다.

② 시설유치권

㉠ 수도배관, 하수도공사 등 : 건물유지 비용, 필요비로 인정 될 수 있다.

㉡ 벽의 설치 : 건물 가치 증가 비용으로 4개 기둥만 있는 상태에서 벽을 설치한 경우에 인정될 수 있다. 단, 여관인 경우 칸막이 공사, 조명, 에어컨은 필요비, 유익비가 아니고 영업 목적(주관적)이므로 인정되지 않는다.

05 주택 및 상가건물 임대차보호법

제 1 절 **주택임대차보호법**

1 제정 목적과 특징

(1) 제정 목적

주택 소유자인 임대인에 비하여 상대적으로 사회적 약자의 지위에 있는 주택 임차인을 보호하여 국민 주거생활의 안정을 도모한다는 사회정책적 목적을 달성하기 위하여 1981년 3월 5일에 제정되어 현재까지 임차인을 보호하고 있다.

(2) 이법의 특징(편면적인 강행규정)

이 법의 규정에 위반된 약정으로 임차인에게 불리한 것은 효력이 없다(무효, 경제적 약자인 임차인을 보호하기 위한 편면적인 강행규정의 성격)

2 적용 범위

(1) 주택임차인이 법인인 경우

① 자연인 : 주택임대차보호법은 전입신고(주민등록)를 할 수 있는 자연인에 한해서 적용된다.

② 법인(대기업) : 법인이 사원용 주택의 마련을 위하여 주택을 임차하고 사원을 입주시킨 후 입주한 사원 명의로 주민등록을 마쳤다고 이 법의 적용을 받지 못한다. 법인은 자연인과 같은 주민등록번호가 없어서 전입신고를 할 수 없어서 이 법의 적용을 받지 못한다. 주택임대차보호법은 자연인인 무주택자의 주거 안정을 입법목적으로 하고 있고, 법인은 애당초 대항요건의 하나인 주민등록을 자신의 명의로 할 수 없을 뿐만 아니라 그 직원 명의로 주민등록을 마쳤다고 하더라도 이를 법인의 주민등록으로 볼 수 없기 때문이다(96다7236)

③ 한국토지주택공사, 지방공사, 중소기업기본법에 따른 중소기업에 해당하는 법인 등은 그 법인이 선정한 직원이 해당 주택을 인도받고 주민등록을 마쳤을 때에는 일반 기업(법인)과는 다르게 이 법이 적용된다.

(2) 주택임차인이 외국인인 경우

외국인도 자연인이니 내국인과 같이 주택임대차보호법을 적용받는다. 전입신고 대신 체류지 신고(출입국 관리국)하고 거주(인도)하면 특별법의 적용을 받는다.

(3) 공부상 용도는 공장이나 현재 주거로 사용하는 경우

① 건축물대장상 공장 : 건축물대장상의 용도는 공장으로 되어 있지만 현재 내부 구조를 변경하여 주거로 사용하고 있는 건물을 임차하여 입주와 전입신고를 마친 경우 이런 건물도 주택임대차보호법의 적용을 받을 수 있다.

② 공장, 창고 : 공장이나 창고도 세놓을 당시에 임대인의 동의를 받아 주거용으로 개조하여 세를 놓은 경우(86카다822, 85다카1367)에도 적용된다. 다만 임대인의 허락 없이 개조한 경우에는 적용되지 않는다(95다51953).

(4) 주택의 일부를 점포로 개조한 경우

주거용 건물의 전부 또는 일부의 임대차나 그 임차주택의 일부가 주거 외의 목적으로 사용되는 경우에도 적용된다(94다52522). 현재 주택의 일부를 구멍가게로 개조한 건물을 임차해 입주와 동시에 전입신고를 마치고 그곳에서 거주하면서 구멍가게를 경영하고 있다면 이런 건물도 주택임대차보호법의 적용을 받을 수 있다(86가합1442, 86다카2407).

(5) 임대기간 중에 비주거용 건물을 주거용으로 개조한 경우

임대인의 승낙을 얻어 점포를 주거용으로 개조한 경우에는 개조한 때부터 주택임대차보호법의 적용을 받을 수 있다.

(6) 무허가, 미등기 건물의 적용

① 무허가건물 : 관할 관청의 허가 없는 무허가 건물, 준공검사까지 받았지만 아직 소유권보존등기를 마치지 못한 미등기 건물인 경우에도 그 주택은 소유자가 이미 사실상 소유권을 취득하게 된 것이므로 이 법은 적용된다.

② 미등기건물 : 판례는 "미등기 주택의 소액 임차인이 그 대지의 매각대금에 대해 우선변제권을 행사할 수 있기 위해서는 임대차 후에라도 소유권보존등기가 있어야 한다(2001다39657)"고 판시한다.

3 대항 요건(인도와 전입신고)과 대항력

주택임대차보호법 제3조 제1항은 '임대차는 등기가 없는 경우에도 임차인이 주택의 인도와 주민등록을 마친 때에는 익일(다음날)부터 제3자에 대하여 효력이 생긴다.'라고 판시되어 있다. 임차인의 대항력이란 임차 기간 중 그 임차주택이 매매·경매·공매 등의 사유로 소유자의 변동이 있는 경우에도 임차인은 새로운 소유자에 대하여 임차 기간이 만료될 때까지 자기의 임차권을 주장하여 계속 사용·수익할 수 있는 효력을 갖는다는 것이다.

(1) 주택의 인도(점유)

임차인이 당해 주택에 거주하면서 이를 직접 점유하는 경우뿐만 아니라 타인의 점유를 매개로 하여 이를 간접 점유하는 경우에도 인정될 수 있다. 임차주택의 점유(인도)의 존속기간의 종기에 관하여 현행 민사집행법 하에서는 법원이 정한 배당요구의 종기까지 위 요건을 유지해야 보호를 받을 수 있다.

(2) 주민등록(전입신고)

1) 주민등록의 의미

주택의 인도와 더불어 대항력의 요건으로 규정하고 있는 주민등록은 거래의 안전을 위하여 임대차의 존재를 제3자가 명백히 인식할 수 있게 하는 '공시' 방법으로 마련된 것이다(2002다154671).

2) 주민등록과 관련된 판례

① 가족의 전입신고 : 주민등록은 임차인 본인의 주민등록만이 아니라 그 배우자나 자녀 등 가족의 주민등록을 포함한다(98다5968). 임차인이 미성년자라서 그의 부친이 자신의 이름으로 임대차계약을 체결하더라도 주택임대차보호법상의 보호를 받을 수 있다(94마2134, 87다카3093 등).

② 소유권을 양도한 후에 임차권을 취득한 경우 : 매수인 명의의 소유권이전등기가 된 날에야 비로소 유효한 공시방법이 되므로 그 소유권이전등기일 익일(다음날)부터 임차인으로서 대항력을 갖는다(99다59306).

③ 전대 : 임대인의 승낙을 받아 임차주택을 전대하고 그 전차인이 임차인으로부터 임차주택을 인도받아 전차인 자신의 주민등록을 마친 때에는 그 때로부터 임차인은 제3자에 대하여 대항력을 취득한다(94다3155).

④ 동·호수 기재 : 다가구·다중주택(단독주택)은 동·호수까지 기재할 필요는 없으

며 잘못 기재가 되어도 대항력은 취득한다(97다29530).

⑤ 공동주택의 전입신고(동·호수) : '○○동 258의 1 연립주택 가동 1층 102호'가 정확한 주소임에도 연립주택의 동·호수의 표시 없이 그 지번인 '○○동 258의 1'이라고만 표시하여 주민등록한 경우 이것은 적법한 주민등록이 아니다(94다27427).

⑥ 공무원의 실수 : 임차인이 전입신고를 올바르게 하였다면 담당 공무원이 실수로 주민등록표상의 주소 지번을 잘못 기입했어도 제3자에 대하여 효력이 있다(91다18118).

⑦ 전출 : 주택임차인의 대항력은 전출 당시 이미 대항요건의 상실로 소멸되고, 재전입한 때부터 새로운 대항력이 재차 발생한다(95다30338).

⑧ 주민등록 신고는 행정청에 도달하기만 하면 신고의 효력이 발생하는 것이 아니며 행정청이 수리한 경우에 효력이 발생한다(2006다17850).

⑨ 기존 채권을 임대차 보증금으로 전환하여 임대차계약을 체결한 경우에도 보호된다(2001다47535).

⑩ A동을 가동으로 신고 : 등기사항증명서상 표제부에 '에이(A)동'이라고 기재되어 있음에도 전입신고를 '가동'으로 신고한 경우, 대항력은 있다(2002다59351).

⑪ 등기상 주소는 「지층01호」로 기재되어 있는 주택을 임차인이 「B01호」로 전입신고하여 주소가 기재되었더라도 대항력은 있다(2003다6590).

(3) 대항력의 의미

① 임차인이 대항력이 있다는 것은 임차주택의 양수인이 임대인의 지위를 당연 승계하므로 양수인으로부터 보증금을 반환받을 때까지 임차주택을 비워 주지 않아도 된다는 것을 의미한다. 양수인의 범위는 매매·증여·상속 및 경매·공매뿐만 아니라 미등기인 무허가건물의 소유권을 사실상 양수한 경우도 포함된다. 결국 경매에 의해 주택을 취득한 매수인의 입장에서도 그 주택에 대항력이 있는 임차인이 있는 경우 임차인에게 임대기간이 만료되기 전에는 명도해 달라고 주장할 수 없으며 임대차가 종료되었을 때 그 보증금을 반환해 주어야 한다.

② 임차인보다 선순위 저당권이나 가압류·압류 혹은 가등기 등이 경료되어 있는 때에는 임차인이 대항력을 구비해도 경매가 진행되어 매각된 경우에는 임차인은 양수인(낙찰자)에게 대항할 수 없다(89다카33043).

(4) 대항력 유무와 배당 연습

101호(갑)	102호(을)	103호(병)	104호(정)
1월 2일 인도, 전입 확정일자 (5천) 1월 2일 근저당(1억)	1월 2일 인도, 전입 확정일자 (5천) 1월 3일 근저당(1억)	1월 2일 인도, 전입 1월 5일 근저당(1억) 1월 6일 확정일자(5천)	1월 2일 확정일자(5천) 1월 5일 근저당(1억) 1월 6일 전입, 거주
대항력 :	대항력 :	대항력 :	대항력 :
배당 1순위 2순위	배당 1순위 2순위	배당 1순위 2순위	배당 1순위 2순위

① 101호 (갑)

㉠ 대항력 : 대항력은 당일이 아닌 다음날 0시에 발생하니 갑은 1월 3일 0시에 대항력이 생긴다. 말소기준권리인 근저당은 1월 2일 당일에 효력이 발생하니 갑은 말소기준권리 후에 전입신고한 것이니 대항력이 없다. 갑은 배당을 다 못 받아도 낙찰자에게 보증금 5,000만원을 주장할 수 없다.

㉡ 배당 : 낙찰대금이 1억이면 1순위인 은행이 먼저 배당받는다. 더 이상 배당될 돈도 없어서 은행이 배당받으면 그걸로 끝이다. 대항력도 없고 배당도 못 받는다면 낙찰받는 사람은 명도가 어려울 수 있다.

② 102호 (을)

㉠ 대항력 : 을은 은행 근저당보다 하루 전에 들어와서 대항력은 다음날 1월 3일 0시에 발생한다. 을의 근저당은 1월 3일로 날짜는 같지만 아무리 빨라야 등기소 업무 시작하는 9시부터 효력이 발생하므로 을은 대항력이 있다. 배당요구를 않는다면 보증금 전액을 낙찰자가 부담해야 하니 전세 안고 사는 것과 같다. 을이 배당 요구하면 1순위로 다 배당받고 나갈 수도 있어서 명도도 편하고, 다시 증액해서 임대차 계약서를 쓸 수도 있다.

㉡ 배당 : 낙찰대금이 1억이면 1순위가 을이라서 먼저 5,000만원을 배당받고 다음 남는 돈이 은행에 배당된다. 날짜는 같지만 시간이 0시라서 먼저 배당받는다. 이 경우는 안분(평등)배당이 아니다.

③ 103호 (병)

㉠ 대항력 : 대항력은 1월 3일 0시에 발생하여 말소기준권리인 근저당보다 빠르게 전입신고해서 대항력은 발생한 상황이다.

ⓛ 배당 : 병은 근저당 설정일 1월 5일보다는 선순위라서 대항력이 있다. 하지만 확정일자는 근저당보다 늦어 근저당이 다 배당된 후에 남은 금액이 있어야 보증금이 배당된다. 배당요구 해도 배당을 못 받을 것이라서 낙찰자가 전액을 다 인수해야 한다. 권리분석, 배당을 잘못 알면 입찰보증금을 날리거나 인수했다가 더 손해를 볼 수도 있으니 주의해야 한다.

④ 104호 (정)

㉠ 대항력 : 정은 근저당보다 먼저 확정일자는 받았지만 확정일자는 대항력이 생기지 않는다. 정은 1월 7일 0시에 대항력이 발생한다. 대항력(1월 7일)은 말소기준권리(1월 5일)보다 후순위라서 정은 대항력이 없다.

ⓛ 배당 : 확정일자의 효력도 1월 7일에 발생하여 1월 5일 근저당보다는 늦어 은행 1억이 배당되면 정은 한푼도 배당을 받지 못하고 배당은 종결된다. 정은 대항력도 없어서 못 받은 돈을 낙찰자에게 주장할 수도 없다.

4 소액보증금의 최우선변제권(일정액의 우선변제권)

(1) 최우선변제권

① 의의 : 임차인은 주택에 대한 경매신청의 등기 전에 대항요건을 갖추어야 하며 '다른 담보물권자보다 우선하여 변제받을 권리'가 있다고 규정(주택임대차보호법 제8조 제1항)되어 있고 이러한 임차인의 권리를 최우선변제권 또는 소액임차인의 우선변제권이라고 한다.

② 최우선 배당 : 소액 보증금 중 일정액에 관해 선순위 담보권, 국세보다 더 우선하여 임차주택 가액(대지 포함)의 1/2의 범위 내에서 최우선적으로 배당을 받는다.

(2) 최우선변제권의 요건

① 근저당 등 지급기준권리에 해당하는 소액보증금일 것
가압류·압류·임차권 등은 지급기준권리가 아니다.

② 해당 지역에 맞는 소액보증금(시행령 제4조)에 해당할 것

② 첫 경매개시결정등기 전에 대항요건(점유·주민등록)을 갖추었을 것

③ 배당요구의 종기일까지 배당 요구할 것

④ 배당요구의 종기일까지 대항력을 유지하고 있어야 한다.

지급기준일, 지역에 따른 소액보증금과 최우선 변제금의 범위

기준권리 설정일	지역	보증금 범위	최우선변제액
84. 6. 14 ~ 87. 11. 30	특별시 및 광역시(군지역 제외)	300만원	300만원
	기타 지역	200만원	200만원
87. 12. 1 ~ 90. 2. 18	특별시 및 광역시(군지역 제외)	500만원	500만원
	기타 지역	400만원	400만원
90. 2. 19 ~ 95. 10. 18	특별시 및 광역시(군지역 제외)	2,000만원	700만원
	기타 지역	1,500만원	500만원
95. 10. 19 ~ 2001. 9. 14	특별시 및 광역시(군지역 제외)	3,000만원	1,200만원
	기타 지역	2,000만원	800만원
2001. 9. 15 ~ 2008. 8. 20	수도권 중 과밀억제권역	4,000만원	1,600만원
	광역시(인천·군지역 제외)	3,500만원	1,400만원
	기타 지역	3,000만원	1,200만원
2008. 8. 21 ~ 2010. 7. 25	과밀억제권역(서울, 인천, 수원, 안양 등)	6,000만원	2,000만원
	광역시(인천·군지역 제외)	5,000만원	1,700만원
	기타 지역	4,000만원	1,400만원
2010. 7. 26 ~ 2013. 12. 31	서울	7,500만원	2,500만원
	과밀억제권역(서울 제외)	6,500만원	2,200만원
	광역시, 경기 안산·김포·용인·광주	5,500만원	1,900만원
	기타 지역	4,000만원	1,400만원
2014. 1. 1 ~ 2016. 3. 30	서울	9,500만원	3,200만원
	과밀억제권역(서울 제외)	8,000만원	2,700만원
	광역시, 경기 안산·김포·용인·광주	6,000만원	2,000만원
	기타 지역	4,500만원	1,500만원
2016. 3. 31 ~ 2018. 9. 17	서울	1억	3,400만원
	과밀억제권역	8,000만원	2,700만원
	광역시, 세종시, 안산·김포·용인·광주	6,000만원	2,000만원
	기타 지역	5,000만원	1,700만원

기준권리 설정일	지역	보증금 범위	최우선변제액
2018. 9. 18 ~ 2021. 5. 10	서울	1억 1,000만원	3,700만원
	과밀억제권역, 용인, 화성, 세종시	1억원	3,400만원
	광역시, 안산, 김포, 광주, 파주	6,000만원	2,000만원
	기타 지역	5,000만원	1,700만원
2021. 5. 11 2023. 2. 20	서울	1억 5,000만원	5,000만원
	과밀억제권역, 용인, 화성, 세종시	1억 3,000만원	4,300만원
	광역시, 안산, 김포, 광주, 파주	7,000만원	2,300만원
	기타 지역	6,000만원	2,000만원
2023. 2. 21 ~ 현재	서울	1억 6,500만원	5,500만원
	과밀억제권역, 용인, 화성, 세종시	1억 4,500만원	4,800만원
	광역시, 안산, 김포, 광주, 파주	8,500만원	2,800만원
	기타 지역	7,500만원	2,500만원

과밀 억제권역(수도권정비계획법 시행령 별표 1)

- 서울특별시
- 인천광역시[강화군, 옹진군, 중구 : 운남동·운북동·운서동·중산동·남북동·덕교동·을왕동·무의동, 서구 : 대곡동·불노동·마전동·금곡동·오류동·왕길동·당하동·원당동, 연수구 : 송도매립지(인천광역시장이 송도신시가지 조성을 위하여 1990년 11월12일 송도앞 공유수면매립 공사면허를 받은 지역을 말한다.) 남동 유치지역을 제외한다.]
- 의정부시   • 구리시
- 남양주시(호평동·평내동·금곡동·일패동·이패동·삼패동·가운동·수석동·지금동 및 도농동에 한한다.)
- 하남시   • 고양시   • 수원시   • 성남시
- 안양시   • 부천시   • 광명시   • 과천시
- 의왕시   • 군포시   • 시흥시(반월특수지역을 제외한다.)

1) 임차권등기가 경료된 주택을 임차한 임차인과 최우선변제권

① 임차권등기명령의 집행에 의한 임차권등기가 경료된 주택을 그 이후에 임차한 임차인은 소액보증금의 최우선변제권이 인정되지 않는다(주택임대차보호법 제3조의3 제6항). 이미 선순위 임차인이 임차권등기를 해놓고 나간 것을 보고 이사 온 후순위 임차인이라서 보호할 가치가 없다.

② 하지만 후순위 임차인도 우선변제는 받을 수가 있다. 다만 대항력과 확정일자 받은 계약서가 모두 구비되어야 배당을 받을 수 있다. 순위가 늦어서 결국은 배당받지 못할 가능성이 커서 명도가 어려울 수는 있다.

2) 미등기주택의 경우 경매당시 등기가 되어야 한다.

　미등기주택에 대해 임대차계약을 체결하였고 그 보증금이 소액보증금에 해당된다고 할지라도 위 주택과 토지가 경매되었을 때 소액임차인이 주택임대차보호법 제8조에 의해 그 주택과 토지의 경락대금에서 우선변제를 받기 위해서는 그 임대차의 목적물인 주택에 관하여 그 임대차 후에라도 소유권 등기가 거쳐져 경매신청의 등기가 되어야 한다(2001다339657).

3) 지급기준권리는 담보물권을 기준으로 한다.

　우선하는 담보물권이 있는 경우 그 담보물권이 설정된 시점으로 소액 임차인인지 여부를 판단한다. 가압류나 압류는 채권으로 이를 기준으로 하는 것이 아니다.

순위	권리	권리자	일자	권리 내용
1	소유권자	갑	2020. 2. 27.	소유권 이전등기(서울)
2	근저당권자	을	2021. 5. 6.	채권최고액 3억원
3	임차인	병	2024. 9. 10.	보증금 1억 5천만원

< 사례 해설 > 임차인 병은 임대차계약 당시에는 소액보증금에 해당하나 보다 선순위의 저당권자 을이 있으므로 저당권 설정 당시인 2021년 5월 6일을 기준으로 하여 소액임차인인지 여부를 판단해야 한다. 따라서 2021년 5월 6일 저당권설정 시점에서 소액보증금의 범위는 1억 1천만원 이하이므로 병의 보증금 1억 5천만원은 소액임차인이 아니다. 따라서 임차인 병은 근저당보다 먼저 배당받을 수 없다. 임차인 병은 최우선 배당은 없다.

4) 주택매각가격(낙찰금액)의 1/2의 범위 내에서만 우선변제 받는다.

　주택임대차보호법(제8조 3항, 시행령 3조)에 의하면 소액 임차인은 주택가액(대지가액 포함)의 1/2의 범위 내에서만 우선변제를 받을 수 있다.

5) 소액보증금을 배당받기 위해서는 아래의 요건을 갖춰야 한다.

　① 먼저 배당요구종기까지 배당요구해야 한다.

　② 낙찰자의 인감증명서와 명도확인서를 법원에 제출해야 한다.
　　경매절차의 종료시 임차인은 임차주택을 매수인(낙찰자)에게 인도하지 않으면 소액보증금을 수령할 수 없다.
　　소액임차인에게 배당된 최우선변제금을 수령하기 위해서는 임차하고 있는 주택을 매수인(낙찰자)에게 인도해야 한다. 배당금의 수령과 주택의 인도는 동시이행의 관계에 있다. 임차인은 낙찰자 명의의 인감증명서가 첨부된 명도확인서와 임대차계약서 및 임차인의 주민등록 등본을 경매법원에 제출해야 배당금을 은행(공탁)에서 수령할 수 있다.

6) 소액임차인들 사이는 동순위(동순위, 안분배당).

① 동순위 : 소액임차인이 다수 있는 경우 배당 시 그들의 배당 순위는 대항요건 취득시기와 확정일자에 관계없이 전부 동순위이다. 임대차 자체가 본래 채권이라서 우선순위는 인정되지 않는다.

② 안분배당 : 따라서 매각가액의 1/2의 범위 내에서 소액임차인들의 보증금을 전액 배당할 수 없을 때는 소액임차인들의 보증금의 비율에 따라 안분(평등) 배당을 한다.

순위	권리	권리자	일자	권리 내용
1	소유자	A	2010. 6. 12.	소유권이전등기(서울)
2	근저당권자	B	2016. 1. 10.	채권최고액 1억원
3	임차인	갑	2016. 5. 2.	보증금 8,000만원
4	임차인	을	2017. 10.12.	보증금 9,000만원
5	임차인	병	2018. 5. 7.	보증금 1억 1,000만원

<사례 해설> 낙찰금액이 1억원이라면 최우선변제는 1/2인 5,000만원 내에서 받을 수 있고 갑·을은 최우선 변제금으로 각각 3,200만원을 변제받을 수 있으나 합산액이 6,400만원으로 배당할 금액 5,000만원을 초과하므로 최우선변제금의 비율에 따라 안분배당(5,000만원 × 3,200만원 / 6,400만원 = 2,500만원) 하면 갑·을이 각각 2,500만원씩 배당받게 된다. 병은 소액보증금에 해당하는 1억을 넘어서 최우선변제를 받을 수 없다.

7) 소액임차인이 확정일자 임차인의 지위를 겸할 때

소액임차인이면서 확정일자를 받은 경우 양 지위가 모두 인정되므로 먼저 소액임차인으로서 최우선변제를 받고 나머지 변제받지 못한 금액에 대하여는 확정일자부 임차인으로서 그 순위에 따라 배당을 받게 된다.

5 확정일자에 의한 우선변제권

(1) 확정일자의 의미와 날인

① 확정일자의 의미 : 증서에 대하여 작성한 일자에 관한 안전한 증거가 될 수 있는 것으로 법률상 인정되는 일자를 말하며 당사자가 나중에 변경하는 것이 불가능한 확정된 일자를 가리키고 확정일자 있는 증서란 위와 같은 일자가 있는 증서로서 민법 부칙 제3조 소정의 증서이다(87다카2429).

② 날인 : 확정일자는 임대차계약서와 수수료를 가지고 법원·등기소·공증인 사무소, 읍·면·동 주민센터에서도 확정일자를 받을 수 있다. 꼭 본인이어야 하는 것도 아니고 대리인 서류가 필요한 것도 아니다.

③ 입증 : 확정일자 받은 사실은 반드시 임대차계약서로만 입증해야 하는 것은 아니고 공정증서 대장 등 다른 방법으로 입증할 수 있다(96다12474).

(2) 우선변제권

① 우선변제의 의미 : 주택의 인도, 주민등록(전입신고)의 대항요건과 임대차 계약서상 확정일자를 갖춘 임차인은 후순위 권리자 기타 채권자보다 우선하여 보증금을 변제받을 권리가 있다. 확정된 일자가 있으니 후순위 권리자보다 앞서는 것이지 선순위 권리자보다 우선하여 변제받는 것은 아니다.

② 물권화 : 확정일자를 갖춘 임차인은 배당절차에 있어서 담보물권자와 유사한 지위(물권화)를 갖는다는 의미이다(92다30597).

(3) 성립 시기

① 우선변제권의 발생 : 확정일자를 갖춘 임차인의 우선변제권은 대항력 및 확정일자를 모두 갖춘 때에 발생한다. 확정일자를 갖춘 후 보증금을 인상한 경우 인상한 보증금에 대하여는 새로 확정일자를 갖춰야 그 때부터 우선변제권이 발생한다.

② 발생 시기 : 주택의 임차인이 임대차 계약서에 확정일자를 갖춘 당일 또는 그 후에 주택의 인도와 주민등록을 마친 경우에는 우선변제권은 주택의 인도와 주민등록을 마친 다음날 0시에 발생한다(98다46938).

(4) 확정일자부 임차인의 권리

① 환가대금 전액에서 배당

소액임차인은 보증금 중 일정액을 주택가액의 1/2의 범위 내에서만 최우선변제를 받을 수 있으나 확정일자를 갖춘 임차인은 다른 담보권자와 마찬가지로 매각대금 전액으로부터 순위에 따라 우선변제를 받을 수 있다.

② 대항력 있고 확정일자를 구비한 임차인은 낙찰자에게 대항할 수 있다.

대항력과 우선변제권이라는 2가지 권리를 겸유하고 있는 임차인이 먼저 우선변제권을 선택하여 임차주택에 대하여 진행되고 있는 경매절차에서 보증금 전액에 대하여 배당요구 해도 그 순위에 따른 배당 받을 수 있었던 금액을 공제한 잔액에 관하여 매수인에게 대항하여 이를 반환받을 수 있을 때까지 임대차 관계의 존속을 주장할 수 있다(98다15545).

③ 확정일자부 임차인과 다른 담보권자와의 관계(우선순위)

확정일자부 임차인과 다른 담보권자나 가압류권자와의 관계에서 확정일자부 임차인과 담보권자 중 누가 우선 하느냐는 임차권자의 점유와 전입신고(다음날)와 확정일자를 갖춘 시점과 담보권자의 등기설정 일자를 기준으로 하여 우선순위가 정해진다.

④ 확정일자부 임차인이 다수인 경우

임차인별로 그들 상호간에는 대항력(거주와 전입신고) 및 확정일자를 최종적으로 갖춘 날짜 순서대로 우선 순위에 따라 우선 배당이 결정된다.

(5) 요건 구비의 종기

① 배당요구의 종기까지 우선변제권의 요건을 구비

확정일자부 임차인은 주택의 인도와 주민등록의 요건을 배당요구 종기일까지 계속 구비하고 있어야 하고(95다44597, 2005다64002, 2007다17475 등), 중간에 주민등록을 옮긴 사이에 다른 담보권이 설정되어 있다면 처음 순위를 유지하지 못하고 다른 담보권자보다 후순위가 된다.

② 배당요구 종기일까지 대항력 유지

배당요구의 종기일을 첫 매각기일 이전으로 지정하므로 지정된 배당요구의 종기일(구법 : 낙찰기일)까지 위 요건을 유지하여야 한다.

③ 배당요구 종기일까지 배당요구

확정일자부 임차인은 경매절차에서 배당요구 종기까지 배당요구를 해야만 배당 시 우선변제를 받을 수 있다. 배당요구하지 않으면 포기로 본다.

(6) 명도확인서

① 임차인은 임차주택을 양수인에게 인도하지 않으면 보증금을 수령할 수 없으므로(주택임대차보호법 제3조의2 제3항), 매수인의 명도확인서를 제출하여야 배당금을 지급받을 수 있다.

② 등기된 전세권도 원칙적으로도 명도확인서는 필요하다. 다만, 현황조사보고서나 다른 자료에 의하여 전세권자가 이미 점유하지 않고 있는 사실이 확인되면 위 서류는 불필요하다.

(7) 확정일자를 받았다가 분실한 경우

① 임차인이 임대차 계약서에 확정일자를 받아 보관하던 중 분실한 경우 임대인의 동의하에 임대차계약서를 다시 작성하더라도 소급하여 최초 계약서에 받은 확정일자와 같은 날짜로 확정일자를 받을 수 없다.

② 확정일자를 받은 사실은 임대차계약서를 공증인 사무실에서 공정증서로 작성하였다면 나중에 공정증서 대장 등으로 입증할 수도 있다. 확정일자를 분실할 때는 전의 임대차계약서와 동일한 내용의 확정일자를 받기는 어려워서 임차인은 잘 보관해야 한다. 주민센터에서 발급받을 수 있다면 배당에는 문제가 없다.

6 임차권등기의 신청 요건

(1) 요건(단독으로 청구 가능)

① 임차권등기명령 : 임대차가 끝나가는 시점에는 이사 갈 생각에 다른 집에 계약금을 걸고 이사 준비한다. 하지만 임대차가 종료되었는데 임대인이 보증금을 내주지 않으면 이사를 갈 수 없고 계약금을 날리는 손해를 볼 수 있는 상황이 발생한다. 오도 가도 못하는 이런 상황을 해결하기 위함이다.

② 임차권등기명령을 신청하기 위한 조건 : 1. 기간 종료하였을 것, 2. 보증금을 반환받지 못한 경우로 임차주택 주소지를 관할법원에 신청한다.

(2) 첨부 서류와 신청서 기재사항

첨부할 서류는 1. 임대차 계약서 사본, 2. 주민등록 등본, 3. 거주사실 확인서, 4. 등기사항증명서, 5. 건축물대장, 6. 도면(일부) 등이다. 신청서에는 신청취지 및 이유, 주택의 특정, 임차권등기의 원인이 된 사실 등을 기재해야 한다.

(3) 등기 촉탁

법원에서 이유가 있다고 판결하면 즉시 관할 등기소에 등기의 촉탁을 한다.

(4) 임차권등기명령의 효력

① 대항력과 우선변제권의 유지 : 임차인이 임차권등기명령 신청 당시에 이미 대항력을 취득한 경우와 우선변제권을 취득한 경우라면 임차권등기를 한 후에는 주택의 점유와 주민등록의 요건을 상실하더라도 이미 취득한 대항력과 우선변제권은 여전히 유지된다(주택임대차보호법 제3조의3 제5항).

② 최우선변제권의 부인(否認) : 임차권등기가 경료된 주택(임대차의 목적이 주택의 일부분인 경우는 해당 부분에 한한다.)을 그 이후에 임차한 임차인은 주택임대차보호법 제8조의 규정에 의한 최우선변제를 받을 권리가 없다. 하지만 확정일자까지 구비되면 우선변제는 받을 수 있다.

(5) 임차권등기자의 지위

① 이해관계인

임차권등기한 자는 입찰절차에서 민사집행법 제90조 3호에 의한 이해관계인이므로 법원에서는 채권계산서 제출을 최고하고 기일 통지를 한다.

② 우선변제권의 취득

임차권등기한 자는 주택임대차보호법 제3조의 제5항에 의한 우선변제권이 있고 등기된 임차권은 민사집행법 제91조 4항에 의해 경매에 의해 소멸되므로 경매절차에서 당연히 배당요구를 한 것으로 보고 배당을 한다.

(6) 민법 규정에 의한 임차권등기의 효력

임차권등기의 효력은 민법(제621조)의 규정에 의한 주택임대차등기의 효력에 관하여도 이를 준용한다. 즉 민법 제621조의 규정에 의한 임차권등기에도 이 법에 규정된 임차권등기명령에 의한 임차권등기와 동일한 효력을 가지므로 우선변제권을 행사할 수 있다.

7 주택임대차보호법의 주요 규정

(1) 최단기간(2년)의 보장(주텍임대차보호법 제4조 제1항)

① 2년 보장 : 기간의 정함이 없거나 기간을 2년 미만으로 정한 임대차는 2년 본다. 다만, 임차인은 2년 미만으로 정한 기간이 유효함을 주장할 수 있으나 2년으로 정하고 1년 만에 나간다면 다른 임차인을 구해야 한다.

② 임대차의 존속 : 임대차가 종료한 경우에도 임차인이 보증금을 받을 때까지는 임대차 관계는 존속하는 것으로 본다(제4조 제2항).

(2) 묵시적 갱신(법정갱신, 자동갱신)

① 통보 : 임대인이 임대차 기간 만료 전 6월부터 2월까지 임차인에게 갱신 거절의 통지 또는 조건의 변경, 갱신하지 않는다는 뜻의 통지가 없이 임대차 기간이 만료된 때는 전 임대차와 동일한 조건으로 다시 임대차한 것으로 본다. 임차인이 임대차 기간 만료 전 1월까지 임대인에게 통지하지 아니한 때에도 또한 같다(제6조 제1항).

② 소멸 청구 : 묵시적 갱신의 존속기간은 2년으로 본다(제6조 제2항). 다만 임차인이 2기의 차임액에 달하도록 차임을 연체하거나 임차인으로서의 의무를 현저히 위반한 경우에는 묵시적 갱신은 적용하지 않는다(제3항).

③ 해지 통고 : 묵시적 갱신이 있는 경우 임차인은 언제든지 임대인에 대하여 계약해지의 통고를 할 수 있고 해지 통고는 임대인이 그 통고를 받은 날로부터 3월이 경과하면 그 효력이 생긴다(제6조 제2항).

(3) 증액 청구

① 증감 청구 : 약정한 차임 또는 보증금이 임차주택에 관한 조세, 공과금 기타 부담의 증감이나 경제사정의 변동으로 인하여 상당하지 아니하게 된 때에는 당사자는 언제든지 장래에 대하여 그 증감을 청구할 수 있다. 증액의 경우는 대통령령이 정하는 기준에 따른 비율을 초과하지 못한다(제7조).

② 5% 초과 제한 : 현재 그 비율은 약정한 차임 등의 5%(1/20)를 초과할 수 없다(시행령 제2조 제1항). 그리고 이 증액 청구는 임대차계약 또는 약정한 차임 등의 증액이 있은 후 '1년 이내'에는 이를 하지 못한다.

③ 증액 가능 : 갱신요구 제외하고 2년 기간 안에도 1년만 지나면 5%의 증액은

가능하다. 물론 시세가 오른 경우이며 오히려 내린 경우는 언제든지 임차인이 감액을 청구할 수 있다. 부담되는 것은 아니니 5%(1/20) 정도까지는 올려주라는 것이 법의 취지이다.

(4) 계약갱신 요구(2년, 5% 증액)

① 만기 6개월에서 2개월 사이에 임차인은 갱신을 요구할 수 있다. 5%를 증액해주고 2년을 주장할 수 있다.

② 거절 : 직접 거주(직계존비속 포함), 2기 이상의 연체, 재건축 등의 사유가 있다면 갱신 요구를 거절할 수 있다.

③ 손해배상 : 직접 거주를 주장하였으나 매매나 임대차 등의 사유가 있었다면 임차인은 3년 안에서 손해배상을 청구할 수 있다.

(5) 월차임 전환시 산정률의 제한

① 차임 제한 : 보증금의 전부 또는 일부를 월단위의 차임으로 전환하는 경우에는 연 10% 또는 한국은행에서 발표하는 기준금리(2025년 2월 25일 2.75%)와 연 2%를 더한 금액(연 4.75%) 중에 낮은 금액을 적용한다.

② 예 : 보증금을 3,000만원 빼준 경우, 월세로 전환하려고 하면 월 25만원(연 10%), 월 118,750원(3,000만원×4.75%÷12) 중 낮은 금액인 월 118,750원으로만 전환할 수 있다. 이 범위를 초과하여 받았을 때는 편면적 강행규정이라서 무효이며, 또한 부당이득으로 차액을 반환해야 한다.

(6) 경매에 의한 임차권의 소멸

① 원칙 : 임차권은 임차주택에 대하여 민사집행법에 의한 경매가 행하여진 경우에는 그 임차주택의 매각에 의하여 소멸한다.

② 예외 : 다만, 보증금이 전액 변제되지 아니한 대항력이 있는 임차권은 그러하지 아니하다(주택임대차보호법 제3조의5).

1 제정 목적과 특징

점포나 상가건물 등은 주택임대차보호법의 보호 대상이 아니었기에 그동안 이러한 점포나 상가건물 임차인도 주택 임차인과 같은 보호를 받을 수 있도록 다른 특별법을 제정해야 한다는 등 다양한 의견이 꾸준히 제기되어 오다가 상가건물임대차보호법이 2002년 11월 1일부터 시행되기에 이르렀다.

2 보호 대상

(1) 상가 임차인

① 본인 건물 : 상가건물임대차보호법에서의 보호 대상인 상인은 타인의 건물을 임차해 상행위를 하는 상가건물의 임차인이다. 따라서 자기 건물에서 영업행위를 하는 경우에는 원칙적으로 이 법의 보호 대상이 아니다.

② 사용대차 : 영업을 한다고 해도 월세나 보증금이 없는 사용대차한 건물은 적용이 없다.

(2) 법인과 비법인 사단·재단의 경우

① 법인 : 상가 임차인의 대항요건인 '사업자 등록신청'은 자연인은 물론 법인도 신청할 수 있으므로 당연히 법인도 상가건물임대차보호법의 보호대상이 된다(법 제4조 제1항 제1호).

② 비적용 : 적용 대상은 영업용 건물만 해당되고 교회, 사찰, 동창회 사무실 등 비영리단체의 건물임대차는 적용되지 않는다.

> **판례 :**
>
> 단순히 상품의 보관, 제조, 가공 등 사실행위만 이루어지는 공장, 창고 등은 영업용이 <u>아니다</u>. 하지만 사실행위와 더불어 영리를 목적으로 하는 활동이 함께 이루어진다면 상가건물임대차보호법의 적용대상인 상가건물에 <u>해당한다</u>(2009다40967).

3 적용 범위

(1) 상가건물(상가건물임대차보호법 제3조 제1항의 규정에 의한 사업자 등록의 대상이 되는 건물을 말한다.)의 임대차(임대차 목적물의 주된 부분을 영업용으로 사용하는 경우를 포함한다.)에 대하여 적용한다(상가건물임대차보호법 제2조 제1항).

(2) 적용 대상 : 대통령령이 정하는 보증금액을 초과하는 임대차에 대하여는 이 법의 적용에서 제외된다(상가건물임대차보호법 제2조 제1항).

① 환산금액 : 다만 보증금 외에 차임이 있는 경우에는 그 차임액(차임액은 월 단위의 차임액)에 대통령령이 정하는 비율(1분의 100이다. ×100)을 곱하여 환산한 금액(환산보증금)을 포함해야 한다.

② 월세 200만원이면 200만원(월세)×100(환산 계수)으로 2억원이다.

4 대항요건과 대항력

(1) 대항요건(상가건물임대차보호법 제3조 제1항)

① 요건 : 상가건물임대차보호법에서는 '임차건물의 인도와 사업자등록'을 대항력을 인정하기 위한 공시 방법으로 삼았다.

② 대항력의 발생 시기 : 상가 임차인은 임대차 등기가 없는 경우에도 임차인이 '상가건물을 인도'하고 부가가치세법 제5조, 소득세법(제168조) 또는 법인세법(제111조)의 규정에 의한 '사업자등록을 신청한 때'에는 다음날부터 제3자에 대하여 효력을 발생한다(상가건물임대차보호법 제3조 제1항).

(2) 대항력

① 승계 : 임차건물의 양수인(그 밖에 임대할 권리를 승계한 자를 포함)은 임대인의 지위를 승계한 것으로 본다. 따라서 임차보증금 반환 채무도 당연히 양수인에게 승계한 것으로 본다(상가건물임대차보호법 제3조 제2항).

② 존속 : 보증금을 반환받을 때까지는 임대차는 존속한다.

③ 대항요건을 갖추고 있으면 저당권자, 압류 채권자보다 임차권자가 우선하지만 저당권자, 압류채권자보다 후에 대항요건을 갖추었다면 대항할 수 없다.

적용 금액(상가건물임대차보호법 시행령 2조)

적용 시기	해당 지역	적용 금액
2002. 11. 1 ~ 2008. 8. 20	서울특별시	2억 4천만원
	수도권 중 과밀억제권역(서울은 제외)	1억 9천만원
	광역시(군지역과 인천광역시는 제외)	1억 5천만원
	그 밖의 지역	1억 4천만원
2008. 8. 21 ~ 2010. 7. 25	서울특별시	2억 6천만원
	과밀억제권역(서울특별시 제외, 인천 포함)	2억 1천만원
	광역시(군지역, 인천광역시는 제외)	1억 6천만원
	그 밖의 지역	1억 5천만원
2010. 7. 26 ~ 2013. 12. 31	서울	3억
	과밀억제권역	2억 5천만원
	광역시, 경기도 안산·김포·용인·광주	1억 8천만원
	기타 지역	1억 6천만원
2014. 1. 1 ~ 2018. 1. 25	서울	4억
	과밀억제권역	3억
	광역시, 안산·김포·용인·광주	2억 4천만원
	기타 지역	1억 8천만원
2018. 1. 26 ~ 2019. 4. 16	서울	6억 1천만원
	과밀억제권역, 부산	5억
	광역시, 세종, 안산·김포·용인·광주·파주·화성	3억 9천만원
	기타 지역	2억 7천만원
2019. 4. 17 ~ 현재	서울	9억
	과밀억제권역, 부산	6억 9천만원
	광역시, 세종, 안산·김포·용인·광주·파주·화성	5억 4천만원
	기타 지역	3억 7천만원

5 우선변제권

(1) 소액 보증금의 최우선변제권

임차인은 보증금 중 일정액을 다른 담보물권자보다 우선하여 변제받을 권리가 있다. 경매신청의 등기 전에 대항력을 갖추어야 하며 임대 건물가액(대지가액 포함)의 1/2의 범위 안에서 당해 지역의 경제 여건, 보증금 및 차임 등을 고려하여 정한다(상가건물임대차보호법 제14조 제1항, 제3항).

시기	지역	소액보증금	최우선변제금
2002. 11. 1 ~ 2008. 8. 20	서울특별시	4,500만원	1,350만원
	수도권 중 과밀억제권역	3,900만원	1,170만원
	광역시(군과 인천 제외)	3,000만원	900만원
	그 밖의 지역	2,500만원	750만원
2010. 7. 26 ~ 2013. 12. 31	서울	5,000만원	1,500만원
	과밀억제권역	4,500만원	1,350만원
	광역시, 경기도 안산·김포·용인·광주	3,000만원	900만원
	기타 지역	2,500만원	750만원
2014. 1. 1 ~ 현재	서울	6,500만원	2,200만원
	과밀억제권역	5,500만원	1,900만원
	광역시, 경기도 안산·김포·용인·광주	3,800만원	1,300만원
	기타 지역	3,000만원	1,000만원

(2) 확정일자부 임차인의 우선변제권

① 요건 구비에 따른 권리 : 상가건물임대차보호법 제3조 제1항의 대항요건 외에 '관할 세무서장으로부터 임대차계약서에 확정일자를 받은 경우'에는 공매나 경매 시 임차한 대지를 포함한 상가건물의 환가대금에서 후순위 권리자 그 밖의 채권자에 우선하여 변제받을 권리를 갖는다(상가건물임대차보호법 제5조).

② 금액 제한(전액) : 소액 임차인은 보증금 중 일정액을 임대건물가액(대지가액 포함)의 2분의 1 범위 내에서만 최우선변제를 받을 수 있으나 확정일자부 임차인은 그러한 제한이 없으므로 다른 담보권자와 마찬가지로 임대건물의 매각금액(환가금액) 전액으로부터 순위에 따라 우선변제를 받는다. 확정일자부 임차인은 환가대금 전액에서 우선 순위에 따라 배당받을 수 있다.

6] 상가 임차인의 권리와 의무

상가 임차인도 상가건물을 그 용법에 따라 사용, 수익함을 내용으로 하므로 기본적으로는 주택임차인과 큰 차이가 없으나 상인의 특수성에 비추어 주택 임차인과는 약간은 다르다.

(1) 상가건물의 인도 책임

상가건물의 인도시기를 명시한 임대차 계약 후 인도 지연의 경우 그리고 그 지체가 임대인 본인은 물론 그 이행보조자의 지체의 경우에도 임대인이 지체 책임을 부담한다(94다22446).

(2) 필요비와 유익비 청구권

① 필요비 : 임차인이 임차주택의 보존에 관한 필요비를 지출한 때에는 임대인에 대해 그 상환을 청구할 수 있다(민법 제626조 제1항). 필요비는 즉시 청구할 수 있으며 반환받지 못하면 유치권을 행사할 수 있다.

② 유익비 : 임차인이 임대인의 허락을 받아 유익비를 지출한 경우에는 임대차 '종료' 시에 그 가액의 '증가가 현존'한 때에 한하여 임대인에게 임차인이 지출한 금액이나 그 증가액의 상환을 청구할 수 있다. 필요비와는 달리 즉시가 아니라 임대차 기간이 종료된 경우이며, 비용은 임차인이 아니라 임대인의 선택에 따라 유익비를 청구할 수 있다. 비용도 가액이 현존하고 있어야 청구할 수 있다.

> **판례 :**
>
> [1] 임차인이 임차건물에 음식점을 경영하기 위하여 한 시설 개수비용이나 부착된 물건의 비용 등은 필요비나 유익비가 아니다(80다1851, 1852).
>
> [2] 임차인이 임차건물에서 간이음식점을 경영하기 위해 부착시킨 시설물에 불과한 간판은 건물 부분의 객관적 가치를 증가시키기 위한 것이라고 보기 어려울 뿐만 아니라 그로 인한 가액의 증가가 현존하는 것도 아니어서 그 간판 설치비를 유익비라고 할 수 없다(94다20389, 20396).

7 | 상가건물임대차보호법의 주요 규정

(1) 최단 존속기간(1년)

① 기간의 정함이 없거나 기간을 1년 미만으로 정한 임대차는 그 기간을 1년으로 본다. 다만, 임차인은 1년 미만으로 정한 기간이 유효함을 주장할 수 있다(법 제9조 제1항). 즉 1년 미만으로 정한 경우에는 임대인은 그 약정의 유효함을 주장할 수 없지만 임차인은 1년 미만이 유효함을 주장할 수 있다.

② 존속 : 임대차가 종료한 경우에도 임차인이 보증금을 반환받을 때까지는 임대차 관계는 존속하는 것으로 본다(법 제9조 제2항).

(2) 임차인의 계약갱신 요구권

1) 갱신요구권

① 기간 : 임차인의 계약갱신 요구권은 최초의 임대차 기간을 포함한 전체 임대차 기간이 10년(2018년 10월 16일, 최초 체결, 갱신요구 대상인 계약에만 적용)을 초과하지 않는 범위 내에서만 행사 할 수 있다(제10조 제2항). 임대인은 임차인이 임대차 기간 만료 전 6월부터 1월까지 사이에 행하는 계약갱신 요구에 대하여 정당한 사유 없이 이를 거절하지 못한다. 이 갱신요구권은 적용금액을 초과해도 총 10년의 주장을 할 수 있다.

② 전차인에게도 인정 : 전차인은 전대인의 권리 범위 내에서 전대인에 대하여 권리를 행사할 수 있고, 임대인에게는 권리를 주장할 수 없으나, 단 '임대인이 전대에 동의한 경우' 임차인의 계약갱신 기간 내에 임차인을 대위하여 계약갱신 청구권을 주장할 수 있다.

2) 갱신 거절(소멸 청구)

다만, 다음과 같은 경우에는 임대인은 갱신을 거절할 수 있다.

① 임차인이 '3기'의 차임액에 달하도록 차임을 연체한 사실이 있는 경우
② 임차인이 허위 또는 그 밖에 부정한 방법으로 임차한 경우
③ 쌍방 합의 하에 임대인이 임차인에게 상당한 보상을 '제공'한 경우
④ 임차인이 임대인의 동의 없이 목적 건물의 일부 또는 전부를 전대한 경우
⑤ 임차인이 임차한 건물의 전부 또는 일부를 고의 또는 '중대한' 과실로 파손한 경우

⑥ 임차한 건물의 전부 또는 일부가 멸실되어 임대차의 목적을 달성하지 못할 경우

⑦ 임대인이 목적 건물의 전부 또는 '대부분'을 철거하거나 재건축하기 위해 목적 건물의 점유 회복이 필요한 경우

> 1. 임대차계약 체결 당시 공사시기 및 소요기간 등을 포함한 철거 또는 재건축 계획을 임차인에게 구체적으로 고지하고 그 계획에 따르는 경우
> 2. 건물이 노후, 훼손 또는 일부 멸실되는 등으로 안전사고의 우려가 있는 경우
> 3. 다른 법령에 따라 철거 또는 재건축이 이루어지는 경우

⑧ 그 밖에 임차인이 임차인으로서의 의무를 '현저히' 위반하거나 임대차를 존속하기 어려운 중대한 사유가 있는 경우

(3) 묵시적 갱신(법정갱신, 자동갱신)

① 임대인 : 임대인이 임대차기간 만료 전 6월부터 1월까지의 기간 내에 임차인에 대하여 갱신거절의 통지 또는 조건의 변경에 대한 통지를 하지 아니한 경우에는 그 기간이 만료된 때에 전임대차와 동일한 조건으로 다시 임대차한 것으로 본다. 이 경우 임대차의 존속기간은 1년으로 본다.

② 임차인 : 임대차의 존속기간이 정함이 없을 경우 '임차인'은 언제든지 임대인에 대하여 계약해지의 통고를 할 수 있고 임대인이 그 통고를 받은 날로부터 3월이 경과하면 그 효력이 발생한다.

8 보증금 인상 제한 및 월차임 전환 시 제한

(1) 증액 제한

① 증감 청구 : 10년간의 임대기간을 보장해 주면서 반면 그간 경제 사정의 변동 등으로 인해 보증금 또는 차임의 증감 사유가 발생하였을 때 당사자는 장래에 대해 그 차임의 증감을 청구할 수 있게 하였다.

② 5% 제한 : 다만 보증금 또는 차임을 인상하는 경우 청구 당시의 차임 또는 보증금의 100분의 5(5%)의 금액을 초과하지 못하도록 제한하였다. 따라서 보증금이 1억원인 경우 인상하더라도 500만원을 인상할 수 있어서 총 1억 500만원을 초과한 금액으로는 인상하지 못한다. 그리고 증액하는 경우 1년 이내에는 다시 증액을 할 수 없다.

(2) 보증금에서 차임으로의 전환비율

① 또한 보증금의 전부 또는 일부를 월세로 전환할 경우 월차임 전환 시 산정률을 연 12% 또는 기준금리의 4.5배 중 낮은 금액으로 전환할 수 있다.

② 예 : 따라서 보증금 1억원이었는데 8,000만원은 보증금으로 하고 나머지 2,000만원을 월세로 전환할 시 월세는 매월 20만원(2,000만원×연 12%÷12) 또는 206,250원(2,000만원×2.75%×4.5÷12)중 낮은 금액인 20만원을 초과할 수 없다.(2025. 2. 25. 기준금리 연 2.75%)

9 ▌ 임차권등기명령

(1) 조건 : 상가건물의 경우에도 주택과 마찬가지로 임차권등기명령 제도를 인정하고 있다. 기간이 종료된 경우에 보증금을 반환받지 못한 경우 임차인이 단독으로 임차권등기명령을 신청할 수 있다(법 제6조, 제7조).

(2) 준용 : 내용은 주택임대차보호법과 동일하다. 전차인의 경우에는 임차권등기명령 제도가 준용되지 않는다.

10 ▌ 상가 임차인의 권리금 보호 (2015년 5월 13일)

(1) 권리금의 정의 (제10조의 3)

① 권리금 : 임대차 목적물인 상가건물에서 영업을 하는 자 또는 영업 하려는 자가 영업시설·비품, 거래처, 신용, 영업상의 노하우, 상가건물의 위치에 따른 영업상의 이점 등 유·무형의 재산적 가치의 양도 또는 이용대가로서 임대인, 새로운 임차인에게 보증금과 차임 외에 지급하는 금전 등의 대가를 말한다.

② 권리금 계약 : 신규 임차인이 되려는 자가 임차인에게 권리금을 지급하기로 하는 계약을 말한다. 전차인에게는 적용 없음에 유의한다.

(2) 권리금 회수 기회 보호(제10조의 4, 2018년 10월 16일 개정)

① 방해 행위 : 임대인은 임대차기간이 끝나기 6개월 전부터 임대차 종료 시까지 다음에 해당하는 행위를 함으로써 권리금 계약에 따라 임차인이 주선한 신규임차인이 되려는 자로부터 권리금을 지급받는 것을 방해하면 아니 된다.

1. 임차인이 주선한 신규임차인이 되려는 자에게 권리금을 요구하거나 임차인이 주선한 신규임차인이 되려는 자로부터 권리금을 수수하는 행위
2. 임차인이 주선한 신규임차인이 되려는 자로 하여금 임차인에게 권리금을 지급하지 못하게 하는 행위
3. 임차인이 주선한 신규임차인이 되려는 자에게 상가건물에 관한 조세, 공과금, 주변 상가건물의 차임 및 보증금, 그 밖의 부담에 따른 금액에 비추어 현저히 고액의 차임과 보증금을 요구하는 행위
4. 그 밖에 정당한 사유 없이 임대인이 임차인이 주선한 신규임차인이 되려는 자와 임대차계약의 체결을 거절하는 행위

② 정당한 사유

　　다만, 아래 어느 하나에 해당하는 사유가 있는 경우에는 그러하지 아니하다.

1. 임차인이 주선한 신규임차인이 되려는 자가 보증금 또는 차임을 지급할 자력이 없는 경우
2. 임차인이 주선한 신규임차인이 되려는 자가 임차인으로서의 의무를 위반할 우려가 있거나 그 밖에 임대차를 유지하기 어려운 상당한 사유가 있는 경우
3. 임대차 목적물인 상가건물을 1년 6개월 이상 영리목적으로 사용하지 아니한 경우
4. 임대인이 선택한 신규임차인이 임차인과 권리금 계약을 체결하고 그 권리금을 지급한 경우

③ 임대인의 손해배상액 : 임대인이 ①을 위반하여 임차인에게 손해를 발생하게 한 때에는 배상할 책임이 있다. 이 경우 손해배상액은 신규 임차인이 임차인에게 지급하기로 한 권리금과 임대차 종료 당시의 권리금 중 낮은 금액을 넘지 못한다(제3항).

4) 손해배상청구 시효 : 제3항에 따라 임대인에게 손해배상을 청구할 권리는 임대차가 종료한 날부터 '3년' 이내에 행사하지 아니하면 시효의 완성으로 소멸한다.

5) 정보 제공 : 임차인은 임대인에게 임차인이 주선한 신규임차인이 되려는 자의 보증금 및 차임을 지급할 자력 또는 그 밖에 임차인으로서의 의무를 이행할 의사 및 능력에 관하여 자신이 알고 있는 정보를 제공하여야 한다.

(3) 권리금 적용 제외 (제10조의 5)

제10조의4는 다음에 해당하는 상가건물 임대차의 경우에는 적용하지 아니한다.

① 임대차 목적물인 상가건물이 유통산업발전법(제2조)에 따른 대규모점포 또는 준대
규모 점포의 일부인 경우 (다만, 전통시장은 제외한다.)

② 임대차 목적물인 상가건물이 국유재산법에 따른 국유재산 또는 공유재산 및 물품
관리법에 따른 공유재산인 경우

(4) 표준권리금 계약서의 작성 (제10조의 6)

국토교통부장관은 임차인과 신규임차인이 되려는 자가 권리금 계약을 체결하기 위한
표준권리금계약서를 정하여 그 사용을 권장할 수 있다.

(5) 권리금 평가기준의 고시 (제10조의 7)

국토교통부장관은 권리금에 대한 감정평가의 절차와 방법 등에 관한 기준을 고시할
수 있다.

06 말소기준권리 찾기, 배당

제 1 절 말소기준권리 (권리의 소멸 및 인수)

권리				대항력 (물권적)	대항력 (채권적)	우선변제권	최우선변제권	경매권	말소기준권리	소액기준일
물권	등기필요물권	용익물권	전세권(일부)	○	X	○	X	X	X	X
			지상권	○	X	X	X	X	X	X
			지역권	○	X	X	X	X	X	X
		담보물권	(근)저당권	○	X	○	X	○	○	○
			담보가등기	○	X	○	X	○	○	○
		전세권(전체)	배당/경매신청	○	X	○	X	○	○	○
			배당신청X	▲선순위	X	X	X	○	X	○
	등기불요물권	법정	유치권	○	X	X	X	▲	X	X
			점유권	▲	X	X	X	X	X	X
			법정지상권(1)	○	X	X	X	X	X	X
		관습법	법정지상권(2)	○	X	X	X	X	X	X
			분묘기지권	○	X	X	X	X	X	X
채권	주택임차권		(인도+주민등록○) 임차권	X	○	X	▲(소액)	X	X	X
			(인도+주민등록X) 임차권	X	X	X	X	X	X	X
		확정일자	선순위	○	▲	○	▲(소액)	X	▲(경매신청+전체)	▲(담보물권존재)
			선 대항력, 후 순위		○	○	▲(소액)	X	X	X
			후 대항력, 후 순위	X	X	○	▲(소액)	X	X	X
	상가임차		보호금액 초과	X	X	X	X	X	X	X
			보호금액 이하	▲(선순위)	▲(선순위)	▲(확정)	▲(소액)	x	X	X
	집행권원 채권자(압류권자)			X	○	X	X	○	○	X
	임금 채권		체당금O	X	X	X	○	X	X	X
			체당금X	X	X	○(채권 중)	▲(채권 중)	X	X	X
가압류			선순위	▲	○	X+○	X	확정판결	☆	X
			선순위+소이등	X	○	○	X	확정판결	☆	X
			후순위	X	○	X	X	○	X	X
가처분	설정청구권	선		○	X	○	X	▲	▲	▲
		후		○	X	○	X	▲	X	X
	이전청구권	선		○	X	▲	X	X	X	X
		후		▲	▲	X	X	X	X	X
순위보전 가등기				○순위보전	▲	X	X	X	X	X

1] 말소기준권리, 소멸 및 인수되는 권리 찾기

(1) 근저당, 전세권, 가압류, 압류 등

문①

순위	설정일	권리	배당요구
1	2020년 3월 25일	근저당권(K은행, 1억원)	
2	2020년 10월 5일	지상권(K은행, 30년)	
3	2021년 5월 25일	전세권(5,000만원)	요구안함
4	2022년 9월 5일	주택(인도·전입, 확정일자 : 5천)	요구함
5	2023년 12월 5일	상가(인도·사업자, 확정일자 : 2천)	요구안함
6	2025년 1월 5일	근저당(경매 신청)	임의경매

- 말소기준권리 : 1순위 근저당
- 소멸 : 1순위 근저당 ~ 6순위 경매개시결정 등기까지 모두 소멸
- 인수 : 모두 소멸(인수되는 권리 없음), 안전

① 말소기준권리 - 1순위 근저당

말소기준권리는 1순위 근저당이다.

② 소멸, 인수하는 권리 - 모든 권리 다 소멸

1순위 근저당을 기준으로 후순위는 모두 소멸한다. 1순위 근저당부터 6순위 경매개시결정 등기까지 모두 소멸한다.

(2) 전세권(전유부분, 배당요구 또는 경매신청)

문①

순위	설정일	권리	배당요구
1	2020년 3월 5일	전세권(5천만원)	요구안함
2	2020년 4월 25일	근저당권(1억)	
3	2023년 5월 10일	가압류(3천만원)	
4	2023년 6월 8일	주택(인도·전입, 확정일자 : 5천)	요구함
5	2025년 1월 5일	근저당권(경매신청)	임의경매

■ 말소기준권리 : 2순위 근저당			
■ 소멸 : 2. 근저당, 3. 가압류, 4. 임차인, 5. 경매신청 등기			
■ 인수 : 1순위 전세권(5천만원)			

1) 말소기준권리 - 2순위 근저당

소멸 · 인수를 결정할 수 있는 말소기준권리는 2순위 근저당이다.

2) 소멸되는 권리

① 말소기준권리인 2순위 근저당부터 후순위는 모두 소멸한다.

② 2순위 근저당, 3순위 가압류, 4순위 주택임차권, 5순위 경매개시결정 등기는 소멸한다.

3) 인수되는 권리

전세권은 말소기준권리인 1순위 근저당보다 선순위이고 배당요구를 하지 않아서 낙찰자가 5천만원을 모두 인수해야 한다.

문②

순위	설정일	권리	배당요구
1	2020년 10월 2일	전세권(전유부분, 5천만원)	요구함
2	2021년 9월 20일	가처분	
3	2021년 11월 18일	압류(종로세무서)	
4	2021년 12월 23일	근저당권(1억)	요구함
5	2025년 1월 5일	근저당(경매신청)	임의경매

■ 말소기준권리 : 1순위 전세권			
■ 소멸 : 2. 가처분, 3. 압류, 4. 근저당, 5. 경매개시결정 등기			
■ 인수 : 인수할 권리는 없다. 전세권자의 배당금과 전입 유무를 확인			

1) 말소기준권리 - 1순위 전세권

말소기준권리는 1순위 전세권이다. 전유부분이고 배당요구(경매신청)한 전세권은 말소기준권리이다.

2) 소멸되는 권리 – 모든 권리 소멸

말소기준권리인 1순위 전세권부터 모두 소멸한다.

3) 인수 여부

① 전세권

1순위 전세권자가 배당요구를 해서 배당을 다 받으면 낙찰자(매수인)가 인수하지 않는다. 전세권자가 전입신고를 하지 않았고 배당요구를 했다고 하면 인수하지 않지만, 전입신고하고 대항력이 있다면 못 받은 전세금은 인수해야 하니 전입세대열람을 통해 대항력 유무를 확인해 봐야 한다.

② 가처분

가처분은 말소기준권리보다 후순위로 대항력이 없는 가처분이라서 낙찰자가 인수하지 않는다.

(3) 가등기(소유권이전청구권 가등기, 담보가등기)

문①

순위	설정일	권리	배당요구
1	2020년 10월 20일	가등기(소유권이전)	
2	2021년 8월 13일	전세권(1억, 1층에서 거주)	요구안함
3	2022년 5월 30일	가압류(5천만원)	
4	2022년 7월 25일	근저당권(1억원)	
5	2022년 10월 20일	주택(인도·전입, 확정일자 : 5천 2층 거주)	요구안함
6	2025년 1월 25일	근저당(경매신청)	임의경매

> ▪ 말소기준권리 : 3순위 가압류
>
> ▪ 소멸 : 3. 가압류, 4. 근저당, 5. 주택임차권, 6. 경매개시결정 등기
>
> ▪ 인수 : 1순위 가등기, 2순위 전세권

1) 말소기준권리 – 3순위 가압류

전세권은 전유부분과 배당 요구한 전세권이 아니라서 말소기준권리는 아니다. 말소기준권리는 3순위의 가압류이다.

2) 소멸되는 권리

① 말소기준권리인 3순위 가압류부터 후순위는 모두 소멸한다.

② 3순위 가압류, 4순위 근저당권, 5순위 주택임차권, 6순위 경매개시결정 등기는 소멸하게 된다.

3) 인수되는 권리

① 1순위 소유권이전청구권 가등기와 2순위 전세권 : 말소기준권리보다 선순위인 1순위 소유권이전청구권 가등기와 2순위 전세권은 대항력이 있다.

② 전세권자(인수) : 2순위 전세권자가 배당요구하지 않는다면 낙찰자가 전세금 전액을 인수해야 한다. 전세권자가 전입신고까지 하고 있었다면 주택임대차보호법으로 대항력이 있어서 전세금 중 못 받은 금액이 있다면 전부나 일부의 금액도 모두 낙찰자가 인수해야 한다.

③ 주의 : 1순위 가등기권자가 본등기를 하게 되면 낙찰자는 소유권을 잃게 된다. 아주 위험하니 1순위 가등기를 말소시킬 수 없다면 낙찰을 받지 말아야 한다.

문②

순위	설정일	권리	배당요구
1	2021년 12월 16일	담보가등기(1억)	요구함
2	2022년 10월 20일	근저당권(1억)	
3	2023년 6월 28일	압류(종로세무서, 2천만원)	
4	2024년 3월 8일	주택(인도·전입, 확정일자 : 5천)	요구함
5	2024년 5월 18일	상가(인도·사업자, 확정일자 : 3천)	요구함
6	2025년 1월 20일	근저당(경매 신청)	임의경매

- 말소기준권리 : 1순위 담보가등기
- 소멸 : 1. 담보가등기, 2. 근저당, 3. 압류, 4. 주택, 5. 상가, 6. 경매개시결정 등기
- 인수 : 인수할 권리는 없다. 권리분석상 안전한 물건이다.

1) 말소기준권리 - 1순위 담보가등기

소멸·인수를 결정할 수 있는 말소기준권리는 1순위 담보가등기이다.

2) 소멸되는 권리 - 모든 권리 소멸

① 말소기준권리인 1순위 담보가등기를 기준으로 후순위 권리는 모두 소멸한다.

② 1순위 담보가등기, 2순위 근저당권, 3순위 압류, 4순위 주택임차인, 5순위 상가건물의 임차인, 6순위 경매개시결정 등기(근저당) 모두 소멸한다.

3) 안전, 위험 여부

낙찰자가 인수해야 하는 권리는 없다. 권리분석 상 안전하다고 평가된다.

(4) 가처분, 유치권, 법정지상권 등

문① 순위	설정일	권리	배당요구
1	2022년 10월 20일	가처분	
2	2023년 2월 23일	전세권(1억)	요구안함
3	2023년 12월 12일	지역권(20년)	
4	2024년 5월 26일	근저당(2억)	
5	2024년 9월 19일	유치권(5,000만원)	
6	2025년 1월 25일	근저당(경매신청)	임의경매

- 말소기준권리 : 4순위 근저당
- 소멸 : 4순위 근저당, 6순위 경매개시결정 등기
- 인수 : 1순위 가처분, 2순위 전세권, 3순위 지역권, 5순위 유치권

1) 말소기준권리 - 4순위 근저당

소멸·인수를 결정할 수 있는 말소기준권리는 4순위 근저당이다.

2) 소멸되는 권리

① 말소기준권리인 4순위 근저당은 소멸하지만 후순위라고 해도 유치권은 소멸하지 않는다. 유치권은 순위 상관없이 낙찰자가 인수해야 한다.

② 4순위 근저당과 6순위 경매개시결정 등기(근저당)만 소멸한다.

3) 인수되는 권리

① 말소기준권리보다 선순위인 1순위 가처분, 2순위 전세권, 3순위 지역권, 5순

위 유치권은 인수해야 한다.

② 가처분은 처분을 못하게 하는 의미로 하는 등기로 경매로도 소멸되지 않는다. 나중에 가처분권자가 판결문을 받아서 낙찰자의 소유권을 강제적으로 말소하게 되면 낙찰자는 소유권을 잃을 수 있다. 이러한 경우에는 가처분을 합의로 말소할 수 있는지에 달려있는데 말소가 어려운 상황이면 입찰을 하지 말아야 한다.

③ 유치권은 우선변제를 받지 못하는 권리로 후순위라고 해도 배당받지 못하는 권리로 소멸하지 않고, 낙찰자가 피담보채권액 전부를 인수해야 한다.

문②

순위	설정일	권리		비고
1	2015년 10월 20일	지상권(30년)		
2	2017년 5월 10일	가압류(5천만원)		
3	2018년 6월 24일	가처분(토지인도 / 건물철거)		
4	2021년 8월 20일	법정지상권		
5	2022년 10월 30일	분묘기지권		
6	2025년 1월 5일	가압류(경매신청)		강제경매

- 말소기준권리 : 2순위 가압류
- 소멸 : 2순위 가압류, 6순위 강제경매개시결정 등기
- 인수 : 1순위 지상권, 3순위 가처분, 4순위 법정지상권,
  5순위 분묘기지권

1) 말소기준권리 - 2순위 가압류

소멸·인수를 결정할 수 있는 말소기준권리는 2순위 가압류이다.

2) 소멸되는 권리

말소기준권리인 2순위 가압류와 6순위 강제경매개시결정 등기이다.

3) 인수되는 권리

말소기준권리보다 선순위인 1순위 지상권, 말소기준권리보다 후순위라고 해도 3순위 가처분, 4순위 법정지상권, 5순위 분묘기지권은 순위와 상관없이 인수해야 한다.

(5) 전소유자에 대한 가압류

문①

순위	설정일	권리	비고
1	2015년 1월 5일	소유권(갑)	
2	2015년 6월 5일	가압류(A, 1억)	특별매각
3	2016년 7월 6일	소유권(을)	
4	2017년 8월 7일	주택(인도·전입, 확정일자 : 5천만원)	요구안함
5	2022년 9월 9일	근저당(2억)	
6	2024년 1월 5일	근저당(경매신청)	임의경매

- 말소기준권리 : 5순위 근저당권
- 소멸 : 5순위 근저당, 6순위 임의경매개시결정 등기
- 인수 : 2순위 가압류, 4. 주택임차권

1) 말소기준권리 - 5순위 근저당

① 말소기준권리는 5순위 근저당이다.

② 2순위 가압류는 전소유자에 대한 가압류이며 특별매각 조건이라면 소멸하지 않으며 말소기준권리가 되지 않는다.

2) 소멸되는 권리

말소기준권리인 5순위 근저당과 6순위 강제경매개시결정 등기이다.

3) 인수되는 권리

① 2순위 가압류 1억과 말소기준권리보다 선순위인 3순위 주택임차인의 보증금은 인수해야 한다.

② 주택임차인이 배당 요구해서 배당을 다 받으면 낙찰자가 보증금을 인수하지 않는다.

문②

순위	설정일	권리	배당요구
1	2018년 6월 20일	소유권(갑)	
2	2020년 10월 5일	근저당(1억)	
3	2021년 8월 25일	가압류(A, 5천만원)	
4	2022년 7월 30일	소유권(을)	
5	2023년 3월 26일	주택(인도·전입, 확정일자 : 5천)	요구함
6	2025년 1월 5일	근저당(경매신청)	임의경매

- 말소기준권리 : 2순위 근저당

- 소멸 : 2순위 근저당, 3순위 가압류, 4순위 소유권, 5순위 주택임차권 6순위 경매개시결정 등기

- 인수 : 없음(안전)

1) 말소기준권리

소멸·인수를 결정할 수 있는 말소기준권리는 2순위 근저당이다.

2) 소멸되는 권리

① 말소기준권리인 2순위 근저당부터 후순위는 모두 소멸한다.

② 소유권은 소멸하며 2순위 근저당, 3순위 가압류, 5순위 주택임차인, 6순위 경매개시결정 등기 모두 소멸한다.

3) 인수되는 권리

가압류도 말소기준권리인 2순위 근저당보다 후순위라서 소멸한다. 인수되는 권리는 없다.

(6) 환매권

문①

순위	설정일	권리	비고
1	2016년 7월 2일	소유권(갑)	
2	2018년 3월 5일	소유권(을)	특별매각
2-1	2018년 3월 5일	환매권(갑, 5년)	

3	2018년 9월 2일	주택(인도·전입, 확정일자 : 5천만원)	요구안함
4	2023년 6월 9일	근저당(1억)	
5	2025년 1월 5일	근저당(경매신청)	임의경매

> ■ 말소기준권리 : 4순위 근저당
>
> ■ 소멸 : 4순위 근저당, 5순위 경매개시결정 등기
>
> ■ 인수 : 2-1 환매권, 3순위 주택임차권(5천만원)

1) 말소기준권리 - 4순위 근저당

소멸·인수를 결정할 수 있는 말소기준권리는 4순위 근저당이다.

2) 소멸되는 권리

말소기준권리인 4순위 근저당, 후순위인 경매개시결정 등기는 소멸한다.

3) 인수되는 권리

말소기준권리보다 빠른 2의 1 환매권, 3순위 주택임차권은 인수해야 한다.

문②

순위	설정일	권리	배당요구
1	2016년 7월 25일	소유권(갑)	
2	2017년 3월 25일	근저당권	
3	2021년 5월 8일	소유권(을)	
3-1	2021년 5월 8일	환매권(갑)	
4	2021년 9월 19일	주택(인도·전입, 확정일자 : 5천)	요구함
5	2025년 1월 25일	근저당(경매신청)	임의경매

> ■ 말소기준권리 : 2순위 근저당
>
> ■ 소멸 : 2순위 근저당, 3-1 환매권, 4순위 주택임차권,
>   5순위 경매개시결정 등기
>
> ■ 인수 : 없음(안전)

1) 말소기준권리 - 2순위 근저당

소멸·인수를 결정할 수 있는 말소기준권리는 2순위 근저당이다.

2) 소멸되는 권리

말소기준권리인 2순위 근저당, 3의 1 환매권, 4순위 주택임차인의 보증금, 5순위 경매개시결정 등기(근저당)는 경매로 소멸한다.

3) 인수되는 권리

말소기준권리인 2순위 근저당보다 후순위인 환매권이라서 소멸한다. 인수할 권리는 없는 안전한 물건이다.

(7) 경매개시결정등기

문①

순위	설정일	권리	배당요구
1	2016년 5월 27일	주택(인도 · 전입, 확정일자 : 5천)	
2	2018년 10월 2일	전세권(1억)	요구함
3	2019년 5월 20일	가처분	
4	2021년 7월 13일	상가(인도 · 사업자, 확정일자 : 3천)	요구함
5	2025년 1월 10일	경매개시결정 등기	

- 말소기준권리 : 5순위 경매개시결정 등기
- 소멸 : 5순위 경매개시결정 등기
- 인수 : 1순위 주택임차권, 2순위 전세권, 3순위 가처분, 4순위 상임권

1) 말소기준권리 - 5순위 경매개시결정 등기

말소기준권리는 5순위 경매개시결정 등기이다.

2) 소멸되는 권리

말소기준권리인 5순위인 경매개시결정 등기만 소멸한다.

3) 인수되는 권리

① 말소기준권리보다 선순위인 1순위 주택임차권, 2순위 전세금(1억), 3순위 가처분, 4순위 상가임차권(3천만원)이다.

② 가처분 : 가처분은 대항력이 있어서 가처분권자가 승소판결문을 얻어서 낙찰자의 소유권을 말소시키면 낙찰자의 소유권은 상실된다.

07 인도명령, 강제집행

제 1 절 인도명령

1 인도명령 개요

(1) 인도 : 인도란 부동산의 점유 권리를 점유자로부터 매수인(낙찰자)에게 옮기는 것을 말한다. 매수인이 잔금을 납부하여 법적으로 소유권 취득했지만 점유자 (소유자·임차인)를 내보내야 온전한 소유권을 행사할 수 있다(절차적으로 소유권 취득). 이처럼 경매는 일반 매매와 달리 이중의 소유권 취득 절차를 거쳐야 한다.

(2) 인도명령 : 인도명령이란 매수인이 잔금을 내고 6월 내에 경매법원에 신청하면 채무자, 소유자 또는 부동산 점유자(임차인 등)에 대하여 부동산을 매수인에게 인도하도록 명할 수 있는 명령을 말한다.

(3) 집행권원 : 인도명령은 즉시항고로서만 불복할 수 있는 재판으로 민사집행법 제56조 제1호에 해당하는 집행권원이다.

참고 : 인도명령, 부동산관리명령(민사집행법 제136 제2항)

구분	관리명령	인도명령
신청자격	낙찰자 또는 채권자	낙찰자
신청 시기	매각허가결정 후	매각대금 완납 후
신청 목적	낙찰 부동산 훼손 또는 가치감소 방지를 위한 부동산관리	낙찰 부동산의 인도
명령의 유효기간	관리인의 관리 하에 있는 낙찰부동산의 인도를 청구한 때까지	강제집행 종료시까지
관리인의 선임	집행관 또는 변호사	없음
점유자 인도거부시	관리불능 ➡ 인도명령 ➡ 강제집행	강제집행

2 인도명령의 당사자

(1) 신청인

① 요건 : 인도명령을 신청할 수 있는 자는 매수인과 매수인의 상속인 등 일반 승계인에 한한다. 매수인이나 그 승계인이 매각대금을 지급하였음을 요하며 매수인 명의로 소유권 이전등기가 되었음을 요하지 않는다.

② 상실 : 인도명령 신청권은 매각대금을 모두 지급한 매수인에게 부여된 집행법상의 권리로 매수인이 매각 부동산을 제3자에게 양도하였다 하더라도 매수인이 인도명령을 구할 수 있는 권리를 상실하지 않는다(70마539).

③ 신청자 : 매수인 및 그의 일반승계인(상속인)은 인도명령을 신청할 수 있으나 특정승계인(매수인으로부터 부동산을 산 사람)은 신청할 수 없다. 매수인이 임의 인도이든 강제집행에 의한 인도이든 일단 부동산을 인도받은 후에는 제3자가 불법으로 점유해도 인도명령을 다시 신청할 수 없다는 점을 주의해야 한다. 공동매수인은 전원 또는 각자가 인도명령을 신청할 수 있다.

(2) 상대방

인도명령의 상대방은 채무자, 소유자 또는 부동산 점유자이다. 채무자나 소유자의 일반 승계인도 인도명령의 상대방이 될 수 있다.

1) 채무자

채무자는 경매개시결정에 표시된 채무자를 말하고 그 일반 승계인도 포함되며 상속인이 여러 명인 경우에는 각 공동상속인마다 개별적으로 인도명령의 대상이 된다.

2) 소유자

여기 소유자는 경매개시결정 당시의 소유명의자로 보면 되고(경매개시결정 후의 제3취득자도 포함시켜야 한다는 견해도 있다.) 이렇게 보면 가압류에서 본 압류로 이전된 경우에 본 압류 당시의 소유명의자는 당연히 본조 소정의 소유자에 해당된다.

3) 부동산 점유자

민사집행법은 단순히 부동산 점유자로 규정함으로써 압류의 효력이 발생하기 전에 점유를 시작한 점유자에 대하여도 인도명령을 발령할 수 있도록 하였다. 따라서 점유를 시작한 때가 압류의 효력발생 전인지 여부와 관계없이 심지어는 매각으로 인해 소멸하는 최선순위의 담보권이나 가압류보다 먼저 점유를 시작한 점유자로도 매수인에게 대항할 수 있는 권원에 의해 점유하고 있는 것으로 인정되는 경우가 아니면 인도명령의 상대방이 된다.

3 │ 인도명령의 신청

(1) 신청의 방법

① 인도명령의 신청은 집행법원에 서면 또는 말(구두)로도 할 수 있다.

② 기록상 드러나지 않는 점유자를 상대방으로 하는 경우에는 그자가 경매부동산을 점유하고 있다는 사실을 낙찰자가 소명해야 하는데, 낙찰자는 그 자를 만나 거주사실확인서 등을 받아 이를 첨부하여 신청하거나 채무자에 대한 인도명령에 기하여 인도의 집행을 실시하였으나 제3자의 점유로 집행불능이 되었다는 집행관이 작성한 집행조서(집행불능조서) 등본 또는 주민등록표 등본 등 그 점유사실과 점유개시 시기(즉, 매각대금지급 전에 점유를 개시한 자인 사실)를 증명할 수 있는 서면을 제출하여야 할 것이다.

> **참고 : 인도.명도(협의)시 낙찰자의 바람직한 자세**
>
> ① 명도(협의)는 가급적 매각대금을 완납한 후에 할 것
> ② 낙찰자는 명도가 완료되기까지는 약자라는 인식을 가질 것
> ③ 점유자의 상황을 이해하고 최대한의 사정과 편의를 베려할 것
> ④ 사전에 파악된 점유자의 성향에 따라 인도명령을 먼저 신청한 후 명도(협의)를 진행할 것
> ⑤ 명도소송 시에는 반드시 인도명령 시에는 필요에 따라 점유이전금지 가처분을 신청할 것

(2) 인도명령 신청시 비용

인도명령 신청서에는 1,000원의 인지를 붙이고, 인도명령 대상자의 인원 수에 15,600원(3회분)을 곱하여 송달료를 납부하면 된다.

(3) 신청의 시기

인도명령은 매각대금(잔금)을 낸 뒤 6월 내에 신청해야 한다. 그렇지 않고 6월이 경과된 후에는 점유자를 상대방으로 하여 소유권에 기한 인도 또는 명도소송을 제기할 수밖에 없다. 여기서 6개월의 의미는 인도명령 결정이 반드시 인도명령 신청일로부터 6개월 이내이어야 한다는 것은 아니다. 즉, 6개월의 의미는 신청일 기준이지 결정문 도달일 기준이 아니다. 점유자가 고의로 송달을 기피하여 인도명령 결정문이 상대방에게 6개월 이후에 도달하여도 역시 인도명령 대상이다.

4 │ 인도명령의 심리, 재판 및 집행

(1) 심리

① 적법여부 판단 : 인도명령의 신청이 있으면 집행법원은 그 적법 여부를 판단할 수 있으며 직권으로 인도명령을 발할 수는 없다. 법원은 서면 심리만으로 인도명령의 허가 여부를 결정할 수도 있고 또 필요하다고 인정되면 상대방을 심문하거나 변론을 열 수도 있다.

② 심문 : 법원이 채무자 및 소유자 외의 점유자(임차인·전세권자)에 대하여 인도명령을 하려면 그 점유자를 심문하여야 한다. 다만, 그 점유자가 매수인에게 대항할 수 있는 권원에 의하여 점유하고 있지 아니함이 명백한 때 또는 이미 그 점유자를 심문한 때에는 그러하지 아니하다.

참고 : 인도명령 결정 기간

구분		결정 기간	
채무자		산정일부터 3일 이내 인도명령 결정	
소유자			
임차인	대항력	심문서 발송	배당 종결 후 3일 이내 결정
	대항력		심문 후 결정, 결정은 배당기일 이후
유치권자		심문기일 지정	심문 후 결정
기타 점유자			

(2) 재판 및 집행

경매법원은 신청인이 제출한 주민등록표 등·초본, 전에 발한 인도명령의 집행조서 등본, 가족관계등록부, 등기사항증명서 등의 자료와 집행기록(현황조사보고서, 평가서 등) 및 상대방 심문의 결과 등에 의하여 인도명령의 사유가 소명되면 인도명령을 발한다. 즉, 일반승계인을 상대방으로 하는 경우에는 그 자가 점유하고 있는 사실만 소명되면 인도명령을 할 수 있다.

5 │ 인도명령 결정 정본의 송달 및 수취 거절에 대한 대응

(1) 소유자(채무자)에게 정본이 송달되지 않을 경우(발신주의)

실무상 소유자 및 채무자는 낙찰자의 인도명령에 대한 심문기일을 정하지 않고 인도명령 결정을 하기에 비록 우편송달을 하였으나 송달되지 않더라도 발송한 것으로서 송달된 것으로 본다.

(2) 소유자 및 채무자 외의 자에게 정본이 송달되지 않을 경우 - 특별송달

① 인도명령 결정문을 우편송달에 의해 송달하려 하였으나 상대방(소유자 및 채무자 이외의 자)의 부재 또는 고의로 수취거절을 하여 명도집행 절차를 지연시킬 경우 낙찰자는 경매법원에 특별송달 신청을 해야 한다.

② 특별송달 신청서를 작성하여 경매법원에 제출하면 법원을 특별송달 신청이 타당하면 특별송달 결정을 내리며, 낙찰자는 결정문을 가지고 집행관 사무소를 방문하여 집행관과 대동하여 명도 대상자에게 직접 송달하는 절차를 밟아야 한다.

(3) 특별송달이 되지 않을 경우 - 공시송달

(4) 인도명령의 신청에 관한 재판에 대한 불복

1) 인도명령의 신청에 관한 재판에 대하여는 즉시항고할 수 있다.

2) 인도명령에 대한 불복 사유

① 인도명령의 발령시에 판단하여야 할 절차적, 실체적 사항(신청인의 자격, 상대방의 범위 및 신청기간 등)

② 인도명령 심리절차의 하자

③ 인도명령 자체의 형식적 하자(인도목적물의 불특정, 상대방의 불특정 등)

④ 인도명령의 상대방이 매수인에 대하여 부동산의 인도를 거부할 수 있는 점

유 권원의 존재(매수인이 상대방에게 부동산을 양도하였거나 임대한 경우) 등에 한정된다.

(5) 인도명령의 집행에 대한 불복

① 불복 여부 : 인도명령의 집행 자체에 존재하는 위법에 대하여는 집행에 관한 이의(민사집행법 제16조)에 의하여 다툴 수 있다.

② 집행정지 : 상대방이 인도명령에 대해 즉시항고를 제기한 경우, 즉시항고는 집행정지의 효력을 가지지 아니하므로 민사집행법 제15조 제6항의 집행정지명령을 받아 이를 집행관에게 제출하여 그 집행을 정지할 수 있다.

제 2 절 명도와 명도소송

1 명도, 명도소송의 의의

(1) 명도

명도란 현재 점유하고 있는 점유자를 내보내고 점유의 이전을 받는 것으로 토지나 건물 또는 선박을 점유하고 있는 자가 그 점유를 타인의 지배하에 옮기는 것으로 만일 점유자가 임대차 기간 등이 만료되었음에도 소유자에게 토지 등을 명도하지 않으면 소유자는 점유자를 상대로 명도소송(민사)을 제기할 수 있다.

(2) 명도소송

명도소송이란 인도명령 대상이 아닌 경우와 인도명령 대상자에 해당되나 매각대금 납부 후 6개월을 넘기도록 점유자가 자진하여 건물을 인도해 주지 않는 경우에 명도소송 제기 후 승소를 통해 강제집행을 실행하는 방법이다.

① 비용 : 명도소송은 대략 5~6개월 정도 걸리며 변호사 등의 전문가에게 의뢰할 경우는 많은 수임료가 발생할 수 있다.

② 셀프 소송 : 일반적으로 승소가 명백하므로 본인이 소장을 작성해서 집행법원에 제출하고 원고로서 재판에 참가하면 많은 비용이 발생하지 않는다.

2 명도소송 절차

(1) 명도소송의 상대방

경매부동산의 매각으로 매수인에게 대항할 수 있는 정당한 권원이 있는 자로 ① 말소기준권리보다 전입이 앞선 점유자, ② 유치권 신고자, ③ 대금납부 후 6월이 지난 점유자(임차인) 등이 여기에 해당한다.

(2) 명도소송의 절차

매수인은 명도소송 소장과 함께 1. 매각허가결정 정본, 2. 부동산 등기사항증명서, 3. 별지 목록(건물도면), 4. 매각대금 납부서, 5. 권리신고 및 부동산 현황조사서 사본, 6. 제출된 피고 주민등록 등본을 첨부해 경매대상이 된 부동산 점유자의 주소지관할 법원에 명도소송을 제기해야 한다.

(3) 명도소송시 주의할 점

① 점유이전금지 가처분 : 명도소송을 제기하기 전에 조치할 것으로는 점유자가 현 점유를 바꾸지 못하게 하는 것이 '점유이전금지 가처분'이다.

② 타인에게 점유이전 금지 : 만약 현재 점유자가 소송 중이나 직후에 원고 몰래 다른 사람이 들어와 점유하게 되면 소송에서 원고가 승소해도 새로운 불법 점유자를 상대로 다시 명도소송을 제기해야 하기때문에 그런 것을 미연에 방지하기 위해서 미리 법원에 신청하는 것이다.

3 점유이전금지 가처분

(1) 필요성 : 소유자가 명도소송을 제기한 후에 점유자가 변경되면 소유자가 승소판결을 받아도 소장에 명시된 점유자에게만 미치게 되어 판결의 효력이 상실될 가능성이 있다. 이런 문제를 해소하기 위해 명도소송을 제기하기 전에 점유이전금지가처분 신청을 하는 것이 바람직하다. 점유이전금지 가처분 신청을 하면 법원은 민사소송법(제718조)의 규정에 따라 당사자 간의 필요적 변론을 거쳐 결정한다.

(2) 제기·서류 : 이런 점유이전금지 가처분 신청 및 본안 명도소송은 부동산이 소재지법원에 소송을 제기하고 소송 및 신청서에는 계약서, 개별공시지가 확인서, 재산관계 공부, 명도대상 건물도면 등의 입증서류를 첨부해야 한다.

구분	인도명령	명도소송
소의 성격	경매사건에 포함(약식소송)	별도 사건으로 처리(정식 소송)
신청 시기	대금납부 후 6개월 이내	대금납부 후 즉시
신청 대상	소유자, 채무자 및 권원 없이 점유하고 있는 자	① 매수인에게 대항할 수 있는 권원이 있는 점유자(대항력 있는 임차인, 유치권자 등) ② 인도명령 대상자로써 대금납부 후 6개월이 지난 경우
신청 방법	송달증명원을 첨부하여 담당 경매계에 신청	집행력 있는 정본(판결확정증명원, 송달증명원)을 첨부하여 관할 법원에 신청
소요 기간	신청 후 3 ~ 4주	소송제기 후 4 ~ 6개월
유의 사항	매각대금 납부와 동시에 신청할 것	소송과 동시에 점유이전금지 가처분을 신청할 것

제 3 절 강제집행

1 강제집행의 신청

(1) 집행시 접수서류

명도소송 판결정본, 즉 집행문과 송달증명을 첨부해 부동산 소재지 관할 집행관 사무소에 강제집행을 신청한다. 명도소송 집행시 접수서류는 1. 집행력 있는 정본(승소 판결 집행권원 정본 + 집행문 부여), 2. 송달증명원, 3. 도장, 4. 강제집행 예납금, 5. 위임하면 인감증명서, 위임장이 필요하다.

① 집행문

집행권원에 근거하여 상대방의 재산에 강제집행을 할 수 있다는 것을 법원이 증명하는 것이다. 만일 강제집행을 하고자 하는 채권자가 소송을 하여 승소 판결을 받았다면 소송기록이 있는 법원에 가서 집행문 부여신청을 하면 되고 화해조서나 해당 법원에 공정증서를 확보했다면 공정증서를 작성한 공증인 사무소에 집행권원을 첨부해 집행문 부여신청을 하면 된다.

② 송달증명원

판결문이 당사자 쌍방에 모두 송달되었다는 것을 법원이 증명하는 서류이다. 강제집행을 하기 위해서는 판결문이 쌍방 모두에게 송달되어야 하는데 채권자로서는 판결문이 상대방에게 송달되었는지를 알 수 없으므로 법원에서 이를 증명하는 것이다. 송달증명서는 집행문 부여신청과 마찬가지로 판결을 받은 경우라면 현재 소송기록이 있는 법원에서 신청하면 되고 화해조서나 조정조서를 받은 경우라면 화해나 조정을 했던 법원에 신청하면 된다.

③ 확정증명원

재판이 확정되었다는 것을 법원이 증명하는 서류로 강제집행 하기 위해서는 원칙적으로 판결이 확정되어야 하므로 판결이 확정되었다는 사실을 증명하기 위해 발급되는 것이 확정증명원이다. 다만, 가집행선고가 붙어 있는 판결로 강제집행을 하는 경우에는 확정증명원이 필요 없다.

2 강제집행의 방법

(1) 강제집행 방법

강제집행 시 집행관 사무실에서는 낙찰자에게 통상 집행할 날짜와 시간을 정해 전화상으로 연락하여 주고 있으나 직접 집행관 사무실을 방문해 확인하는 것도 가능하다.

① 집행 방법

매각 부동산에 점유자가 있음에도 불구하고 집행 방해를 목적으로 문을 열어주지 않거나 부재 중 이어서 2회 이상 집행 불능이 되면 성인 2인 또는 국가공무원(시, 구, 읍, 면, 주민센터 직원), 경찰공무원 1인 입회하에 강제집행을 할 수 있다. 이때 반출되는 유체동산에 대해서는 집행관이 목록을 작성하여 채무자 비용으로 채권자에게 보관시킨다.

② 낙찰자의 출석 여부

부동산을 인도해야 할 때에는 집행관은 점유자로부터 점유를 탈취하여 낙찰자에게 인도해야 하는데 낙찰자가 부동산을 인도받기 위해서는 현장에 반드시 낙찰자가 출석해야 집행이 이루어진다.

③ 가족 및 동거인이 함께 거주하고 있는 경우

명도집행에 있어 점유하고 있는 채무자가 인도명령 결정문에 표시되어 있어야 하며 채무자와 함께 거주하고 있는 가족이나 동거인 또는 고용인 등에 대하여는 별도의 집행권원 없이도 집행할 수 있다. 이들은 채무자의 점유보조자로서 독립된 점유자에 해당한다고 볼 수 없기 때문이다.

참고 : 인도명령 절차와 강제집행 절차	
인도명령 절차(집행법원)	**강제집행 절차(집행관 사무소)**
인도명령 신청 (대금납부와 동시 신청)	강제집행 신청 (송달증명서, 인도명령 결정문)
↓	↓
인도명령 심리 및 심문	현황조사 실시(1 ~ 2주)
↓	↓
인도명령 결정	집행비용 예납
↓	↓
인도명령 결정문 송달	강제집행 계고
↓	↓
집행문 부여 신청 및 송달증명원 수령	강제집행 실시

(2) 야간, 휴일의 명도

야간과 휴일에는 법원의 허가가 있을 때만 집행할 수 있으며 허가명령을 제시해야 한다.

(3) 빈집의 명도

① 관리실 등 관리업체를 통해 매각대상 부동산이 공가임이 입증되면 강제집행을 할 필요가 없고 관리 또는 경비실에 신고하고 잠금장치를 해제하여 인도하는 방법도 가능하다.

② 그러나 장기간 방치된 유체 동산이 있는 경우에는 국가공무원, 경찰공무원 또는 19세 이상(성년)의 관리사무소 직원 등의 입회하에 일정한 곳에 보관해야 한다.

(4) 채무자가 없는 상태에서 명도

① 채무자가 없는 경우 : 집행관을 대동하여 현장을 방문하였으나 채무자가 없다면 집행관의 입회하에 낙찰자 주변의 성인 2인을 입회인으로 내세우면 되는데 문이 잠겨 있기에 열쇠 기술자의 도움을 받아 문을 연 후 명도집행을 한다.

② 보관비용 : 명도집행 후 채무자 소유의 가재도구는 낙찰자의 보관책임 하에 보관비용은 채무자의 부담으로 한다. 이에 가재도구 등을 보관하는데 비용이 발생된다면 낙찰자가 먼저 부담한 후 나중에 명도대상자가 짐을 찾아가면 그때 반환받으면 된다.

(5) 채무자가 있는 상태에서 명도

① 보관 : 명도 현장에 채무자가 있어 가재도구를 명도집행 하였다면 가재도구 등의 처리는 낙찰자가 아닌 채무자가 해야 한다. 하지만 명도집행 후 채무자가 가재도구를 다른 곳으로 이전할 경제적 능력이 없거나 능력이 있어도 다른 장소로 이전하지 않을 것이 예상될 때에는 낙찰자가 보관한다.

② 협상에 의한 해결 : 가능하면 강제집행보다는 협상에 의한 이사비용 지급으로 명도를 해결함이 현명한 방법이다.

(6) 가재도구 처리방법(유체동산 경매)

① 보관 문제 : 실무에서 명도집행 후 점유자의 가재도구는 낙찰자의 책임 하에 보관해야 하는데, 보관비용 문제가 발생된다. 보관비용은 점유자 등이 부담해야 하지만 보관책임이 낙찰자에게 있기에 점유자가 가재도구를 찾아가지 않으면 낙찰자는 무한정으로 점유자의 가재도구를 보관해야 하는 문제가 있다.

따라서 점유자가 장기간 가재도구를 찾아가지 않으면 낙찰자는 집행관 사무소에 비치된 집행목적물이 아닌 유체동산 경매허가 신청서에 명도집행조서 사본을 첨부해 신청하면 법원은 유체동산 경매허가 결정을 내려준다.

② 동산경매 및 처리 : 낙찰자는 법원의 유체동산 경매허가 결정문으로 낙찰자가 보관하고 있는 채무자의 가재도구에 유체동산 경매신청을 집행관에게 하여 가재도구를 매각한 후 매각대금에서 가재도구에 대한 보관비용을 감한 잔여금액은 공탁 절차를 밟아야 한다.

참고 : 인도명령 신청에 따른 진행 과정

1. 인도명령 신청
   ↓
2. 인도명령 심리 및 심문
   ↓
3. 인도명령 결정
   ↓
4. 인도명령 결정문 송달
   ↓
5. 집행문 부여 신청 및   ➡ 송달 불능 5. 발송 / 공시송달
   송달증명원 발급   ↓
   ↓   6. 집행문 부여신청 및 송달증명원 발급
6. 강제집행 신청   ↓
   ↓   7. 강제집행 신청
7. 집행비용 예납   ↓
   ↓   8. 집행비용 예납
8. 강제집행 계고   ↓
   ↓   9. 강제집행 계고
9. 강제집행   ↓
                                      10. 강제집행

제 4 절 명도 전략

명도는 작전이고 전략이다. 명도는 다양한 점유자와 다양한 사항과 여건이 있지만 그래도 공통적이고 핵심적인 내용은 비슷하기에 상황에 맞는 전략이 필요하다.

1 채무자 겸 소유자

(1) 소유자 명도의 난이도 : 명도에서 까다로운 대상 중에 하나인 채무자 겸 소유자는 전 재산을 경매로 날리며 배당 자체도 받지 못해 이사 갈 생각을 하지 못하는 경우가 있어 명도가 곤란할 때도 있으나 부동산이 경매에 나오기까지 채무자로서 채권자들에게 시달림 등으로 명도에 대해 이미 알고 집으로 부채를 탕감받기 때문에 명도 자체에는 부담이 적을 수 있다.

(2) 미납 관리비 확인 : 때때로 많은 관리비가 밀려 있는 수 있으니 미납 관리비를 확인하여야 한다. 명도할 때에 이런 특성을 알고 경매입찰 시에 참고도 하며 상처 난 마음을 어루만지는 인간적 접근으로 접근한다면 충돌도 방지하고 순

조롭게 명도가 진행되는 경우도 많다.

2 임차인

(1) 기본 원칙

① 대항력 있는 선순위 임차인 : 낙찰자(매수인)가 매각대금을 납부해도 배당표가 확정이 될 때까지 명도를 집행할 수 없으며 인도명령 대상이 아니다.

② 대항력이 없는 후순위 임차인 : 낙찰자(매수인)가 매각대금을 납부함과 동시에 무상거주자가 되어 인도명령의 대상자가 된다.

(2) 선순위 임차인

① 대항력 있는 선순위 임차인은 보증금 전액을 받기 때문에 명도에는 부담이 전혀 없다. 선순위 임차인은 보증금을 매각대금에서 전부를 다 받거나, 아니면 낙찰자(매수인)에게 보증금 전액을 받을 수 있기 때문이다.

② 인수의 위험성 : 배당요구를 해서 전부를 다 받았다면 낙찰자는 신경 쓸 것이 없지만 못 받은 돈이 있으면 그 일부는 낙찰자가 인수해야 한다.

(3) 후순위 임차인

1) 전액 배당받는 임차인

① 임대차계약 여부 : 점유자가 후순위이지만 보증금 전액을 배당받는다면 보증금 손실이 없기 때문에 명도는 걱정하지 않아도 된다. 그리고 명도 중에 매수인은 점유자에게 재계약할 것인지, 아니면 내보내고 새로운 임차인을 구하거나 직접 입주를 할 것인지만 판단하면 된다.

② 임차인은 배당받으려면 낙찰자에게 명도확인서와 인감증명서가 필요하기 때문에 동시이행으로 열쇠를 받으면 되므로 명도는 쉽게 끝난다.

2) 일부 배당받는 임차인

① 처음에는 저항하지만 차분히 두세 번 만나면 대부분 정리가 잘 된다.

② 명도 난이도(용이) : 보증금의 일부를 배당받는 임차인은 그 일부라도 임차보증금을 법원에서 배당받기 위해서는 낙찰자(매수인)에게서 명도확인서와 인감증명서를 받아서 법원에 제출해야 공탁된 보증금의 일부를 배당받을 수 있어서 명도는 비교적 잘 이루어 진다.

3) 무배당 임차인

① 명도의 어려움 : 명도에서 가장 신경을 많이 써야 할 대상자이고, 강한 저항에 있을 수 있다. 즉 후순위로 배당도 못 받고, 낙찰자가 책임질 게 없는 임차인으로서 보증금 전액을 날리는 임차인이라서 이사를 나갈 돈이 없어서 명도 저항이 아주 강한 편이다.

② 대처 방법 : 하지만, 이런 임차인도 인도명령 대상자로 낙찰자는 상대가 처한 상황을 정확하게 인식시켜 스스로 포기 결정하고 나갈 수 있도록 강온 작전을 적절히 사용해야 한다.

4) 가장 임차인

① 행태 : 주로 소액임차인으로서 최우선 배당금을 노리거나 낙찰자로부터 이사비를 받아 보려고 하거나 경매입찰 가격을 많이 낮추어 그들이 직접 낙찰을 받아 보려는 경우이다.

② 대처 방법(경매 방해죄) : 채무자인 소유자와 특수 관계(동창, 지인 등)이거나, 임대차 관계에 하자가 있는 경우가 대부분으로서 증거를 잡아 경매 방해죄(형법 제315조, 2년 이하의 징역 또는 700만원 이하의 벌금), 배당이의나 법적 조치 등으로 압박하여 해결할 수 있다.

3 집행비용

(1) 집행비용

민사집행에 필요한 비용으로 민사집행의 준비 및 실시를 위해서 필요한 집행기관 및 당사자의 비용을 말한다.

(2) 비용

대략 평당 10만원~15만원 정도로 강제집행 대상 평수나 짐의 규모에 따라 비용은 유동적이다. 그래서 협상이 더 좋은 방법일 수 있다.

02 경매관련 공법,
세금, 공매

01 경매관련 부동산 공법

제 1 절 용도지역, 용도지구, 용도구역

1 의의

국토의 계획 및 이용에 관한 법률에 의한 용도지역·용도지구·용도구역이란 도시·
군관리계획에 의하여 토지를 대상으로 특정한 용도에 따라 일정한 지역을 구분·
확정하고 확정된 지역마다 각각 별도의 토지 이용의 특성을 부여하여 그 특성에
따라 토지의 이용에 대한 공법상 제한을 가하는 제도이다.

2 종류

용도지역			용도지구	용도구역
도시 지역	주거 지역	① 전용 주거지역 ② 일반 주거지역 ③ 준주거지역	① 경관지구 (미관지구) (자연·수변·시가지) ② 고도지구 (최고·최저) ③ 방화지구 ④ 방재지구 (시가지·자연) ⑤ 보호지구 (역사문화환경, 중요시설물, 생태계 보호지구) ⑥ 취락 지구(자연·집단) ⑦ 개발진흥 지구 (주거·산업·유통 ·관광휴양·복합·특정) ⑧ 특정용도제한 지구 ⑨ 복합용도지구	① 개발제한구역 ② 시가화조정구역 ③ 수산자원보호구역 ④ 도시자연공원구역 ⑤ 도시혁신구역 ⑥ 복합용도구역 ⑦ 도시·군계획시설 입체복합구역 (지구단위계획구역)
	상업 지역	① 중심 상업지역 ② 일반 상업지역 ③ 근린 상업지역 ④ 유통 상업지역		
	공업 지역	① 전용 공업지역 ② 일반 공업지역 ③ 준공업 지역		
	녹지 지역	① 보전 녹지지역 ② 생산 녹지지역 ③ 자연 녹지지역		
관리 지역	① 보전 관리지역 ② 생산 관리지역 ③ 계획 관리지역			
농림지역	x			
자연환경 보전지역	x			

(1) 용도지역

용도지역이란 토지의 이용 및 건축물의 용도, 건폐율·용적률, 높이 등을 제한함으로써 토지를 경제적·효율적으로 이용하고 공공복리의 증진을 도모하기 위해 서로 중복되지 않게 도시·군관리계획으로 결정하는 지역을 말한다. 국토교통부장관 또는 도지사는 용도지역의 지정 또는 변경을 도시·군 관리계획으로 결정하고 도시지역 내의 주거지역, 상업지역, 공업지역, 녹지지역의 용도지역을 도시·군관리계획 결정으로 다시 세분해 지정하거나 변경할 수 있다.

1) 도시지역

인구와 산업이 밀집되어 있거나 밀집이 예상되어 당해 지역에 대하여 체계적인 개발·정비·관리·보전 등이 필요한 지역

① 주거지역(거주의 안녕과 건전한 생활환경의 보호를 위하여 필요한 지역)

전용 주거지역	제1종 전용주거지역	단독주택 중심	양호한 주거환경을 보호하기 위하여 필요한 지역
	제2종 전용주거지역	공동주택 중심	
일반 주거지역	제1종 일반주거지역	저층(4층 이하)주택	편리한 주거환경을 조성하기 위해 필요한 지역
	제2종 일반주거지역	중층주택 중심	
	제3종 일반주거지역	중·고층(층수 x)주택	
준주거지역	주거기능을 위주로 이를 지원하는 업무·상업기능의 보완을 위한 지역		

② 상업지역(상업 그 밖에 업무의 편익증진을 위하여 필요한 지역)

중심 상업지역	도심·부도심의 업무 및 상업기능의 확충을 위해 필요한 지역
일반 상업지역	일반적인 상업 및 업무기능을 담당하기 위하여 필요한 지역
근린 상업지역	근린지역에서의 일용품 및 서비스의 공급을 위해 필요한 지역
유통 상업지역	도시 안 및 지역 간의 유통기능의 증진을 위하여 필요한 지역

③ 공업지역(공업의 편익 증진을 위하여 필요한 지역)

전용 공업지역	중화학 공업, 공해성 공업 등을 수용하기 위해 필요한 지역
일반 공업지역	환경을 저해하지 아니하는 공업의 배치를 위해 필요한 지역
준공업지역	경공업 기타 공업을 수용하되, 주거·상업·업무기능의 보완이 필요한 지역

④ 녹지지역(자연환경·농지 및 산림의 보호, 보건위생, 보안과 도시의 무질서한 확산을 방지하기 위하여 녹지의 보전이 필요한 지역)

보전 녹지지역	자연환경, 경관, 산림 및 녹지공간을 보전할 필요가 있는 지역
생산 녹지지역	주로 농업적 생산을 위하여 개발을 유보할 필요가 있는 지역
자연 녹지지역	도시의 녹지공간의 확보, 도시 확산의 방지, 장래 도시용지의 공급 등을 위하여 보전할 필요가 있는 지역으로서 불가피한 경우에 한하여 제한적인 개발이 허용되는 지역

2) 관리지역

도시지역의 인구와 산업을 수용하기 위하여 도시지역에 준하여 체계적으로 관리하거나 농림업의 진흥, 자연환경 또는 산림의 보전을 위하여 농림지역 또는 자연환경보전지역에 준하여 관리가 필요한 지역

보전 관리지역	자연환경 보호, 산림보호, 수질오염 방지, 녹지공간 확보 및 생태계 보전 등을 위하여 보전이 필요하지만 주변의 용도지역과의 관계 등을 고려할 때 자연환경보전지역으로 지정하여 관리하기가 곤란한 지역
생산 관리지역	농업·임업·어업 생산 등을 위하여 관리가 필요하나, 주변의 용도지역과의 관계 등을 고려할 때 농림지역으로 지정하여 관리하기가 곤란한 지역
계획·관리지역	도시지역으로의 편입이 예상되는 지역 또는 자연 환경을 고려하여 제한적인 이용·개발을 하려는 지역으로서 계획적·체계적인 관리가 필요한 지역

3) 농림지역

도시지역에 속하지 아니하는 농업진흥지역(농지법) 또는 보전산지(산지관리법) 등으로서 농림업의 진흥과 산림의 보전을 위하여 필요한 지역

4) 자연환경보전지역

자연환경·수자원·해안·생태계·상수원 및 문화재의 보전과 수산 자원의 보호·육성 등을 위하여 필요한 지역

(2) 용도지구

용도지구란 용도지역의 제한을 강화 또는 완화하여 적용함으로써 용도지역의 기능을 증진시키고 미관·경관·안전 등을 도모하기 위해 국토교통부장관 또는 도지사가 도시·군관리계획으로 결정하는 지역

경관지구	경관의 보전관리 및 형성을 위하여 필요한 지구
고도지구	쾌적한 환경조성 및 토지의 효율적 이용을 위하여 건축물 높이의 최고한도를 규제할 필요가 있는 지구
방화지구	화재의 위험을 예방하기 위하여 필요한 지구
방재지구	풍수해, 산사태, 지반의 붕괴, 그밖의 재해를 예방하기 위하여 필요한 지구
보호지구	문화재, 중요시설물(항만, 공항, 공용시설, 교정 및 군사시설) 및 문화적·생태적으로 보존가치가 있는 큰 지역의 보호와 보존을 위하여 필요한 지구
취락지구	녹지지역·관리지역·농림지역·자연환경보전지역·개발제한구역 또는 도시자연공원구역의 취락을 정비할 필요가 있는 지구
개발진흥지구	주거기능·상업기능·공업기능·유통물류기능·관광기능·휴양기능 등을 집중적으로 개발·정비할 필요가 있는 지구
특정용도제한지구	주거 및 교육환경 보호나 청소년 보호 등의 목적으로 오염물질 배출시설, 청소년 유해시설 등 특정시설의 입지를 제한할 필요가 있는 지구
복합용도지구	지역의 토지이용 상황, 개발 수요 및 주변 여건 등을 고려하여 효율적이고 복합적인 토지이용을 도모하기 위하여 특정시설의 입지를 완화할 필요가 있는 지구

(3) 용도구역

용도지역 및 용도지구의 제한을 강화 또는 완화하여 따로 정함으로써 시가지의 무질서한 확산방지, 계획적이고 단계적인 토지이용의 도모, 토지이용의 종합적 조정·관리를 위하여 도시·군관리계획으로 결정하는 지역을 말한다.

① 개발제한구역, ② 도시자연공원구역, ③ 시가화조정구역, ④ 수산자원보호구역, ⑤ 도시혁신구역, 복합용도구역, 도시·군계획시설 입체복합구역, ⑥ 지구단위계획구역 (건폐율 150%, 용적률 200% 완화)

제 2 절 건폐율, 용적률

1 건폐율, 용적률

(1) 건폐율 : 대지면적에 대한 건축면적의 비율

(2) 용적률 : 대지면적에 대한 건축연면적(지하층 면적은 제외)의 비율

2 건폐율, 용적률의 한도

구분				건폐율(%)		용적률(%)	
				법률	시행령	법률	시행령
도시 지역	주거 지역	전용	제1종	70	50	500	50 ~ 100
			제2종		50		100 ~ 150
		일반	제1종		60		100 ~ 200
			제2종		60		150 ~ 250
			제3종		50		200 ~ 300
		준주거			70		200 ~ 500
	상업 지역	중심		90	90	1,500	400 ~ 1,500
		일반			80		300 ~ 1,300
		유통			70		200 ~ 1,100
		근린			80		200 ~ 900
	공업 지역	전용		70	70	400	150 ~ 300
		일반			70		200 ~ 350
		준공업			70		200 ~ 400
	녹지 지역	보전		20	20	100	50 ~ 80
		생산			20		50 ~ 100
		자연			20		50 ~ 100
관리지역		보전		20	20	80	50 ~ 80
		생산		20	20	80	50 ~ 80
		계획		40	40	100	50 ~ 100
농림지역				20	20	80	50 ~ 80
자연환경보전지역				20	20	80	50 ~ 80

<참고> 용도지역에 따른 건축제한

x(금지), ○(허용), ●(법령조건 허용), △(조례 허용), ▲(조례조건 허용), ◎(법령, 조례조건 허용)

용도	구분	주거 1종전용	주거 2종전용	주거 1종일반	주거 2종일반	주거 3종일반	준주거	상업 중심	상업 일반	상업 근린	상업 유통	공업 전용	공업 일반	공업 준	녹지 보전	녹지 생산	녹지 자연	보전관리	생산관리	계획관리	농림지역	자연환경보전
단독주택	단독·다중	○	○	○	○	○	○	▲	△	○	x	x	△	△	△	○	○	○	○	○	●	●
	다가구	△	○	○	○	○	○	▲	△	○	x	x	△	△	x	○	○	○	○	○	●	●
공동주택	아파트	x	○	x	○	○	○	▲	◎	◎	x	x	x	△	x	x	x	x	x	x	x	x
	연립·다세대	△	○	○	○	○	○	▲	◎	◎	x	x	x	△	x	△	△	x	△	△	x	x
	기숙사	x	○	○	○	○	○	▲	◎	◎	x	△	△	○	x	△	△	x	△	△	x	x
1종 근린생활시설		◎	●	○	○	○	○	○	○	○	○	○	○	○	▲	○	○	▲	◎	◎	◎	○
2종 근린생활시설	음식·제과점	x	x	△	△	△	○	○	○	○	△	◎	○	○	△	▲	◎	▲	▲	◎	▲	x
	종교집회장	△	△	△	○	○	○	○	○	○	○	○	○	○	△	○	○	△	△	○	△	▲
	단란주점	x	x	x	x	x	x	○	○	○	△	x	x	x	x	△	x	x	x	△	x	x
	안마시술소	x	x	x	x	x	△	○	○	○	△	△	△	○	x	▲	△	△	△	○	△	x
문화 및 집회시설군		▲	▲	▲	◎	◎	◎	○	○	◎	△	▲	▲	△	△	▲	△	▲	▲	△	▲	▲
판매 및 영업시설군		x	x	▲	▲	▲	○	○	○	◎	○	▲	●	◎	x	▲	▲	▲	▲	▲	x	x
의료시설	병원	x	x	△	△	△	○	△	○	○	x	△	△	△	△	◎	△	△	△	◎	△	x
	격리병원	x	x	x	x	x	x	△	○	x	x	△	△	○	△	○	△	△	△	△	△	x
	장례식장	x	x	x	x	x	x	△	○	△	x	△	○	○	x	△	△	△	△	△	△	x
교육연구복지	직업훈련,학원도서관	▲	▲	◎	◎	◎	○	△	△	○	△	▲	△	○	◎	◎	◎	▲	▲	◎	▲	x
	초·중·고	△	△	○	○	○	○	△	△	○	x	x	△	△	○	○	○	◎	◎	◎	●	●
운동시설		x	x	▲	△	△	○	○	○	○	x	x	x	△	x	◎	○	x	x	◎	x	x
업무시설		x	x	▲	▲	▲	△	○	○	○	○	x	x	△	x	x	x	x	x	x	x	x
숙박시설		x	x	x	x	x	x	●	●	●	▲	x	x	△	x	x	▲	x	x	△	x	x
위락시설		x	x	x	x	x	x	●	●	▲	▲	x	x	△	x	x	x	x	x	x	x	x
공장		x	x	▲	△	△	▲	▲	▲	▲	x	○	○	◎	x	▲	△	x	▲	▲	▲	x
창고시설		x	x	△	△	△	△	△	○	△	○	○	○	○	●	◎	◎	▲	●	●	●	x
위험물저장,처리	주유소 등	x	x	▲	▲	▲	▲	▲	▲	▲	▲	○	○	○	▲	◎	△	△	△	△	▲	x
	정비공장	x	x	x	▲	▲	△	△	▲	△	▲	○	○	○	x	▲	△	x	▲	△	▲	x
자동차관련시설	주차장	△	△	△	△	▲	△	▲	○	○	○	○	○	○	x	▲	△	x	▲	△	△	x
	세차장	x	x	△	△	△	△	△	○	○	○	○	○	○	x	△	△	x	△	△	△	x
	폐차장	x	x	x	x	x	x	x	x	△	x	○	○	○	x	△	△	x	△	△	△	x
동물 및 식물관련시설		x	x	▲	▲	▲	▲	x	▲	▲	x	x	△	△	▲	◎	○	x	◎	○	◎	▲
분뇨·쓰레기처리시설		x	x	x	x	x	x	x	x	x	x	○	○	○	x	△	△	x	△	△	x	x
공공용시설	교도소 등	x	x	△	△	△	△	◎	○	○	△	○	○	○	◎	○	○	◎	◎	○	△	x
	발전소	x	x	△	△	△	△	○	○	△	△	○	○	○	○	○	○	△	△	△	△	x
묘지관련시설		x	x	x	x	x	x	x	x	x	x	x	x	x	△	△	△	△	△	△	△	△
관광휴게시설		x	x	x	x	x	▲	x	△	△	x	x	x	x	x	x	○	x	x	△	x	x

1　정비사업의 종류

(1) 주거환경개선사업 : 도시 저소득 주민이 집단으로 거주하는 지역으로서 정비 기반시설이 극히 열악하고 노후·불량 건축물이 과도하게 밀집한 지역에서 주거환경을 개선, 단독주택, 다세대주택 등이 밀집한 지역에서 정비사업(국가)

(2) 재개발사업

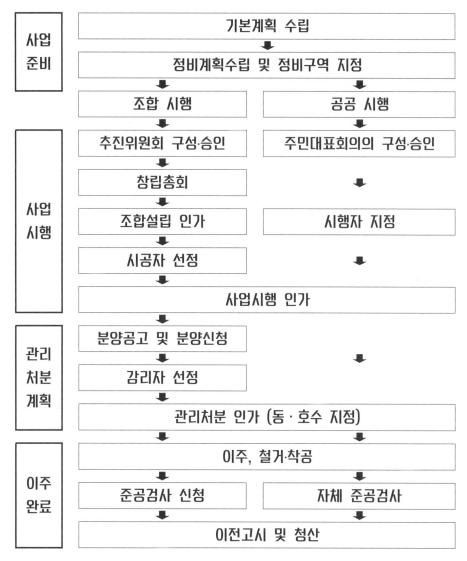

(3) 재건축사업

기본 계획	정비사업 기본방향, 10년, 5년마다 타당성 검토(시장 수립)
안전진단	토지·건물 소유자 1/10 이상 동의 받은 경우 ➡ 2025년 폐지
정비 계획, 구역	시장·군수·구청장 등(30일 이상 공람, 지방의회 의견청취), 입안 제안
조합 설립	추진위원회(위원장+5명 이상 위원의 과반수 동의, 시장·군수 등의 승인), 동의 요건 : 토지 등 소유자 3/4 이상 및 토지면적의 1/2(재건축은 2/3 또는 3/4) 이상의 동의 (법인)
사업시행자	시행자(조합, 과반수 동의+시장, LH 등, 건설업자, 등록업자)
사업시행 인가	시행자가 정비계획에 맞게 작성 ➡ 시장·군수 등의 인가
분양 신청	사업시행인가 고시일부터 120일 내에 분양통지·공고, 통지한 날부터 30일 이상 60일 내(20일 내 연장) / 신청x + 보상협의
관리처분계획 인가	사업시행자가 관리처분계획 수립해 시장·군수 등의 인가, 1주택(원칙 / 2주택 : 가격·면적 / 3주택 : 과밀 + 투기과열x)
이주, 철거	사업시행자가 관리처분계획 인가 받은 후 철거, 사업에 착수
준공 인가	시행자 ➡ 시장·군수 등(특별자치 시·도, 시장·군수·구청장)
소유권 이전 절차	공사완료 고시 ➡ 대지확정 측량 ➡ 토지의 분할절차 ➡ 관리처분계획에서 정한 사항을 분양 받을 자에게 통지 ➡ 소유권 이전 ➡ 이전고시일 다음날 소유권 취득
청산금	정관이나 총회 의결을 거쳐 분할징수·분할지급 가능 ➡ 소멸시효 : 이전고시 다음날부터 5년
이전등기	사업시행자는 지체없이 등기를 신청해야 한다.

제 **4** 절 　농지취득자격증명

1 ｜ 발급 과정

농지(전, 답, 과수원)는 '경자유전의 원칙'에 따라 농사 지을 수 있는 사람만 낙찰을 받아야 한다. 시·구·읍·면에 가서 농지취득자격증명, 경영계획서를 발급 받아서 법원에 제출해야 한다. 그렇지 않으면 입찰보증금을 날릴 수 있다.

---

① 입찰에서 최고가(차순위)매수신고인

➡ ② 법원 집행관실에서 최고가 매수신고인 증명서 발급

➡ ③ 농지 소재지 시·구·읍·면 사무소에서 농지취득자격증명 발급 신청
　　(필요 서류 : 농지취득자격증명 신청서, 경영계획서(주말·체험영농 용도는 제외)

➡ ④ 농지취득자격 심사

➡ ⑤ 농지취득자격증명 발급(7일 / 경영계획서가 필요하지 않으면 4일, 토지거래허가구역
　　 – 농지위원회 심의대상은 14일)

➡ ⑥ (매각결정기일 이전까지)경매 법원에 제출

➡ ⑦ 매각허가 결정

---

2 ｜ 경매에서의 주의 사항

농지취득자격증명을 매각결정기일까지 제출할 수 있는지를 점검해야 한다. 매각허가결정일까지 농지취득자격증명을 제출하지 못하면 낙찰이 취소되고 입찰보증금까지 몰수되기 때문에 주의해야 한다.

구분	해당 시설과 관련된 세부 구분
자동차관련 시설군	자동차관련 시설
산업 등 시설군	① 운수시설, ② 창고시설, ③ 공장·위험물 저장 및 처리시설, ④ 자원순환관련 시설, ⑤ 묘지관련 시설
전기통신 시설군	① 방송통신 시설, ② 발전시설
문화집회 시설군	① 문화 및 집회시설, ② 종교시설, ③ 위락시설, ④ 관광휴게시설
영업시설군	① 판매시설, ② 운동시설, ③ 숙박시설
교육 및 복지 시설군	① 의료시설, ② 교육연구 시설, ③ 노유자 시설, ④ 수련시설
근린생활 시설군	① 제1종 근린생활 시설, ② 제2종 근린생활 시설
주거업무 시설군	① 단독주택, ② 공동주택, ③ 업무시설, ④ 교정 및 군사시설 그 밖의 시설군
그 밖의 시설군	동물 및 식물관련 시설
허가(↑)	건축물 용도를 상위군에 해당하는 용도로 변경하는 경우
신고(↓)	건축물 용도를 하위군에 해당하는 용도로 변경하는 경우
건축물대장 기재사항 변경	동일한 시설군 내에서 용도를 변경하고자 하는 경우(=)
사용승인	신고 또는 허가 대상이면서 용도변경 면적이 100제곱미터 이상인 경우
설계사	허가 대상이면서 용도변경 면적이 500제곱미터 이상인 경우

02 경매관련 부동산 세법

세금관련 상식

1 조세의 구분

구분	취득관련 조세	보유관련 조세	양도관련 조세
지방세	취득세, 지방교육세	재산세, 지방교육세, 지방소득세	지방소득세(주민세)
국세	증여·상속세, 농어촌특별세	종합부동산세, 농어촌특별세	양도소득세, 농어촌특별세

제 2 절 취득관련 조세(취득세 요율)

구분	종류		취득세	농어촌특별세	지방교육세	합계
주택	6억 이하	85㎡ 이하	1%	x	0.1%	1.1%
		85㎡ 초과		0.2%	0.1%	1.3%
	9억 이하	85㎡ 이하	2%	x	0.2%	2.2%
		85㎡ 초과		0.2%	0.2%	2.4%
	9억 초과	85㎡ 이하	3%	x	0.3%	3.3%
		85㎡ 초과		0.2%	0.3%	3.5%
주택 외(오피스텔, 농지 외)			4%	0.2%	0.4%	4.6%
농지	매매	신규	3%	0.2%	0.2%	3.4%
		2년 이상 자경	1.5%	x	0.1%	1.6%
	상속		2.3%(외 : 2.8%)	0.2%	0.06%	2.56%
증여			3.5%(비영:2.8%)	0.2%	0.3%	4%(3.8%)
원시취득, 상속 (농지 외)			2.8%	0.2%	0.16%	3.16%
상속	농지 외		2.3%	0.2%	0.06%	2.56%
	1주택		0.8%	-	0.16%	0.96%
	상속 일반		2.8%	0.2%	0.16%	3.16%

① 2주택자 : 조정지역 8%, 비조정지역 일반세율 (공시가격 1억 이하는 제외)

② 3주택자 : 조정지역 12%, 비조정지역 8% (공시가격 1억 이하는 제외)

③ 4주택 이상, 법인 : 법인 12%, 비조정지역 12% (공시가격 1억 이하 제외)

제 **3** 절 보유관련 조세

1 재산세

(1) 납세 의무자 : 6월 1일을 기준으로 사실상 또는 공부상 소유자

※ (사례) 올해 매매나 경매가 진행 중인 경우, 재산세는 누가 납부할까요?

3월 매매(경매) 진행	5월 31일	6월 1일	6월 2일
A : 매도인	잔금 납부		잔금 납부
B : 매수인(입찰자)	재산세 : A		재산세 : B

① 잔금 지급일이 5월 31일 : 6월 1일 기준으로 아직은 매도인(채무자)이 소유권을 가지고 있으니 재산세는 매도인이 내야 한다.

② 잔금 지급일이 6월 1일 : 6월 1일 기준으로 매수인이 소유권을 가지고 있으니 재산세는 매수인(낙찰자)이 내야 한다. 6월 2일도 매수인이 납부해야 한다.

(2) 토지분 재산세 세율의 구분

구분		세율	
초과 누진 세율 (3단계)	종합 합산 과세 대상	2억 이하 ~ 0.5%	0.2%
		2억 초과~10억 이하	40만원 + 2억 초과 × 0.3%
		10억 초과	280만원 + 10억 초과 × 0.4%
	별도 합산 과세 대상	5,000만원 이하	0.2%
		5천 초과 ~ 1억 이하	10만원 + 5천 초과 × 0.3%
		1억 초과	25만원 + 1억 초과 × 0.5%
차등 비례 세율 등		골프장·고급 오락장용 토지	4%(고급선박 : 5%)
		특·광·시 등 제조·가공·수선·인쇄 등 공장 건물	0.5%
		그 밖의 건축물	0.25%
		농지, 목장용지, 임야	0.07%
		공장용지 등	0.2%

(3) 건물(주택)분 재산세의 세율 구분

6,000만원 이하	1억 5천	3억	3억 초과
0.1%	6만 + 6만 초과 금액의 0.15%	195,000원 + 1억 5천 초과 금액의 0.25%	570,000원 + 3억 초과 금액의 0.4%

(4) 재산세의 부과·징수

토지	매년 9월 16일 ~ 9월 30일까지
건축물	매년 7월 16일 ~ 7월 31일(선박, 항공기)
주택	1/2은 7월 16일 ~ 7월 31일, 나머지 1/2은 9월 16일 ~ 9월 30일까지

2 종합부동산세

(1) 주택

재산세 과세대상인 주택 공시가격(개별 주택가격 또는 공동주택 가격)을 합산한 금액이 12억(2주택 이상 : 9억)을 초과하는 자(지방 1주택, 등록문화재 주택은 제외) * 혼인 · 봉양 : 혼인(합가)한 날부터 5년 동안은 각각 1세대

과세표준	2주택 이하		3주택 이상	
	세율	누진공제	세율	누진공제
3억	0.5%	-	0.5%	-
6억	0.7%	60만원	0.7%	60만원
12억	1%	240만원	1%	240만원
25억	1.3%	600만원	2%	1,440만원
50억	1.5%	1,100만원	3%	3,940만원
94억	2%	3,620만원	4%	8,940만원
94억 초과	2.7%	1억 180만원	5%	1억 8,340만원

(2) 토지

종합 합산	종합합산 과세대상 토지의 공시가격을 합한 금액이 5억원을 초과하는 자 ⊙ 나대지, 잡종지 등	15억 이하	0.75%	
		45억	1.5%	-1,125만
		45억 초과	2%	-3,375만

별도 합산	별도합산 과세대상 토지의 공시가격을 합한 금액이 80억원을 초과하는 자 ⊙ 일반건축물의 부속 토지 등	200억 이하	0.5%	
		400억	0.6%	-2,000만
		400억 초과	0.7%	-6,000만

제 4 절 양도관련 조세

1 │ 양도소득세의 계산 구조

양도차익	양도가액 − 필요경비(취득가액 + 기타 필요경비)
양도소득 금액	양도차익 − 장기보유특별 공제
양도소득 과세표준	양도소득금액 − 양도소득 기본공제(250만원 : 미등기 ×)
양도소득 산출세액	양도소득 과세표준 × 양도소득 세율
양도소득 납부세액	양도소득 산출세액 + 가산세 − 기납부 세액

(1) 필요 경비

① 해당 (자본적 지출액) : 취득세(분양사업자가 징수한 부가가치세 포함), 소유권 이전비용(법무사 수수료 · 공증비용 · 인지대 등), 국민주택채권 등 할인액(할인한 매각차손 공제), 주택거래비용(중개보수), 주택매각 광고료, 소유권취득에 관한 명도비용, 소송 · 화해 비용, 엘리베이터 또는 냉난방장치, 빌딩 등의 피난시설, 샷시, 홈오토 설치비, 난방시설(교체) 공사비(보일러 교체비용), 바닥 시공비용, 방 확장 등 내부시설 개량 공사비 등은 필요경비에 해당한다.

② 해당 (수익적 지출) : 주택의 원상 회복, 당초 능력만을 유지하기 위한 수선비 등은 필요경비가 아니다. 또한 단지 정상상태를 위한 유지비 등(도배 · 도색비, 장판, 문짝, 타일 · 욕조 · 변기 공사비, 화장실 수리, 바닥 재시공비, 조명커버 · 몰딩 · 싱크대, 신발장 등)은 공제되지 않는다. 대출 이자, 재산세, 종합부동산세도 필요경비에 해당하지는 않는다.

(2) 장기보유특별공제 : 3년 이상 6% ~ 15년 이상 30%

(3) 세율 구분

구분	세율
① 1년 미만 보유	50% (주택 : 70%)
② 1년 이상 2년 미만 보유	40% (주택 : 60%)
③ 2년 이상 보유	6~45% (누진 세율)
④ 1세대 2주택, 1주택과 1조합원 입주권을 각각 보유	2년 이상 일반과세, 2년 이하 50%
⑤ 1세대 3주택 이상에 해당하는 주택, 비사업용 토지	2년 이상 일반과세, 2년 이하 60%
⑥ 미등기 양도 자산	70%

※ 2년 이상 보유 세율 (일반과세, 주택은 1년 이상 보유)

과 세 표 준 액	세율	누진공제액
1,400만원 이하	6%	–
1,400만원 초과 ~ 5,000만원 이하	15%	126만원
5,000만원 초과 ~ 8,800만원 이하	24%	576만원
8,800만원 초과 ~ 1억 5,000만원 이하	35%	1,544만원
1억 5,000만원 초과 ~ 3억 이하	38%	1,994만원
3억 초과 ~ 1억 5,000만원	40%	2,594만원
5억 초과 ~ 10억 이하	42%	3,594만원
10억 초과	45%	6,594만원

2 양도소득세 비과세

(1) 1세대 1주택(2년 이상 보유 또는 거주 - 조정지역 / 12억 이하)

(2) 일시적 2주택(대체취득)

(3) 상속(일반주택)

(4) 직계존속의 동거봉양(배우자 존속 포함, 60세 이상, 5년)

(5) 혼인 합가(5년)

(6) 증여

(7) 근무 · 취학 등 이사(3년 안에 일반주택 양도하는 경우)를 하는 경우

3. 양도소득세의 신고와 납부

(1) 시기 : 양도일이 속하는 달의 말일부터 2개월 이내에 자진 신고하고 납부해야 한다.

(2) 사례 : 매도인이 6월 10일에 잔금을 받았다면 6월말일부터 2개월 이내인 8월 31일까지 신고·납부해야 한다.

제 5 절 증여세, 상속세

1. 증여세의 계산 구조

(1) 증여세 = (시가 − 기본 공제) × 증여세 요율 − 누진 공제

(2) 기본공제

① 배우자(사실혼 제외)에게 증여	6억원
② 직계존비속으로부터 증여받은 경우	5,000만원(미성년자 : 2천)
③ 배우자 및 직계 존비속이 아닌 친족으로부터 증여	1,000만원

▶ 외조부모와 외손자는 직계존비속에 해당, 시부모와 며느리는 기타 친족에 해당

2. 상속세의 계산

(1) 상속세 공제액

배우자 공제	상속 금액이 5억 미만이면 5억원 (상속 받은 것이 있으면 그 가액과 30억원 중 적은 금액 공제 가능)
일괄 공제	5억, 금융자산 공제 : 2억, 동거주택 상속공제(미성년자, 연로자, 장애인)

(2) 상속세 과세표준 : 상속재산 가액 − 비과세, 과세가액 불산입, 공과금채무 등 − 상속공제, 감정평가 수수료 = 과세표준 × 세율

3 증여세와 상속세의 요율

과세표준	증여세, 상속세 요율(누진 공제액)
1억원 이하	10%
1억 초과 ~ 5억 이하	20% (1,000만원)
5억 초과 ~ 10억 이하	30% (6,000만원)
10억 초과 ~ 30억 이하	40% (1억 6,000만원)
30억 초과	50% (4억 6,000만원)

03 부동산 공매

1 캠코 부동산 공매

(1) 공매의 의의

① 공매는 한국자산관리공사(KAMCO)에서 행하는 부동산 매각처분 절차이다. 한국자산관리공사는 금융기관이 보유하는 부실자산의 효율적 정리를 촉진하고 부실징후 기업의 경영정상화 노력을 지원하기 위한 업무를 수행하며, 부실채권정리기금을 설치하고 관련업무의 수행과 지원을 하게 함으로써 금융기관 자산의 유동성과 건전성을 제고하여 금융산업 및 국민경제의 발전에 이바지함을 목적으로 설립되었다.

② 경기가 침체되는 경우에는 경매 건수가 증가하고 공매 건수도 증가한다. 특히 경기가 침체되면 압류재산 공매 대상 중에는 서민형 아파트와 주택의 비중도 늘어난다. 따라서 반드시 고가의 부동산만 공매에 나오는 것은 아니기 때문에 공매 부동산에도 관심을 기울일 필요가 있다.

> **참고 : 공매의 정의**
>
> - 공매는 한국자산관리공사(KAMCO)에서 행하는 부동산 매각처분 절차.
> - 금융기관이 보유한 부실자산의 효율적 정리 촉진, 부실징후 기업의 경영정상화지원
> - 부실채권정리기금을 설치, 관련 업무의 수행과 지원
> - 금융기관 자산의 유동성, 건전성을 향상

(2) 캠코 부동산 구입 방법

1) 유입자산 및 수탁재산을 구입하는 경우

① 공매를 통하여 구입하는 방법

온비드를 통해 공고된 물건에 대해 지정된 인터넷입찰 기간 동안 온비드의 입찰화면에서 입찰서를 제출하고, 지정된 계좌로 보증금을 납부하면 된다. 가장 높은 가격으로 응찰한 자가 낙찰자로 결정되며, 낙찰되지 않은 경우 입찰보증금은 입찰자가 기재한 환불계좌로 자동이체 된다.

② 유찰(수의)계약으로 구입하는 방법

지정된 일자에 공개 경쟁입찰을 실시하였으나 팔리지 않고 유찰되었을 때 다음 공고전일까지 최종 공매조건으로 누구나 자유로이 구입할 수 있는 제도를 유찰계약이라고 한다. 따라서 유찰계약은 10% 계약보증금만 있으면 누구든지 부동산을 구입할 수 있다.

2) 압류재산을 구입하는 경우

① 압류재산 공매란 불특정 다수인의 매수희망자로 하여금 자유경쟁을 하게 하여, 그 결과 형성되는 최고가격에 의하여 매각가격을 정하여 매수인이 될 자를 결정하는 매각절차를 말한다. 공매 대상재산은 동산, 추심하는 것을 제외한 유가증권, 부동산, 추심할 수 없는 무체재산권, 체납자에 대위하여 받은 압류채권의 물건 등이며, 동일한 체납자에 속하는 재산일지라도 각각 공매를 하여야 한다.

② 압류재산을 공매방법으로 구입할 때 그 절차는 유입자산과 수탁재산을 구입하는 방법과 같다. 단, 압류재산은 유찰(수의)계약으로 구입할 수 없으며, 매각결정통지서를 교부함으로써 계약체결에 갈음한다.

(3) 캠코 공매 부동산의 종류

구분	내용
수탁자산	금융기관 및 기업체가 소유하고 있는 비업무용 부동산으로 공사에 매각 위임된 자산
유입자산	① 금융기관으로부터 인수한 부실채권의 정리과정에서 법원경매를 통하여 공사 명의로 취득한 자산 ② 부실징후기업 및 구조개선기업을 지원하기 위해 기업체로부터 취득한 자산
압류자산	세금을 내지 못해 국가기관 등이 체납자의 재산을 압류 후 공사에 공매 대행을 의뢰한 재산
국유자산	국가로부터 관리와 처분을 위탁받아 임대(또는 매각)하는 재산 (일반재산)
고정자산	금융구조조정 과정에서 정리 금융기관 등으로부터 취득한 자산(예 : 5개 퇴출은행 자산)

생각을 바꾸면 돈이 보인다
더 경매

펴 낸 날   2025년 3월 28일

지 은 이   이대표, 김교수
펴 낸 이   이기성
기획편집   이지희, 서해주, 김정훈
책임마케팅   강보현, 이수영
펴 낸 곳   도서출판 생각의뜰
출판등록   제 2018-000288호
경매의봄학원   경기도 구리시 수택동 875-3 해웅빌딩 3층
전   화   031-523-3252
이 메 일   moderninfra@naver.com

책값은 표지 뒷면에 표기되어 있습니다.
ISBN   979-11-7048-867-5(13320)